# EN EL PAÍS DE JESUS

## Viaje a Tierra Santa

*A IGNACIO DE LOYOLA,*
*ENAMORADO DE JESUS,*
*PEREGRINO DE TIERRA SANTA,*
*EN EL PROXIMO V CENTENARIO*
*DE SU NACIMIENTO EN 1491.*

*A MIS HERMANAS*
*MARIA BEGOÑA Y FLORICHU*
*CON TODO AMOR Y CARIÑO*

Juan María Lumbreras Meabe, S. I.

# EN EL PAIS DE JESUS

## Viaje a Tierra Santa

Mensajero

1.ª Edición: Diciembre, 1988
2.ª Edición: Febrero, 1989
3.ª Edición: Abril, 1989
4.ª Edición: Diciembre, 1989
5.ª Edición: Mayo, 1990
6.ª Edición: Agosto, 1991
7.ª Edición: Marzo, 1992
8.ª Edición: Setiembre, 1992
9.ª Edición: Diciembre, 1992
10.ª Edición: Setiembre, 1993
11.ª Edición: Febrero, 1994
12.ª Edición: Setiembre, 1994


48014 BILBAO
Apartado 73 - 48080 BILBAO
ISBN: 84-271-1565-2
Depósito Legal: BI-1815/94
*Printed in Spain*
Impreso por: Vicaner Gráfica.- Bilbao

# PRESENTACION

Al volver de Tierra Santa, venía con el corazón henchido de recuerdos, vivencias y emociones de los días pasados en el país de Jesús y con deseos de comunicar mi gozo y alegría a los demás. De este estado de alma manó mi propósito de escribir el presente libro.

En él voy relatando, con sencillez, las peculiaridades de cada uno de los lugares que encierra recuerdos del Nazareno, entremezclando con la evocación del Maestro aquellas referencias bíblicas, datos históricos, restos arqueológicos y realidades actuales que, a mi parecer, pueden ayudar a ambientar la visita y a revivir la presencia y la figura de Jesús. Recorrer Tierra Santa es «leer» un quinto evangelio que ayuda a la comprensión y localización de los evangelios escritos.

Mi pretensión es que el presente libro anime a los lectores a ir a la tierra santificada por Jesús y que pueda ayudar a los que fueren así para orientarse previamente como para, una vez allí, preparar las visitas de cada día. A tal fin he elaborado un índice de lugares que permita preleer lo que cada programa señale para el día siguiente.

No quiero terminar, sin expresar, como cristiano, mi admiración y agradecimiento a la gloriosa Orden Franciscana, que tan heroica e inteligentemente se ha esforzado durante siete siglos por la salvaguarda, conservación y mejora de los Santos Lugares en medio de tantas dificultades y persecuciones hasta el derramamiento de la sangre.

*Juan M.ª Lumbreras Meabe S.I.*
*Bilbao, 10 de setiembre de 1988*
*Festividad del Beato H. Francisco Gárate S.I.*

# RUMBO A ISRAEL

El 7 de abril de 1982 salimos de Madrid a las 8,30 de la mañana. Eramos cuatro grupos de peregrinos procedentes de varias regiones españolas. A los treinta minutos aterrizábamos en Barcelona, donde se nos unieron más peregrinos. A las 10,20 despegábamos rumbo a Tierra Santa. Aún no nos conocíamos, pero se palpaba en todos una alegría y esperanza común. Estaba apunto de cumplirse un deseo tan entrañable y tantas veces acariaciado a lo largo de nuestras vidas: visitar la tierra empapada de la presencia y de la vida de Jesús.

No nos llevaban allí los vestigios de las antiguas civilizaciones, los monumentos y restos arqueológicos, para ello hubiéramos ido a Grecia o Egipto, sino la persona viviente del Nazareno. Esta fe común creaba un clima humano propicio a la apertura mutua, anuncio de la fraternidad y de la comunión, que pronto reinaría entre nosotros.

Atravesamos el *Mare Nostrum* de occidente a oriente. Una densa alfombra de nubes apenas nos dejaba vislumbrar, allá abajo e intermitentemente, las azules aguas del mar, la isla de Cerdeña, de Sicilia, de Creta, la patria del Greco, coronada de nieve. Sobre nosotros brillaba radiante el sol. En vista de ello, releí algunas notas recogidas sobre el Estado de Israel.

## Datos de Israel

El Estado de Israel, que en 1988 cumplirá sus cuarenta años de existencia, está situado en la costa oriental del Mediterráneo. Limita con cuatro Estados árabes: Líbano al norte, Siria al noreste, Jordania al este y al sudoeste Egipto. Es una franja de norte a sur, cuya extensión es de unos 23.000 kms. cuadrados, unas veintidós veces inferior a España y que casi cabe en la provincia de Badajoz (21.459 kms. cuadrados).

En su configuración topográfica se distinguen tres zonas, claramente diferenciadas. Al *oeste,* junto al Mediterráneo, la llanura costera de escaso nivel sobre el mar y que se alarga desde Tiro al norte hasta Gaza al sur, cortada por la proa del monte Carmelo. Comprende las llanuras de Sarón y de Sefalá, muy fértiles y de clima mediterráneo. En ella están las ciudades de Tel Aviv y de Haifa, la primera y la tercera del país.

*En el centro* está el macizo montañoso de una altura media de 650 metros, constituido por las estribaciones del monte Líbano, que atraviesan Palestina desde Dan al norte hasta el desierto del Neguev, interrumpidas por la llanura de Yizrael (Esdrelón) desde el mar de Galilea hasta el monte Carmelo. Su clima es más frío, aunque rara vez llega a cero grados. Entre sus ciudades, Naplus (Samaria), Belén, Hebrón, destaca Jerusalén.

*Al este,* la gran depresión que, procedente de Siria, se alarga desde el mar de Tiberiades hasta el mar Muerto. Es una fosa geológica profunda por cuyo fondo serpentea tortuosamente el río Jordán. Toda ella está bajo el Mediterráneo en un desnivel que oscila entre los 212 metros del lago de Tiberiades hasta los 394 del Mar Muerto. Sus principales ciudades son Tiberiades y Jericó. Su clima es tórrido y la vegetación tropical.

En Israel, como en las regiones subtropicales, prácticamente hay sólo dos estaciones: el invierno, suave y moderadamente lluvioso, que comienza en noviembre, y el verano, seco y cálido, que empieza en mayo.

La población de Israel, que en el año de la independencia, 1948, era de 848.000 habitantes, en 1991 supera los 5.000.000, de los que 4.100.000 son judíos (el 82 %), musulmanes 700.000 (el 13,7 %), 120.000 cristianos (el 2,4 %) y drusos, una secta separada en el siglo XI del Islam, y otras minorías 85.000 (el 1,7 %). En estas cifras no entra la población de Gaza y Cisjordania (1).

De la población actual el 47,3 % ha nacido en Israel y el resto ha emigrado de 120 naciones de Europa y América (el 27 %) y, sobre todo, de Asia y Africa (el 37 %). El 86 % de la población vive en los más de 110 centros urbanos, y el resto se encuentra repartido en el sector rural, que consta de 196 aldeas, 446 *moshavim,* granjas cooperativas con 150.000 habitantes, el 4,5 % de la población y 264 *kibytzim,* granjas colectividadas con 115.000 almas, el 3,4 %.

En lo político, Israel es una república democrática y parlamentaria. El Presidente del Estado es elegido por el Parlamento por mayoría simple y para cinco años. La *Knesset,* «congregación», de una sola cámara, consta de ciento veinte diputados elegidos por cuatro años mediante el voto directo, secreto y proporcional de los mayores de 18 años. Los partidos principales son el *Likud,* conservador, cuyo líder era Menahem Beguín y el *Maaraj,* laborista, a cuyo frente estaba Simón Peres.

Económicamente, Israel, que hasta los años 50 tenía una economía básicamente agrícola, es hoy un país altamente industrializado con una tecnología sofisticada. El 10 % de la mano de obra se ocupa en la agricultura, que abastece al 80 % de las necesidades del país. Los recursos minerales son pobres. Las industrias más importantes son la textil, la metalurgia y maquinaria, los productos químicos, la talla de diamantes y posee una industria electrónica

---

(1) *American Yervish Year Book,* citado por «Le Monde» (12 febr. 1980), dio las estadísticas de los judíos en el mundo. Eran 14.396.000 en total, de los que 5.860.900 vivían en U.S.A., 3.135.000 en Israel, 2.666.000 en la URSS, 650.000 en Francia, 410.000 en el Reino Unido, 305.000 en Canadá, 300.000 en Argentina, 150.000 en Brasil, 118.000 en Africa del Sur... En España son unos 12.000.

y aeronáutica muy desarrollada. La moneda interior es el *sekel*, que padece una devaluación anual muy alta.

Para comprender su tormentosa historia, hay que recordar que la tierra de Canaán, la tierra de Israel, llamada Palestina (2) desde la época greco-romana, es el único puente entre Asia y Africa, el lazo de unión comercial y militar de todos los grandes imperios de la antigüedad: el egipcio, el asirio, el babilónico, el persa, el griego y el romano.

Por Palestina discurría necesariamente el paso entre Mesopotamia y Egipto, ya que el desierto de la Arabia hacía intransitable el camino directo de Egipto hacia la llanura de Babilonia. Era obligado describir una inmensa curva por el norte.

El desierto limita la zona habitable a una media luna, que en la antigüedad llamaban el «fértil creciente», que nacía en el golfo pérsico, ascendía entre los caudalosos Tigris y Eufrates, doblaba al sur de las montañas de Armenia y descendía por la costa mediterránea a través de Siria, Fenicia y Palestina, camino de las fértiles tierras de Egipto fecundadas por el Nilo.

Palestina fue el campo de enfrentamiento de las grandes potencias de aquellos tiempos o el paso de sus ejércitos, por lo que el pequeño pueblo elegido estuvo en la mayor parte de su historia sometido al imperio de turno (3).

---

(2) El nombre de Palestina, procede de uno de los «pueblos del mar», indoeuropeos, que echados del Egeo se lanzaron hacia el oriente en busca de agua y tierra. Eran los filisteos, que rechazados de Egipto por Ramsés III (1197-1164 a. C.), se asentaron en la planicie marítima de Canaán

(3) Recomendamos al lector que cuanto antes recorra la breve historia de Israel del anexo I a fin de poder situar los acontecimientos en el tiempo. (pág. 269)

## Llegada y subida a Jerusalén

Al fin, en el Mediterráneo oriental, se despejaron las nubes y contemplamos radiantes las largas y sosegadas playas de la costa israelí. Sobrevolamos Jafa y Tel-Aviv, una ciudad moderna, extensa, bien trazada, con sus rascacielos, barrios residenciales y abundante arbolado, iluminados por la cálida luz del mediodía. A las 12,20 aterrizamos en el aeropuerto de Ben-Gurión.

Cumplimos nuestras obligaciones aduaneras y policiales. Todo normal, aunque nos chocó un detalle. Hubimos de rellenar ante la policía un papel indicando nuestro origen, motivos del viaje, lugares de residencia en Israel y, al constatar nuestra identidad, sólo se nos preguntó por nuestro nombre personal, nuestro primer apellido y el nombre del padre. Estábamos en oriente. La madre no cuenta.

Salimos del aeropuerto y pisamos por primera vez la tierra de Jesús. Los peregrinos de las diversas expediciones nos fuimos agrupando orientados por los distintos colores de las bolsas de viaje y de los gorros, regalo de cada agencia, y la solicitud de nuestros guías. Había jóvenes, algunas personas mayores y la mayoría éramos gente madura. Varios matrimonios con sus hijos, viudas, solteros, novios y siete sacerdotes y religiosos. En total éramos cincuenta y cuatro.

Ya todo el grupo en el autobús, a las 15,30, partimos hacia Jerusalén, distante 61 kilómetros. Avanzamos por la llanura de Sarón, que en primavera verdeaba como un vergel. Campos de trigo, grandes plantaciones de naranjos, olivares, viñedos, adornados con puntiagudos cipreses, casas de cultivo, pequeños bosquecillos y árboles solitarios. Era un paisaje lleno de vida, de placidez, fecundidad y hermosura.

A medida que nos adentrábamos en la llanura de Sarón, la superficie se altera con suaves y ondulantes lomas y colinas. Atravesamos Ramla, que se cree es la antigua

Arimatea, la patria de José, el que dio sepultura a Jesús. Más adelante, a la derecha, abierto a la planicie, encumbrado en un altozano y abrigado por un bosque a sus espaldas, está el monasterio cisterciense de *Latrum*. Delante de él, sobre un pedestal, un herrumbroso tanque de guerra en recuerdo de las cruentas batallas que se libraron aquí en la guerra de la independencia de 1948.

Latrum ocupaba una posición estratégica decisiva para dominar la carretera de Jerusalén, vital para llevar alimentos, armas y municiones a la ciudad, donde los judíos se batían heroicamente en lucha contra los ejércitos árabes, el hambre y la miseria. Al fracasar todos los intentos los judíos, abrieron, en un milagro de tenacidad y de ingeniería, la «Ruta de Birmania» que, atravesando montículos y despeñaderos, paralela a la carretera, les permitió comunicarse con la ciudad aislada.

Comenzamos la subida a Jerusalén, cuya altura es de 754 metros sobre el nivel del mar. El paisaje es abrupto y se suceden las montañas, torrenteras y cerros en interminable movimiento. Todas las laderas de la carretera, en lo que alcanza la vista, están repobladas de pinos, cipreses, eucaliptos y olivos, bellamente entremezclados. La piedra sedimentaria es muy compacta, en estratos horizontales y su claro color contrasta con el verdor de la vegetación. Por el suelo, en las laderas y pequeños prados, las amapolas, las amarillas retamas y las florecillas blancas dan alegría al conjunto. La tarde era plácida y soleada.

Dejamos a la izquierda *Qiryat-Yearim* «ciudad de bosques», el pueblo en que estuvo detenida el Arca de la Alianza, devuelta por los filisteos (I Sam 6-7, 1), hasta que David la trasladó a Jerusalén. Más adelante , en otro alto, también a la izquierda, queda el sepulcro de Samuel. Por fin comenzamos a ver los nuevos barrios de expansión de la ciudad santa, que se asoman a las montañas ceñidas de valles y escarpadas pendientes, o pobladas por conjuntos de antiguas casas orientales con sus terrazas y cúpulas que se derraman por las laderas. Nuestro espíritu se inundó de alegría al vislumbrar Jerusalén y nuestros corazones cantaron emocionados:

«¡Qué alegría cuando me dijeron:
vamos a la casa del Señor!»
Ya están pisando nuestros pies
tus umbrales, Jerusalén.
Jerusalén está fundada
como ciudad bien compacta.
Allá suben las tribus
las tribus del Señor.
Desead la paz a Jerusalén:
«Vivan seguros los que te aman,
haya paz dentro de tus muros,
seguridad en tus palacios».
Por mis hermanos y compañeros,
voy a decir: «La paz contigo».
Por la casa del Señor, nuestro Dios,
te deseo todo bien».
(Sal 121, 1-4, 7-10).

Después de alojarnos en el hotel, ya al atardecer, nos reunimos ante la Puerta de Damasco y por las estrechas callejuelas de la ciudad antigua fuimos a visitar el Calvario y el Santo Sepulcro. Era el 7 de abril, aniversario de la muerte de Jesús en la Cruz.

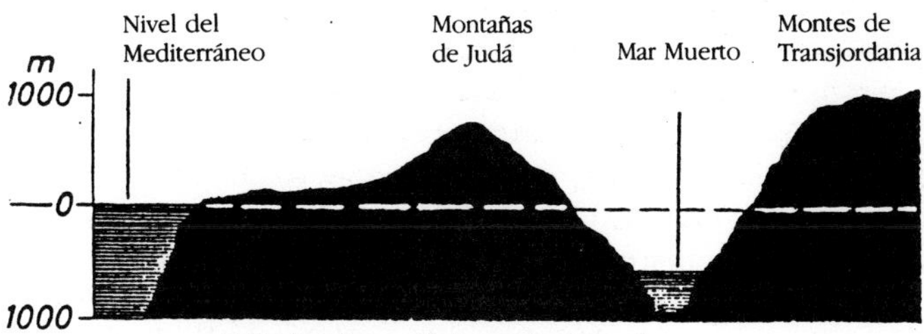

El Mediterráneo y la depresión del Jordán

# ¡OH JERUSALEN!

A las ocho de la mañana, estábamos ya todos en el autobús deseosos de conocer la Ciudad Santa. El día era soleado y primaveral. Recorrimos la parte norte de la muralla por la amplia avenida del sultán Solimán el Magnífico, quien construyó las actuales murallas entre 1537 y 1540.

Pasamos ante la Puerta Nueva, que da acceso al barrio latino, la grandiosa Puerta de Damasco y la de Herodes, que se abre al barrio musulmán. Al llegar al ángulo oriental de la muralla, debajo del Museo de Rockefeller, tomamos la carretera que, bordeando el torrente Cedrón por el norte, conduce al monte de los Olivos. En la cima, entre cipreses y naranjos se lanza al cielo, altivo y solitario, el campanario de la iglesia rusa de la Ascensión.

Dejamos a un lado el templete de la Ascensión rodeado de muros, la basílica del Pater Noster y nos detuvimos en el mirador situado debajo del Hotel Intercontinental. Allí, desde arriba, pues el monte de los Olivos con sus 818 ms. está más alto, contemplamos extasiados toda Jerusalén.

## Jerusalén

Jerusalén aparece en la Historia ya en el tercero y segundo milenio antes de Jesucristo con los nombres de *Urasalim* (acadio) y *Urashanem* (egipcio) y la Biblia la menciona por primera vez en el Génesis (14, 17-24), cuando

Melquisedec, el rey de Salem, sacerdote del Dios Altísimo, sale al encuentro de Abrahán y le presenta pan y vino.

Jerusalén significa «la ciudad de la paz» aunque, paradógicamente, no hay ciudad en el mundo ante cuyas murallas se haya combatido más. Ha sido asediada más de cincuenta veces, treinta y seis conquistada por los ejércitos extranjeros y en diez ocasiones destruída. Que acabe para siempre esta historia de desolación, de horrores, de guerra y de sangre.

Hoy Jerusalén es la ciudad amada y venerada por los fieles de las tres grandes religiones monoteistas. Los judíos ven en ella la ciudad de David, la capital del reino unido, luego de Judá, la sede del Templo, el centro religioso del judaismo del Antiguo Testamento, y aún se yergue el Muro Occidental de Herodes, que durante los últimos dos mil años ha atraído los corazones y las miradas preñadas de nostalgia, tristeza y esperanza de los judíos dispersos por el mundo entero. «Si me olvido de tí, Jerusalén, que se me paralice la mano derecha» (Sal 137, 5).

Para los cristianos allí está la basílica del Santo Sepulcro que encierra entre sus muros el Calvario en que Jesús de Nazaret sufrió la muerte violenta por nosotros, víctima de su amor y fidelidad a Dios y a los hombres, y el Sepulcro en que fue resucitado, lo que constituye la fuente y el origen del cristianismo (1) y para los musulmanes Jerusalén es *El Quds*, «la Santa», la tercera ciudad del Islam, después de La Meca y de Medina, pues, según sus creencias, desde ella subió Mahoma al cielo.

Cuando el pueblo escogido al mando de Josué conquistó la tierra prometida entre el 1220 y el 1200, quedó irredento un enclave en el territorio asignado a Judá. Era *Salem*, la ciudad de los jebuseos en la colina de Ofel, junto a la fuente de Guijón, amurallada y de unas cuatro hectá-

---

(1) De las tres religiones monoteistas, la única que nació en Israel y en Jerusalén fue la cristiana.

reas de extensión. La rodeaba al este el torrente Cedrón, al sur el de la Gehenna, al oeste el valle del *Tiropeón*, «de los queseros», y el monte Moria la dominaba por el norte.

Esta ciudad cananea fue conquistada por el rey David (1010-970 aprox.) hacia el 1.000, la convirtió en capital de su reino y fue trasladada a ella el Arca de la Alianza. Salomón (970 apr. a 931), su hijo, la engrandeció y la prolongó hacia el norte construyendo en la cima, en la «era de Arauna», el Templo y, junto a él, el palacio real. La extensión de la ciudad casi se triplicó. Así nació la Jerusalén judía.

La visión panorámica que contemplábamos era espléndida y bellísima. En primer lugar, sobre el torrente Cedrón, se alarga la muralla oriental con su hermosa Puerta Dorada, la de San Esteban más al norte, y frente a nosotros, en el ángulo sureste, se alza el Pináculo.

Detrás de la muralla se extiende la inmensa explanada del Templo y en ella, rodeadas de cedros y cipreses, se levantan las grandiosas mezquitas de la Roca y la de *«El Aksa»*, cuyas cúpulas, dorada y plateada, refulgían con la viva luz matinal. Circundan la explanada las casas de la ciudad antigua, de los barrios judío y musulmán, bajas, de piedra blanca, distribuídas en un bello desorden, entre las que resaltan los alminares de las mezquitas.

Más al fondo, en el barrio latino, se percibe la azulada cúpula del Santo Sepulcro custodiada por las torres góticas de la iglesia luterana del Redentor y la de la Custodia de Tierra Santa. Ya, fuera de la muralla occidental, destacan el Hotel del Rey David y el edificio de *Notre Dame de France*, coronado por una imagen de María que sostiene a Jesús niño sobre sus hombros. Ambos fueron centros heroicos de la resistencia judía en la guerra del 1948.

Al sur, y hoy fuera de las murallas, desciende mansamente hasta el valle de la Gehenna la colina de Ofel, donde estuvo en otros tiempos la primitiva ciudad de Salem, la de los jebuseos. Actualmente es un modesto barrio suburbial, habitado por palestinos en sus pobres y sencillas casas cúbicas. Entre ellas se esconden la fuente de Guijón, el túnel de Ezequías y la piscina de Siloé.

Al fondo, en el sur, está la colina de Sión (2) con su imponente mole de la basílica de la Dormición de la Virgen, a cuya sombra se oculta el Cenáculo.

Todo respiraba paz, silencio, placidez. Ningún ruído llegaba hasta nosotros. Sólo en el horizonte, entre tanto sosiego y horizontalidad, desentonan sobre el azul del cielo las siluetas de seis o siete arrogantes rascacielos modernos.

Debajo de nuestro mirador, se extiende el cementerio judío, que sube desde el torrente Cedrón y rodea hacia el sur el monte de los Olivos, en dirección a Betania. Las sepulturas son de piedra clara, rectangulares, todas iguales y cubiertas con losas de piedra. Muchas están profanadas por los jordanos después de 1948. Su aridez y sequedad contrastan con el suave verdor del cementerio musulmán que, en la otra ladera del torrente, corre a lo largo de la muralla.Sobre las sepulturas, en lugar de los hermosos ramos de flores y coronas con que nosotros adornamos las tumbas de los seres queridos, sólo se veían unas piedras peladas. Son, según nos dijeron, el recuerdo que dejan a sus parientes muertos.

## Recuerdos del pasado.

La visión de Jerusalén es evocadora y a su presencia reviven numerosos recuerdos. ¿Quién no se imagina, siglos atrás y durante más de mil años, aquellos atrios del Templo bullendo de judíos, procedentes de todo Israel y de la diáspora, en las grandes solemnidades religiosas? Los sacerdotes vestidos de lino blanco ofrecían los sacrificios

(2) Esta colina del suroeste es llamada hoy Sión por influjos cristianos. En realidad la colina de Sión era la del sureste, la de la ciudad que conquistó David, que hoy llamamos de Ofel.

de holocausto y de comunión en medio del fragor de las trompetas y de las volutas de incienso, el cantar de himnos y el recitar de salmos de alabanza, las danzas y el batir de palmas del pueblo al son de las cítaras, las flautas, las arpas de diez cuerdas y los platillos vibrantes. ¡Ahora está todo solitario y silencioso!

Allí está la explanada del Templo, cuya historia se confunde con la de Israel. Hace treinta siglos, y tras siete años de trabajos, el rey Salomón trasladó el Arca de la Alianza desde la ciudad de David al *Debir*, el Santo de los Santos, y consagró la casa de Yavé. Las fiestas duraron siete días en las que fueron ofrecidos veinte mil bueyes y ciento veinte mil ovejas en sacrificio de comunión, mientras el pueblo, gozoso y con el corazón alegre, cantaba y alababa al Señor «porque es bueno, porque es eterno su amor» (I Rey 8, 62-66; II Cron 7, 1-10).

Cuatro siglos más tarde, en el 587 a. J.C., aquel primer Templo fue saqueado e incendiado —el Arca de la Alianza desapareció para siempre— por Nabucodonosor, rey de Babilonia. También fueron pasto de las llamas el palacio real y las casas de Jerusalén, sus murallas fueron derribadas. El rey Sedecías fue hecho prisionero y, después de ver la matanza de sus hijos, le sacaron los ojos y condujeron cautiva a Babilonia la flor y nata del reino (II Rey 25, 8-21; II Cron 36, 17-21). Toda Jerusalén quedó sola y desolada durante cincuenta años, habitada por las fieras del campo.

En el año 538, bajo el dominio de Ciro, rey de los persas, los judíos de Babilonia fueron autorizados a volver a la tierra prometida. Reedificaron la ciudad y sus murallas y, en el año 515, concluyeron el segundo Templo, el de Zorobabel. Esdras, junto con los sacerdotes, los levitas y el resto de los desterrados, celebró con júbilo y alegría la dedicación del nuevo Templo y la primera Pascua (Esd 6, 12-22).

En el tiempo de los griegos, el impío rey Antíoco IV Epifanes (175-164), empeñado en la helenización del pueblo desató una sangrienta persecución contra los observantes de la Ley de Moisés y profanó el Templo, al levantar el 6 de diciembre del 167 un altar a Zeus Olímpico sobre el altar de los perfumes, en el corazón mismo del Templo, y ofrecerle sacrificios (I Mac 1, 46-64; II Mac 5, 15-23). Todo ello desató la rebelión del sacerdote Matatías, el Asmoneo, quien con sus cinco hijos proclamó la guerra santa.

Judas Macabeo, «el martillo», venció a los seléucidas, purificó y restauró el Lugar Santo en diciembre del año 164. Durante ocho días celebraron la dedicación del altar y ofrecieron con alegría holocaustos y sacrificios de comunión y de acción de gracias (Mac 4, 36-40).

Herodes el Grande (37-4 a. J.C.), deseoso de ganarse a los judíos, amplió y enriqueció fastuosamente el Templo (3). Desde el año 20 a.J.C.se oyó el trabajar de diez mil obreros. Aunque terminadas las obras en lo fundamental en tiempos de Herodes, hacia el año 10 a.J.C., sólo el 66 d.J.C. se dieron por concluidas.

Este Templo es el que frecuentó Jesús de Nazaret. Pocos años duró su vida ya que, ese mismo año, los judíos se rebelaron contra Roma. Tito sitió la ciudad y la conquistó en el año 70 de nuestra era. La falta de alimentos fue horrible, llegando a «calmar su hambre con las correas y zapatos y quitaban los escudos de sus cuerpos y se los comían» y una mujer, María, hija de Eleázaro, mató a su hijo y se lo comió (Flavio Josefo, Guerra de los judíos, VII, 7 y 8).

---

(3) Herodes el Grande era «idumeo de nacimiento, romano por conveniencia, judío por matrimonio y heleno por simpatía», y usurpó con ayuda del Senado romano el trono de los Macabeos. Fue muy odiado por los judíos. Se le llama el Grande para diferenciarlo de sus hijos, aunque grande fue por su ambición, su astucia y su crueldad. Destacó por su genio constructor. Amplió el Templo y el Palacio real, engrandeció a Jerusalén. Edificó hermosas ciudades helenizadas: Cesarea del Mar, Samaría, Jericó y formidables fortalezas-palacios: la Torre Antonia, el Herodium en Belén, Kipros en Jericó, Masada y Maqueronte en el Mar Muerto, buscando su seguridad.

Muchos judíos se refugiaron en el Templo, donde la lucha fue ferocísima: «por las gradas del Templo manaba la sangre y los cuerpos que por allí caían nadaban con la mucha sangre y corrían abajo» y «toda la región que estaba de la otra parte del río —el Olivete, donde nos encontrábamos— resonaba con el ruído y los montes, que alrededor había, hacían retumbar los alaridos» (o.c. VII,11). El Templo contra la voluntad y el empeño de Tito, fue incendiado y destruido, sólo quedó en pie el Muro Occidental. Tito se llevó a Roma, como trofeo de su victoria, el candelabro de los siete brazos, el altar de los perfumes y la mesa de los panes de la preposición, como quedó para la historia esculpido en el arco levantado en Roma en honor del emperador Tito. Una vez más Jerusalén, aquella engrandecida y enriquecida por Herodes, quedó asolada y triste.

Ahora, aquella ciudad escenario en otros tiempos de tanto bullicio y alegría o de tantos gemidos y gritos de hambre y de dolor, aparecía a nuestros ojos silenciosa, tranquila, en paz, si bien en sus calles palpitaba la vida de sus 446.500 habitantes.

## Jesús y el Templo

A la vista de aquella explanada es imposible no evocar la memoria de Jesús de Nazaret. En el Templo, pasados los días de la purificación de María, fue presentado al Señor, pues era el primogénito, un tierno niño de cuarenta días. El anciano Simeón lo proclamó la promesa de Yavé, el Salvador de los pueblos, la luz de las naciones y gloria de Israel y anunció a su madre que una espada le atravesaría a ella el corazón (Lc 2, 21-38).

Por aquellos atrios paseó y oró muchas veces el joven Jesús que desde los doce años, en que se perdió, subía anualmente a la gran festividad de la Pascua (Lc 21, 12-17). Por aquellos suelos volcó Jesús las mesas de los cambistas de moneda y los puestos de vendedores de palomas y expulsó a los mercaderes de bueyes y ovejas, que habían convertido la casa de oración en una cueva de ladrones (Lc 21, 12-17).

Allí perdonó Jesús, el que había venido a salvar a los pecadores, a la adúltera sorprendida en adulterio y la liberó de las manos de los maestros de la Ley y de los fariseos, que la condenaban a muerte (Jn 8, 1-11); alabó, el amigo de los pobres, la generosidad de aquella viuda que echó en el arca de las ofrendas dos monedas de muy poco valor, pero que eran todo lo que tenía para vivir (M 12, 41-44).

En el Templo pronunció Jesús palabras misteriosas y enigmáticas: «Si alguno tiene sed, que venga a mí y beba porque de sus entrañas brotarán ríos de agua viva», el Espíritu Santo que habían de recibir los que creyeran en él (Jn 7, 37-39); «cuando sea levantado en alto, atraeré a todos hacia mí» (Jn 12, 32); «destruid este templo —su cuerpo— y lo levantaré de nuevo en tres días» (Jn 2, 13-22).

Entre las columnatas de los pórticos, Jesús enseñó al pueblo su doctrina, curó a los enfermos y mantuvo altas discusiones con los jefes de los sacerdotes, los maestros de la Ley y los ancianos del pueblo, sobre la divinidad, su propia personalidad y misión, su autoridad y diversos temas religiosos: la resurrección, el tributo al César, etc. ¡Y cuántas veces tuvo que escabullirse y esconderse, pues le buscaban para matarle! (Mc 11, 27; 14, 44).

También emocionaba revivir que aquel monte de los Olivos, en que estábamos, había sido frecuentado por Jesús, aquel hombre libre, de presencia mansa y amorosa. Sentado en la cima, de cara a la ciudad, pronunció Jesús el sermón del fin de Jerusalén, y del mundo (Mt 24, 3-51); en su ladera, lloró sobre Jerusalén, que no conocía el día de su salvación (Lc 13, 34-35); en su falda, junto al torrente, se retiraba a orar y descansar (Lc 22, 39); en la cumbre enseñó, según la tradición, la oración del Padre Nuestro y, desde ella, ascendió a los cielos (Lc 24, 50-53; Hch 1, 9-11).

¡Cuántos recuerdos se agolpan al contemplar toda Jerusalén! Su vista es imborrable, pero resulta indescriptible cuando, en los atardeceres, el cielo se incendia con los colores y los fulgores del sol o, en las noches estrelladas, las luces de la ciudad se continuan en las del firmamento y las cúpulas brillan iluminadas por la luz pálida de la luna.

# EL MURO DE LAS LAMENTACIONES

La voz de los guías nos arrancó de aquel soñar despiertos. Recorrimos de nuevo la cima de los Olivos y, por la carretera de Jericó, atravesamos el valle del Cedrón. La ladera occidental está escalonada en bancales con plantaciones de olivos y, en la parte superior de la carretera, se extiende el cementerio musulmán a lo largo de la muralla oriental del Templo; en el fondo, entre naranjos, olivos y altas palmeras, el torrente, ahora encajonado en un estrecho cauce de cemento, estaba seco.

Bordeamos el Pináculo con sus bloques herodianos de ocho metros de longitud. Al pie de la muralla sur del Templo, yacen las ruinas de palacios del tiempo de los Macabeos y de Herodes, recientemente excavadas, y en el muro, tapiadas, han aparecido las tres *«Puertas de Hulda»*, que, mediante una amplia escalinata, daban acceso a la alta explanada del Templo desde la colina de Ofel.

Al traspasar la puerta del Muladar, *Sha'ar Ha Ashpot* «puerta de las inmundicias» (1), bajo el ángulo suroccidental del Templo, hay otra zona de excavaciones arqueológicas. Realizadas después de la guerra de los seis días (1967), sacaron a la luz los sótanos, cimientos, columnas, todos de piedra, de varios palacios. Entre ellos, el de los Omeyas edificado en el 701 d.C. Se encontraron monedas de los

(1) Es denominada así porque por ella sacaban las basuras de la ciudad camino del estercolero del cercano valle de la Gehènna. También se la llama *«Puerta de los Mogrebíes»*, pues gente originaria del Mogreb, llegada a Jerusalén, habitó en el barrio colindante.

Macabeos, de Herodes el Grande, del período romano, bizantino, de los árabes y de los cruzados.

Nos detuvimos a sentir aquella desolación y tanta grandeza pasada y ya muerta. Hasta nosotros llegaba el murmullo de las oraciones y cánticos de los judíos junto al Muro Occidental, que nosotros llamamos de las Lamentaciones.

## El Muro de las Lamentaciones

Apresuramos el paso. Entramos en una plaza amplia y enlosada, que se abre frente al Muro. Contemplamos emocionados aquel lugar sagrado, el corazón del judaísmo, testigo mudo de tanto dolor y de tanta esperanza, el nexo simbólico que ha unido a todos los judíos del mundo desde los tiempos de la diáspora.

El muro no era parte del Templo propiamente dicho, sino uno de los muros de contención que, en la ladera inclinada del monte, sostenían el relleno artificial destinado a ampliar hacia el sur la superficie de la explanada. Fue obra de Herodes el Grande, que en el año 20 a.J.C. inició el engrandecimiento y enriquecimiento del Templo. Ante él, a lo largo de casi veinte siglos, ha acudido el pueblo judío, generación tras generación, para llorar la destrucción de Jerusalén y pedir a Dios la vuelta a la tierra prometida.

Contemplamos el *Kotel*, «el Muro». A partir del suelo, se elevan siete hileras herodianas de impresionantes bloques rectangulares, colocados sin argamasa, con sus característicos bordes bellamente cincelados. Son de piedra caliza con tonos amarillentos y dorados. Algunos se conservan intactos, lisos, y otros están corroídos por la acción de las inclemencias y del tiempo.

La parte superior, equivalente a dos tercios del muro, está construida posteriormente con piedras más pequeñas. Se distinguen perfectamente tres estratos. Sobre el muro, brilla en el azul del cielo el oro de la cúpula de la mezquita de la Roca y se alza su vigilante minarete. Una bandada de palomas revoloteaba delante del muro y las golondrinas, las primeras que veía aquel año, rasgaban el aire. También allí aletea la *Shejiná*, «la presencia de Dios».

Una valla separa la plaza del lugar de la oración, cuyo nivel es un poco más bajo. Entramos en el recinto reservado a los hombres por un ancho pasadizo a la izquierda, en el que mana una fuentecilla para purificarse las manos. Nos ofrecieron *kipas* (un solideo) y nos cubrimos la cabeza. Mezclados entre la gente, observamos todo con respeto y curiosidad.

Llevaban los judíos sobre sus hombros el *talit*, un manto alargado con franjas oscuras y flecos, el manto ritual de la oración. En el brazo izquierdo y sobre su frente tenían los *tefilim* o «filacterias», unas cajitas de cuero sujetas con correas (2). Las cabezas estaban cubiertas con la *kipa* o con sombreros.

Entre todos los judíos destacaban por su atuendo los *hassidim*, los ortodoxos. Delgados, pálidos de rostro y con barbas, visten una especie de levita con calzón corto y camisas blancas. Llevan la cabeza rapada, cubierta con la kipa y un amplio sombrero. Los procedentes de Polonia se cubren con sombreros anchos, redondos y de pieles de zorra, llamados *stramiel* (3). De sus patillas, dejadas crecer, cuelgan largas y apretadas trenzas. Junto a ellos, oran también sus hijos con la cabeza al cero, cubierta, y los tirabuzones naciendo de sus patillas.

---

(2) En la cajita, escrito en una tira de pergamino, está el texto del Deuteronomio: «Amarás a Yavé tu Dios con todo tu corazón, con toda tu alma y con toda tu fuerza» (Dt 6, 5). El mismo texto prescribe: «Las atarás —estas palabras— en tu mano como una señal, y serán como una insignia entre tus ojos; las escribirás en las jambas de tu casa y en tus puertas» (Dt 6, 8-9). Estas últimas se llaman *mezuzah*.

(3) Los *stramiel* los debían llevar sus antepasados en Polonia por orden del rey Sajón para ridiculizarlos, pero se han convertido en un signo honorable.

Allí oraban judíos de todas las edades: ancianos de venerables barbas blancas, hombres robustos en la plenitud de la vida y niños lampiños. Algunos, solitarios, estaban arrimados al muro con el *talit* sobre la cabeza o leían la Biblia junto a él. La mayoría se situaban alrededor de unas mesas cubiertas con terciopelos granate, verde, azul, sobre las que había varias biblias y, en el centro, el rollo de la *Torá*, «la Ley», en su cofre.

Oraban en voz alta, recitaban las sagradas escrituras, cantaban los salmos y batían las palmas en señal de alegría. A veces, uno de ellos tomaba en sus manos el rollo de la Torá, lo levantaba en alto y los demás se acercaban jubilosos y lo tocaban con los flecos de sus mantos, o con el *yad*, una varita metálica terminada en una mano (4). Al acercarnos al muro, vimos que los intersticios de los bloques estaban repletos de papeles con oraciones y plegarias que habían introducido en él las manos de creyentes.

Lo más curioso y chocante para nosotros eran los movimientos con que acompañan la oración. Todos movían la cabeza, y aun los hombros, de un lado a otro, o inclinaban con rapidez y agitación sus cuerpos desde la cintura. Lo hacen así para orar también con el cuerpo, con todo el ser.

He de confesar que allí, en medio de ellos, sentía una fuerte sensación de extrañeza y como de temor. Para superarlos pensé que ellos se dirigían con fe al único Dios verdadero, el mismo que nosotros. No podía quitar aquellos sentimientos. A ello contribuían, sin duda, tantos prejuicios, pero mucho también aquella manera externa de orar. Me daba la impresión de que lo hacían con insistencia,

---

(4) Los judíos leían los rollos siguiendo la escritura con el dedo pero, para no tocar el nombre de Yavé, usaban esta varita, cuya mano tiene el dedo índice alargado. En la sinagoga del Tránsito de Toledo pueden verse varios en plata y marfil.

con angustia y agitación. Como que querían acosar a Dios.

Nosotros, y también los musulmanes, acudimos al mismo Dios que ellos, el de Abrahán, pero lo hacemos de rodillas, de pie, sentados, mas todo en quietud y con movimientos lentos y pausados. Hay mil maneras de ir a Dios.

A la derecha de los hombres, separadas por una valla, oraban las mujeres ante el muro con las cabezas descubiertas y los hombros tapados con chales (5).

Aunque la dominación romana vetó a los judíos la entrada en Jerusalén, les fue permitido el acceso al muro desde Constantino (313 d. J.C.) hasta el año 1948. En esta fecha, Jordania conquistó la ciudad vieja y Jerusalén fue dividida en dos. Fueron desalojados de sus viviendas en el barrio judío los 1.600 supervivientes de la guerra, hambrientos y desarrapados. Los hombres fueron hechos prisioneros y los ancianos, mujeres y niños salieron, después de tantos siglos, por la Puerta de Sión, hacia la ciudad del oeste, en manos del nuevo Estado de Israel.

El barrio judío *Hared el-Yahud*, con sus viejas sinagogas, quedó arrasado, los jordanos profanaron sistemáticamente el cementerio del monte de los Olivos y prohibieron a los judíos acercarse al Muro. Todo cambió con la guerra de «los seis días» de 1967. Las tropas israelíes se adueñaron de toda la ciudad vieja, después de diez y nueve largos siglos de súplicas y oraciones. Al fin se había cumplido el mayor deseo de este pueblo esperante: «El año que viene en Jerusalén».

Las autoridades judías hicieron salir a unas cuatrocientas familias árabes, demolieron las viejas casas que afeaban el sitio y ocultaban el Muro y construyeron la hermosa plaza actual. En su lado opuesto, en altos mástiles, ondean

---

(5) La razón de esta separación, que se daba también en las sinagogas, está en que el Levítico (15, 19-39) declara impuro a todo aquel varón que toque a una mujer con la regla, o se siente donde ella lo hizo.

victoriosas al viento doce banderas israelíes. Son el símbolo de las doce tribus (6).

## Los arcos de Wilson y de Robinson

A la izquierda del Muro y perpendicular a él, se ve el arco de Wilson, que soportaba un colosal viaducto que unía la ciudad alta con el segundo Templo. Atravesamos el arco y penetramos en una estancia, ancha, abovedada en piedra, donde también oraban silenciosos junto al Muro o cantaban en las mesas.

Lo más curioso son unas excavaciones estrechas, de muchos metros de profundidad e iluminadas, que permiten ver debajo del suelo actual dieciocho o diecinueve hileras del Muro antes de llegar a la roca virgen. La explicación es que el Muro estaba junto al torrente y al valle del Tiropeón, que a lo largo de los siglos se ha ido rellenando con los escombros de tantas ruinas y destruciones hasta llegar al nivel actual. Ello nos permite imaginar la grandiosidad de todo el Templo, una de las siete maravillas de la antigüedad.

A la derecha del Muro una rampa artificial conduce a la explanada del Templo por una puerta abierta en lo alto. Es un lugar privilegiado para observar, a vista de pájaro, a los judíos en oración. A la derecha de la rampa continúa el Muro herodiano y en él está el arranque del arco de Robinson. Es el primero de los arcos que sostenían la monumental escalinata que comunicaba al Templo con la piscina de Siloé, de donde subían el agua para la fiesta de los Tabernáculos.

Apoyado en el pretil de la rampa, pienso en el pueblo judío, único en la historia, el pueblo escogido de Dios, de

---

(6) En el recinto del Muro, se comienza todas las tardes de los viernes el *shabat* con grandes muestras de alegría. En él también tiene lugar la ceremonia del *Bar Mitzva*, «hijos del mandamiento»,cuando los niños varones cumplen los trece años y alcanzan la mayoría religiosa.

ese Dios que es fiel a sus promesas y a su amor. Es admirable la tenacidad con que este pueblo ha sido fiel a sí mismo y ha mantenido su propia identidad, su cultura, sus usos y costumbres. Ha defendido siempre la libertad de ser él mismo, a pesar de las seculares dominaciones de los imperios extranjeros desde el 587 a. J.C. hasta el año 70 d. J.C. con el paréntesis de los Macabeos (166 a 63 a. J.C.) y a pesar, sobre todo, de los casi dos mil años de vivir arrojados de su tierra, dispersos y errantes por todo el mundo, extraños en todas partes, perseguidos durante siglos hasta culminar en el holocausto nazi de Auschvitz, de Dachau, de Belsen... Sin duda que a ello les ha ayudado el haber llevado siempre consigo su patria escrita: la Biblia.

## Los hassidim

Los *hassidim*, «los piadosos», cuyas oscuras figuras hemos visto orar junto al Muro y deambular por las callejuelas de la ciudad vieja y de la nueva Jerusalén, son los miembros de una secta judía nacida en Polonia en el siglo XVIII bajo la inspiración de Israel ben Eliazer. Sus atuendos, que tanto llaman la atención, son los que usaban sus antepasados en los *ghettos* de la Europa Oriental. Sus orígenes son, por lo tanto, askenazíes (7).

Habitan en dos barrios aislados, el de *Mea Shearim* y el de *Bokhara*. El más famoso es el de *Mea Shearim*, el de «las cien puertas», situado al noroeste de la Puerta de Damasco. Edificado en 1870, fue el primero fuera de la ciudad amurallada, por lo que está concebido para defenderse de los ladrones. Las casas están pegadas unas a otras, las paredes externas son infranqueables, forman un muro protector y las puertas del patio interior, que se cierran de noche, son de hierro.

---

(7) Véase el Anexo «Sefardíes y Askenacíes». (pág. 277)

En el barrio abundan las sinagogas y en la *Yeshivá*, la academia religiosa, se entregan enteramente al estudio de la *Torá* y del *Talmud*. Trabajan como pequeños comerciantes lo necesario para sustentar a la familia y dedican la mayor parte de su tiempo a los estudios religiosos.

Ya antes de visitar el barrio se nos advirtió, sobre todo a las mujeres, que fueran modestamente vestidas en el cuello, brazos y piernas, y a los matrimonios y novios que no se cogieran del brazo o entrelazaran las manos. Al deambular por Mea Shearim vimos letreros en hebreo y en inglés que recomendaban la modestia para no ofender a sus habitantes: *«DRESSES AND SKIRTS REACHING UNTIL BELOW THE KNEE»* (Los vestidos y las faldas alargadas hasta debajo de la rodilla).

Los hassidim son muy conservadores en su estilo de vida y se ajustan estrictamente a la letra de la Ley sin concesiones ni adaptaciones a las exigencias de la vida moderna. Moisés prohibió hacer fuego en día de sábado, pues en aquellos tiempos requería un esfuerzo incompatible con el descanso sabático (Ex 20, 8-11; 35, 3). Los hassidim hoy, siguiendo la letra del precepto, evitan escrupulosamente en el *shabat* «cese, descanso», todo lo que suponga encender fuego, producir una chispa. En sábado tienen prohibido usar el auto, ir al cine, llamar por teléfono, tocar la radio, encender las luces, sacar fotografías con *flash*, usar los ascensores (8).

Guardan, además, con todo rigor las normas de la pureza legal: no usan ropas mezcla de lino y lana, ni de fibras de diversas especies —en las tiendas de tejidos hay microscopios para comprobarlo—, usan sus propios medios de transporte para no contaminarse y dan rodeos para no rozar una mujer, se ajustan a la comida *kosher* para evitar los alimentos impuros. Sus mujeres visten muy sencilla

---

(8) Se han inventado, para obviar estos inconvenientes, ascensores con mecanismos de marcha y parada automática a fin de no pulsar el botón en sábado. Hay 39 actividades que violan la santidad del sábado.

y modestamente con mangas largas, medias no trasparentes, sin maquillarse, y las casadas se rapan la cabeza la noche de la boda para no gustar a otro, por lo que se cubren con pelucas y pañuelos.

Tuve una experiencia personal a este respecto. Un día, en el hotel judío en que nos albergábamos, fui a servirme para el desayuno un vaso de naranjada, en una máquina del comedor. Estaba cubierta con un mantel rojo. Extrañado pregunté al camarero si no había zumo y me mostró una mesa con muchas jarras llenas. Caí en la cuenta de que era sábado y no podían poner la máquina en marcha. Lo habían preparado en la tarde del viernes, antes del atardecer.

Algunos de los días que estuvimos en Israel coincidieron con los ocho de la Pascua judía (en hebreo *pesaj*, «pasaje»). En ellos estaba prohibida la cerveza en todo el país y no se tomaba en las comidas sino pan ácimo, sin levadura, que estaba prensado como una galleta.

Los sábados no sólo están cerrados los bares y restaurantes judíos, sino que no funcionan los taxis israelíes, ni los autobuses urbanos en Jerusalén y grandes ciudades, ni los trenes en todo Israel, ni los aviones. Los hassidim pretenden que se paralice igualmente el aeropuerto internacional (9). No reconocen de buena gana al actual Estado de Istael, anterior a la venida del Mesías, y se niegan a hacer el servicio militar. Su fanatismo les lleva a recurrir a la violencia física para defender e imponer sus ideas.

Aunque existe este grupo minoritario y otros judíos observan la Ley sin estos extremos, la mayor parte del pueblo elegido en Israel hoy es agnóstica y descreída (10).

---

(9) Esto lo han conseguido porque, aunque los partidos políticos religiosos son una minoría, tanto el partido socialista, como el *Likud* conservador, han necesitado de su apoyo para sacar adelante sus leyes en el Parlamento.

(10) La doctora Mina Tzemaj, tras una encuesta, ha llegado a la conclusión de que sólo el 20% de la población israelí es religiosa (el 5% ultrarreligiosa y un 15% ortodoxo moderada); el 33% de la población es

Es muy interesante palpar de cerca la realidad de los hassidim para comprender el choque entre los fariseos y Jesús, su rechazo y su muerte. Aquéllos ponían la religiosidad y la salvación en el cumplimiento exacto de la letra de la Ley, elevada a una categoría absoluta al margen de la Alianza, y en la fiel observancia de las tradiciones de los mayores.

Jesús, el gran salvador y liberador, lo centró todo en vivir el amor a nuestro Padre Dios y a los demás, nuestros hermanos. Aquéllos exigían cumplir, Jesús sólo amar. Con un amor que imperaba, desde dentro del corazón, respetar la dignidad de los demás, hijos de Dios creados a su imagen y semejanza, hacer justicia y liberar a los oprimidos, vivir la fraternidad universal y la entrega generosa y desinteresada a los otros.

Ambas posturas eran irreconciliables. Jesús era un advenedizo que con su vida y doctrina, sus gestos y sus actitudes, cuestionaba y desautorizaba aquel orden social y religioso establecido y contrariaba a los intereses de los poderosos. A Jesús le mataron por amar.

Cómo fue el actual Muro de las Lamentaciones, el arco de Wilson (izda.) y de Robinson (dcha.). (Tomado de El Mundo de la Biblia, 7. EDICEP, 1984.)

---

tradicionalista y el 47% es laica. Sin embargo, el 77% de la población ayuna el día del Perdón, del Yom Kippur (*Tierra Santa, marzo-abril 1988)* En Israel hay 6.000 sinagogas y 400 rabinos oficialmente reconocidos.

# EL SANTO SEPULCRO

Bordeamos la muralla hasta el ángulo noroeste de la ciudad antigua y penetramos en el barrio cristiano por la Puerta Nueva. Es sencilla en su arquitectura y la mandó abrir, en 1889, el sultán turco Abdul Hamid a fin de facilitar el paso a los peregrinos. Frente a ella se eleva el monumental edificio de *Notre-Dame de France*, que en la guerra de 1948 sufrió el asedio de la Legión Arabe contra un comando de la *Hagannah*, que se hizo fuerte en su interior.

Recorremos las zigzagueantes callejuelas y nos encaminamos al Santo Sepulcro. A nuestra derecha queda la hermosa iglesia luterana del Redentor con su recoleto claustro, edificada sobre los restos de una basílica de Carlomagno e inaugurada en 1898 por el emperador germano Guillermo II, la esbelta arcada que da paso al Murismán, y llegamos a la plaza que se abre al sur del vetusto templo del Santo Sepulcro.No está, como la Mezquita de la Roca, en el centro de una explanada, lo que permitiría verlo en toda su grandeza, sino ahogado entre edificios, monasterios y tejados, que se arremolinan en sus alrededores.

## Mirando hacia atrás

Al occidente de la segunda muralla, fuera de ella y cerca de la Puerta de Efraín, había sido explotada desde el siglo VII a.J.C. una cantera de piedra calcárea, que fue abandonada en el siglo I antes de nuestra era. La explotación dejó hoyas y depresiones en el terreno y en medio de ellas quedó, desechado por los canteros tal vez por su

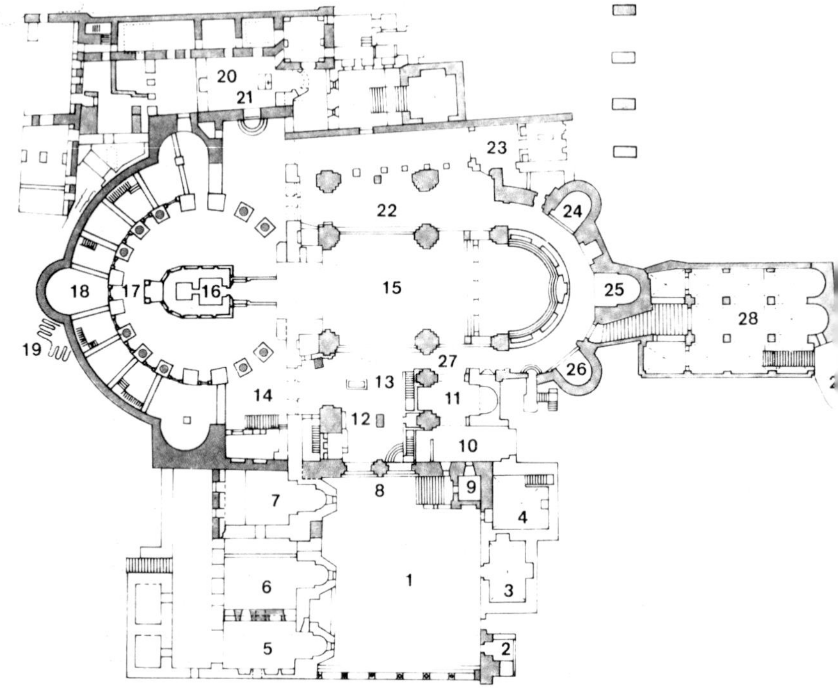


# BASILICA DEL SANTO SEPULCRO

**Plano de la Basílica del Santo Sepulcro (Tomado de «Jerusalén». Edic. Orbis, Madrid, 1985).**

1. Patio. 2. Monasterio de S. Abrahán. 3. Capilla (C) armenia de S. Juan; 4. C. copta de San Miguel; 5, 6 y 7. C. griegas de San Jacobo, de San Juan y de los 40 Mártires. 8. Fachada. 9. C. de los Francos; 10. C. católica de la Crucifixión; 11. C. del Calvario. 12. Piedra de la Unción. 13. Escalera del Calvario. 14. Lugar de las piadosas mujeres. 15. El Catolikón de los griegos. 16. Edícula del Santo Sepulcro. 17. C. de los coptos. 18. C. de los sirios ortodoxos. 19. Tumbas de José de Arimatea. 20. C. católica de la Aparición a la Virgen. 21. Columna de la Flagelación. 22. Lugar de la Aparición a María Magdalena. 23. Prisión de Jesús. 24. C. de San Longinos. 25. C. del Reparto de las vestiduras. 26. C. de los Improperios. 27. C. de Adán. 28. C. armenia de Santa Elena. 29. Cisterna de la Invención de la Cruz.

mala calidad, un picacho rocoso de unos cinco metros de altura.

Los judíos, por su aspecto, lo llamaban el Gólgota, del arameo *Golguta*, «el cráneo». Los romanos, que lo denominaban *Calvario*, «la calavera», lo utilizaban para crucificar a los condenados a muerte. Sobre su cima estaban fijos permanentemente los palos verticales de tres cruces.

Una parte de la cantera fue transformada, andando el tiempo, en un huerto con olivos y en su pared rocosa occidental, a unos cuarenta metros del montículo, un rico sanedrita, José de Arimatea, había hecho tallar en la roca una tumba con su pequeña antecámara o vestíbulo y la cámara mortuoria, que se cerraba con una piedra redonda giratoria, y varias sepulturas familiares. Al este del jardín, junto a las murallas, había excavada en la roca una profunda cisterna de agua.

En aquel lugar de suplicio, cercano a las murallas y fuera de ellas, fue crucificado la víspera del 14 de *Nisan*, entre dos ladrones, un nazareno llamado Jesús, acusado ante la autoridad romana por los saduceos y los fariseos. Expiró a las tres de la tarde. La tierra se sumió en la oscuridad, un terremoto sacudió Jerusalén y el velo del Templo se rasgó. Nicodemo y José de Arimatea desclavaron el cuerpo de Jesús, lo dejaron en brazos de su dolorida madre y, después de embalsamarlo, lo colocaron en el sepulcro nuevo y rodaron la piedra.

Al cabo de tres días, sus seguidores, unos pescadores galileos y unas mujeres, proclamaron que lo habían visto vivo, que habían hablado, comido con él y tocado. Muchos en Jerusalén creyeron en él y aquel lugar vino a ser un centro sagrado, un lugar de oración y de reuniones hasta el año 135 d.J.C.

En el año 117, Adriano fue proclamado emperador romano (1). En una de sus visitas a Jerusalén, en el 130, de-

---

(1) Publio Elio Adriano nació en Itálica (Sevilla) el año 76. Emperador en el 117 renunció a expansionar el imperio y se dedicó a defender-

cidió aplastar los peligrosos sentimientos nacionalistas e independentistas de los judíos y, cual otro Antíoco IV Epifanes, prohibió observar el sábado y practicar la circuncisión.

Este injusto y vano empeño del emperador desató una nueva insurreción de los judíos, celosos de su Ley. Fue capitaneada por *Bar Kojba*, al que apoyó el rabí Akiva, el más grande de los sabios de la época. Los rebeldes conquistaron Jerusalén, que durante tres años estuvo libre del yugo romano. En el 135, Bar Kojba fue derrotado por las legiones romanas en *Beth-ter,* al suroeste de Jerusalén y él cayó muerto en·el campo de batalla.

Adriano para erradicar el recuerdo de Jerusalén, destruyó los restos de los muros, pasó el arado por toda la localidad y levantó una nueva ciudad más pequeña siguiendo el diseño de un campamento romano, con sus avenidas porticadas, su foro, sus templos, arcos de triunfo, estatuas imperiales, teatros, baños públicos y un acueducto. Hasta cambió el nombre de la ciudad: ya no se llamaría Jerusalén, sino *Aelia Capitolina* (de Elio, nombre de su familia, y Júpiter Capitolino). En las ruinas del Templo judío levantó un templo a Júpiter e hizo colocar una estatua ecuestre de sí mismo. Expulsó a los judíos, aun cristianos, de la ciudad bajo pena de muerte.

El lugar del Calvario, tan venerado por los seguidores de Jesús, lo rellenó de escombros, sobre la explanada construyó el foro y erigió encima del Calvario un templete a Venus, la diosa del amor. Los judeo-cristianos (2), sin

---

lo y fortificar las fronteras. Fue un soberano justo, pacífico y amante de las artes; se tornó cruel y suspicaz por sus dolores físicos. Prueban su amor por el arte la Villa Adriana de Tívoli y su mausoleo en Roma, el Castillo de Sant'Angelo. Murió en Bayas el 138.

(2) Los judeo-cristianos eran judíos convertidos al cristianismo, pero que mantenían la enseñanza de la Ley de Moisés: circuncisión, leyes de pureza, frecuentación de las sinagogas..., simultaneamente con su fe en Jesús, Dios y Mesías. Mirados por los judíos como herejes, los *minim*, eran una iglesia cismática, paralela, para la Iglesia grande, la oficial, venida de la gentilidad, con Constantino y, sobre todo, con los bizantinos.

embargo, mantuvieron viva, durante dos siglos, la memoria de que allí debajo estaba el lugar de la muerte y resurrección de Jesús.

En el siglo IV, Constantino (306-337) asciende a la cumbre del imperio. Convertido al cristianismo, proclamó por el edicto de Milán (313), la libertad religiosa para los cristianos y adoptó el cristianismo como religión oficial del imperio romano. La ciudad de Jerusalén, a la que devolvió su nombre, comenzó a ser para los cristianos de la gentilidad una ciudad santa, meta de sus peregrinaciones.

Una nueva era brilló para Jerusalén. La emperatriz Elena, una pagana convertida y madre de Constantino, habló en el Concilio de Nicea (325) con Macario, obispo de Jerusalén, quien le expuso el lamentable estado y abandono en que se hallaban los lugares santificados por Jesús. La emperatriz visitó Jerusalén en el 326 y, atendiendo al recuerdo de los cristianos, Elena y Macario descubrieron bajo el templo de Venus el Calvario y Sepulcro de Jesús, intactos entre la arena y los escombros.

En la cisterna oriental encontraron la verdadera cruz de Jesús, que allí había sido arrojada (3). Constantino, alentado por su madre, decidió edificar una magnífica basílica, digna de los misterios que allí se conmemoraban.

El grandioso complejo constantiniano se extendía de este a oeste y tenía tres partes: una magnífica basílica romana de cinco naves, denominada el *Martirium*, con su entrada monumental alineada con el *cardo maximus* de Aelia

---

Contemporáneos de Jesús, conservaron el recuerdo de los lugares en que se realizaron los principales hechos de su vida y erigieron desde los primeros siglos edificios conmemorativos. Sus tradiciones y sus restos sirvieron a los bizantinos para localizarlos y edificar sus basílicas y monasterios en los siglos IV, V y VI, sobre cuyas ruinas los cruzados elevaron sus edificios. Los judeo-cristianos permanecieron hasta el siglo V y tenemos ruinas de sus iglesias-sinagogas: Nazaret, Caná, Cafarnaún, Monte Sión, y de sus cementerios: «Dominus Flevit», sepulcro de la Virgen... De ellos proceden en gran parte los escritos apócrifos.

(3) Todos conocemos la tradición según la cual identificaron la verdadera cruz de Cristo al quedar curada a su contacto, y no al de las otras cruces, una enferma de gravedad.

Capitolina y su atrio precedente, en la que se veneraba la reliquia de la Santa Cruz y se celebraban los servicios litúrgicos; detrás del ábside se abría un amplio jardín triporticado en cuyo ángulo sureste se alzaba el Gólgota a cielo descubierto y enfrente de la basílica, al occidente, se levantaba la *Anástasis*, voz griega que significa «resurrección», una monumental rotonda de treinta y ocho metros de diámetro.

En el centro se hallaba el sepulcro vacío, que había sido separado de la ladera rocosa, dentro de una edícula octogonal revestida de mármoles y de columnas formando arcos. Doce columnas, que habían pertenecido al Capitolio de Adriano, y unas pilastras intercaladas rodeaban el sepulcro. La parte occidental del transepto estaba circundada por un amplio deambulatorio, partido en los tres puntos cardinales por otros tantos ábsides y quince grandes ventanales daban luz al complejo. Junto al ábside del medio fueron respetadas cuatro tumbas: las de José de Arimatea. El conjunto era arquitectónicamente armonioso y unitario. Tenía casi ciento cincuenta metros de longitud y los peregrinos y fieles se acercaban progresivamente al misterio de la Pascua: la crucifixión, la muerte y la resurrección de Jesucristo, el Hijo de Dios.

Toda esta hermosa construcción fue destruida el 20 de mayo del año 614. Los persas dirigidos por Cosroes II (590-628) devastaron el imperio romano e invadieron Palestina sembrando el terror y asolando cuantas basílicas, santuarios y monasterios bizantinos encontraban a su paso. También cayó la basílica de Constantino, aunque sin dañar sustancialmente su estructura. Cosroes se llevó como botín el madero de la cruz de Jesús, que el emperador bizantino Heraclio recuperó a los catorce años, tras derrotar a los persas, y lo devolvió a Jerusalén el 3 de mayo del 629. El abad Modesto reconstruyó el Santo Sepulcro en el 630, a escala más pequeña. Cubrió la roca del Calvario con un edificio formado por cuatro pilastras unidas en arco e hizo abajo la capilla de Adán.

En el año 1009, el loco califa fatimita El-Hakim de Egipto (996-1021), despótico y fanático, ordenó la demolición de la basílica, que durante dos meses fue objeto del vandalismo, del saqueo y del pillaje. Más tarde, en 1048, el emperador bizantino Constantino Monómaco, autorizado por el califa de Egipto, reconstruyó el santuario. Se prescindió del *Martirium* y se centraron las ceremonias cultuales alrededor de la Anástasis en una serie de capillas que suplían la basílica desaparecida. Todo ello hizo encenderse en Europa el ideal de liberar el Santo Sepulcro de las manos musulmanas y surgieron las Cruzadas. La primera (1096-1099) fue promulgada por el Papa Urbano II y predicada por Pedro el Ermitaño.

El 15 de julio de 1099, Godofredo de Bouillon al frente de los cruzados: francos, renanos, normandos e italianos, conquistaron Jerusalén. Restauraron la Anástasis a la que cubrieron con una cúpula y edificaron un nuevo templo monumental, el *Chorus Dominorum* —el actual *Katholicón* de los griegos— que mira al Santo Sepulcro. El templo fue consagrado el año 1148 y abriga bajo el mismo techo el sepulcro, el Calvario y la cisterna oriental. Esta estructura de los cruzados perdura básicamente hoy, ocho siglos después. Ha sufrido reparaciones y transformaciones para paliar los efectos de los terremotos e incendios del 12 de octubre de 1808.

Se han hecho sin coordinación, por lo que el templo ha perdido armonía, pero a pesar de ello es el edificio cristiano más imponente de Jerusalén y el más importante del mundo para los que creen en Jesús. Hacia él se polarizan las miradas desde los cinco continentes y ¡cuántos millones de peregrinos han dirigido hacia él sus pasos, desafiando sacrificios y peligros, durante estos dos mil años!

## El Calvario

Estábamos en la plaza que precede a la fachada lateral, la única, del templo de los cruzados. A la izquierda se alza, como una fortaleza, una torre pesada de piedra. Ya no voltean las campanas cruzadas; se las llevó Saladino (1187). Dos puertas gemelas de arco apuntado dan entrada al santuario. Flanquean las puertas columnas de mármol sobre altos pedestales, en las que grabaron cruces los peregrinos medievales, y los capiteles están adornados con follaje de acanto. La puerta de la derecha está tabicada desde los tiempos de Saladino en el siglo XII. Traspasamos el umbral y penetramos con mucha emoción en estos lugares en los que «Cristo murió por nuestros pecados, como lo anunciaban las Escrituras fue sepultado y resucitó al tercer día, como lo anunciaban las Escrituras» (1 Cor 15, 3-4).

No se encuentra uno ante una grandiosa nave, sino ante un espacio delimitado por paredes de piedra. A la izquierda hay un diván para la familia Nusseibah, que posee las llaves del templo y abre y cierra sus puertas desde 1246. En la pared de enfrente unos grandes mosaicos representan el descendimiento y la sepultura de Jesús y delante de ellos, en el suelo, hay una losa rojiza, rectangular, para conmemorar el lugar, entre el Calvario y el sepulcro, en que fue embalsamado el cadáver de Jesús (4).

A nuestra derecha, en el ángulo de los muros, una escalinata empinada y estrecha sube al Calvario. Desgraciadamente no se le ve, pero está allí. Una plataforma recubre la cima de la roca, a unos cinco metros del suelo y en ella hay dos capillas abovedadas y comunicadas entre sí por arcos apoyados en pilastras. La de la derecha es la latina, de los PP. franciscanos, en el lugar en que Jesús fue clavado en la cruz. Sus bóvedas y paredes están cubiertas con bellos mosaicos de Barluzzi de 1939. El del altar representa la crucifixión con María en pie y la Magdalena postrada al lado de Jesús tendido sobre la cruz en el suelo. Otros mosaicos laterales figuran a las santas mujeres y el sacrificio de Isaac.

---

(4) A lo largo de los siglos la piedra fue cambiada varias veces. La actual, de mármol rojo, fue puesta por los griegos en 1810.

A la izquierda está la capilla griega en el lugar de la muerte de Jesús, sobrecargada de atributos propios del estilo ortodoxo. En el fondo brilla un grandioso icono de plata y delante, en alto y ante el altar, la imagen de Jesús crucificado acompañado de María y Juan. Las tres son planas, de madera pintada y los vestidos de plata. Bajo el altar hay un disco, al que los fieles se acercan de rodillas. Su centro está abierto y se puede introducir el brazo hasta el codo para tocar el fondo del agujero en el que estuvo sujeta la Cruz. El Calvario es visible bajo el cristal.

La bóveda está pintada con frescos decorativos, que representan los astros del cielo y diversas escenas de la pasión de Cristo, ennegrecidos por el tiempo y, sobre todo, por el humo de la multitud de lámparas de aceite que cuelgan de ella. Debajo del arco entre las dos capillas hay una hornacina de cristal con una talla muy bella de la Dolorosa.

El continuo pasar de los peregrinos y lo abigarrado de la decoración oriental no invitan al recogimiento. Hay que acudir a las primeras horas de la mañanita o sentarse, cerrar los ojos, abstraerse y revivir lo que allí ocurrió. Es éste el lugar más santo de nuestro planeta y del universo. Aquí sufrió Jesús por nosotros la más terrible e infamante de las penas capitales. Crucificado con brutal injusticia en un madero por el egoísmo, la ambición, la soberbia, el odio y la envidia de los poderosos; abandonado cobardemente por los suyos, negado por Pedro y traicionado por Judas; sumergido en un mar de desolación, oscuridad, humillaciones y sufrimientos; cargado con los pecados de la humanidad y olvidado sensiblemente por su Padre, aquí exhaló Jesús el último suspiro. Murió víctima de los saduceos y de los fariseos, pero, sobre todo, de la fidelidad y obediencia a su amado Padre, a la misión que le había encomendado, y del amor y entrega a los hombres, por su salvación y liberación. Murió por amar.

Jesús sabía muy bien el sentido y el significado de su muerte. Era consciente de cuál había sido y sería el fin violento de los profetas enviados de Dios y cuál era el cometido del Siervo de Yavé: morir como víctima voluntaria e inocente por los pecados de los demás (Is 53). Aquí agonizó por nuestros pecados, para nuestra redención, viviendo su mensaje de amor y de perdón: «Padre, perdónalos porque no saben lo que hacen», «Hoy estarás conmigo en el paraiso», «Ahí tienes a tu madre». Así respondió Jesús, «devolviendo bien por mal» a quienes, mientras lo mataban, se reían y mofaban de él.

En este mismo lugar se inauguró la Nueva Alianza. No, como la antigua, en las cumbres elevadas del monte Sinaí, entre rayos y truenos, sino en medio del silencio, en una humilde loma rocosa. Allí Yavé mostró todo su poder y majestad; en la muerte de Jesús, Dios nos manifestó todo su amor y toda su bondad. «Tanto nos amó el Padre que nos dio a su Hijo unigénito» (Jn 3, 16). El Hijo nos amó hasta ofrecernos «la mayor prueba del amor: dar la vida por el amigo» (Jn 15, 13) y en este lugar, el Espíritu Santo se nos dio «al derramarse desde el costado abierto de Cristo, en los corazones» de los que sedientos acudimos a Jesús (Rm 5, 5; Tt 3, 3-7).

Embargados en estos sentimientos e ideas bajamos del Calvario por la escalinata del fondo. Fuimos a visitar, abajo, la capilla de Adán, quien según una piadosa leyenda estaba sepultado allí. La sangre de quien con su obediencia nos trajo la vida cayó sobre aquél que con su desobediencia nos acarreó la muerte (Rm 5, 12-17). Protegida por un vidrio, contemplamos la roca blanca del Calvario, atravesada por una hendidura causada por el terremoto que siguió a la muerte de Jesús. A su lado está la sacristía griega con bellísimos iconos.

## El Santo Sepulcro

Por medio del gentío nos abrimos paso hacia la piedra de la Unción. Allí Nicodemo, el discípulo nocturno por miedo a los judíos, y José de Arimatea, embalsamaron el cuerpo destrozado de Jesús. Los peregrinos se arrodillan ante la piedra, la besan con emoción, la tocan con sus mejillas, oran con fervor elevando los ojos y las manos a lo alto, ponen sobre ella cruces de madera, rosarios, velas y empapan sus pañuelos en el agua perfumada con que suele estar mojada. Es gente de todo el mundo, de los cinco continentes y de todas las razas, que han subido a Jerusalén, iluminados por la misma fe e imantados por un gran amor a Jesús de Nazaret.

Seguimos hacia adelante y entramos en la gran rotonda de la cúpula sostenida por una doble arcada de columnas. En el centro está el sepulcro vacío de Jesús, dentro de un templete de mármoles de ocho y medio metros de longitud por seis de alto y de ancho. Es obra de un arquitecto ruso, de 1810, y de mal gusto, pesado, poco airoso, recargado y rematado con una cupulita bulbosa. Delante de la única entrada, nos colocamos en la fila esperando pacientemente a que nos llegue el turno. Todos oramos en silencio y recogimiento impresionados por la santidad del lugar.

A ambos lados,sobre unos poyos, en grandes candelabros, se alzan altos cirios pascuales de las diversas confesiones, símbolos de la resurrección de Cristo. La espera da tiempo para observarlo todo. Sobre la puerta hay varias representaciones, en tabla, en mármol y, en lo alto, un óleo, de Jesucristo surgiendo glorioso del sepulcro, iluminadas con cuatro hileras de lámparas de plata y de cristal verde.

La puerta es baja y por ella entramos agachados en el edículo. La primera cámara es la de los Angeles, pues allí anunciaron a las piadosas mujeres que Jesús había resucitado. En el centro hay un pedestal que contiene, cubierto con un cristal, un trozo de la piedra redonda que cerraba el sepulcro. En los ángulos, a ambos lados de la puerta, se abren dos agujeros ovalados por donde, en la Fiesta de la Luz de la noche del Sábado Santo, pasan el nuevo fuego, allí producido. Los fieles lo esperan anhelantes en la oscuridad para encender sus velas. Jesús sigue siendo la luz que ilumina al mundo y «las tinieblas no la sofocaron» (Jn 1, 5).

A la cámara interior se accede por una entrada aún más baja (1,33 metros), cuyo dintel está decorado con relieves en mármol del Resucitado, de los ángeles, las santas mujeres y palmeras. La cámara es estrecha, de unos dos metros de largo con capacidad para unas cinco personas. El cuerpo exánime de Jesús fue puesto en el banco de piedra, que hoy está cubierto con un mármol partido en dos (5). Encima del sepulcro hay tres cuadros: el latino en plata, el griego en madera pintada y el armenio en óleo, que conmemoran el momento de la resurrección de Jesucristo y simbolizan la copropiedad de las tres comunidades. Rosas, azucenas, calas, jazmines y cirios encendidos adornan el santo lugar.

Allí, de rodillas en el suelo, apoyados en el sepulcro, revivimos llenos de amor el misterio, oramos confiados por los seres más amados y besamos la losa. Sólo el pensar en los que esperan le arranca a uno de aquel lugar sagrado. Todos salimos empapados en sentimientos de amor y de alegría pero, sobre todo, confirmados en la fe. El Padre resucitó a Jesús para garantizarnos que era su Hijo amado, su enviado y que su doctrina, la que le llevó a la muerte, es el único camino verdadero de la vida. ¡Qué gozo y esperanza al revivir que la crucifixión conduce a la glorificación y que el fin del hombre no es el no ser, la muerte, sino la vida eterna en el más allá!. También se ilumina el misterio del dolor.

Detrás del templete y adosada a él hay una capilla copta, profusamente iluminada, con un icono muy bello de la Virgen María y el niño en sus brazos. Un monje vestido

---

(5) Lo colocó el P. Custodio de Tierra Santa, Bonifacio de Ragusa para que los peregrinos no arrancaran trozos de la piedra y los franciscanos partieron la losa, en 1555, para evitar la codicia de los turcos.

de negro invita a acercarse y enseña, levantando una cortina, la roca misma del sepulcro. A cambio de una limosna, entrega cruces de madera y medallas, que toca a la roca. Enfrente, en la pared del deambulatorio de la rotonda, hay una capilla perteneciente a los sirios en lamentable estado de abandono. Se pueden ver cuatro sepulcros excavados en la roca en el fondo de un túnel, dos a ras del suelo y los otros dos, bajo él. Son del tiempo de Jesús y los llaman las «tumbas de José de Arimatea».

## Otras dependencias

Volvemos sobre nuestros pasos y nos dirigimos hacia el *Katolicón*, enfrente de la Anástasis. Es la antigua nave central de la basílica de los cruzados y la estancia más amplia y ancha. Propiedad de la Iglesia greco-ortodoxa, en ella despliega todo el esplendor de su luminosa liturgia bizantina con sus regios ropajes, sus cantos armoniosos, en medio de las volutas del incienso perfumado y la luz de los cirios. Una lámpara grandiosa cuelga de la bóveda. En el iconostasio cuatro hermosos iconos de oro y plata, con los rostros y manos pintados en tabla, representan a Jesucristo, la Virgen con el niño, a Jesús con María Magdalena y unos santos, que tal vez sean José de Arimatea y Nicodemo. En el santuario, presiden el altar un Crucifijo bizantino y un icono de la resurrección. Una alfombra de vivos colores se extiende ante él.

Atravesamos de nuevo el Katholicón y, por la derecha, por el lugar de la aparición a María Magdalena, vamos a la capilla de la aparición de Jesús a su madre María. La regentan los PP. Franciscanos y es muy recogida, sencilla y silenciosa. En la pared frontal, sobre el altar, un mosaico representa una Cruz luminosa en cuyo centro está el Sagrario. En el ángulo derecho está un trozo de la columna de pórfido de 0,70 metros de altura, a la que fue atado Jesús en la flagelación. Ramos verdes y flores rojas y blancas la adornan y los peregrinos la besan con piedad. En esta capilla los católicos concelebran en todas las lenguas del mundo y resuenan la belleza del canto gregoriano en la Misa «De Angelis» y los cánticos populares de todas las naciones.

Salimos de la capilla latina y por la izquierda recorremos el deambulatorio que rodea la nave central, el Katholicón. Después de pasar dos ábsides, llegamos al comienzo de una gran escalinata que, por sus veintinueve peldaños, desciende a la capilla subterránea de Santa Elena, abierta en la roca por los cruzados. Delante del altar se extiende en el suelo un antiguo mosaico muy bello. Representa un conjunto de templos armenios —la capilla pertenece a esta confesión cristiana— rodeados por una cenefa de águilas, corderos, patos, conejos. Resalta por su belleza una paloma de la paz con su olivo en el pico. Las paredes están ornamentadas con grandes cuadros, cuyos temas apenas se vislumbran por las tinieblas. A mano derecha, una nueva escalera de piedra conduce, aún más profunda, a la capilla de la Santa Cruz. Allí encontró Santa Elena las tres cruces en el siglo IV. Sobre un pedestal, una imagen de la santa preside aquella oquedad áspera y alta tallada en la roca viva. Es la cisterna de agua, anterior a Jesús.

Ascendemos a la basílica con el deseo de salir de aquellas profundidades tenebrosas y nos encaminamos hacia el vestíbulo de salida. Nos llama la atención la capilla del tercer ábside del deambulatorio. Debajo del altar hay un trozo de columna negra. La piadosa tradición sostiene que es aquella sobre la que Jesús fue burlado e injuriado por la soldadesca romana en la Torre Antonia. La gente la toca y la besa con veneración y detenimiento.

Seguimos adelante y, rodeando el Calvario, salimos al exterior. Enfrente destaca sobre el cielo estrellado el minarete de la mezquita de Omar, edificada en el siglo XII en el mismo sitio en que aquel califa, allá en el siglo VII, oró ante el sepulcro de Jesús y sin entrar en la basílica para no conferirle un carácter musulmán.

# ISRAEL EN TIEMPO DE CRISTO

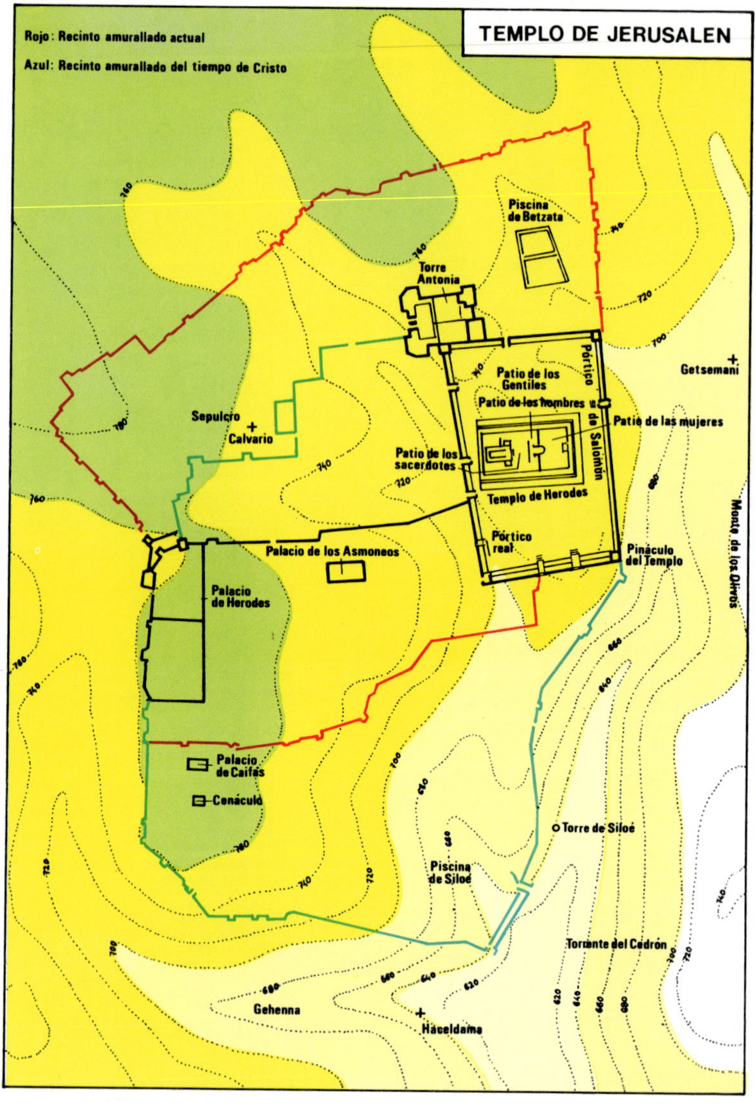


Plano de la vieja ciudad de Jerusalén. El trazado azul señala el recinto amurallado en tiempos de Jesucristo: el Calvario quedaba fuera. El rojo indica el ensanche posterior de las murallas, en tiempo de Agripa I, nieto de Herodes el Grande.

Vista panorámica de Jerusalén.

La explanada del Templo.

El Muro de las Lamentaciones

Aclamación de la Torá

Capillas del Calvario

El Santo Sepulcro

La Mezquita de la Roca

Detalle de la misma

ezquita de El -Aqsa

Monumentos funerarios en el Cedrón

Calle de Jerusalén

Maqueta de Holyland

En el mundo hay basílicas románicas, catedrales góticas, templos renacentistas y barrocos, que superan al Santo Sepulcro en grandiosidad, belleza, luminosidad, armonía y unidad de estilos. La basílica del Santo Sepulcro es un conglomerado de varias que se sucedieron a lo largo de los siglos, carece de luz natural, abundan los rincones oscuros e inservibles y su decoración responde a múltiples gustos: bizantinos, armenios, occidentales. Pero, aparte de que todo ello le da un valor histórico y testimonial entrañable, ningún santuario cristiano puede emular el privilegio de encerrar entre sus muros los lugares de la pasión, de la muerte y de la resurrección de Jesucristo.

En aquellos se perpetua el sacrificio de Cristo, el Cordero de Dios, que sólo aquí se ofreció inocente, de una vez y para siempre, para que nosotros experimentemos la fuerza salvadora de Dios.

**SEPULCRO DE JESUS**

Corte vertical de la antecámara mortuoria y del arcosoleo de la tumba de Cristo.

# LA EXPLANADA DEL TEMPLO

## Un poco de historia

Hacia el año 570 nació en La Meca Mahoma el fundador de la tercera gran religión monoteista: el islamismo. Ya para los primeros musulmanes, Jerusalén ocupaba un lugar preeminente. No sólo la llamaban *El Quds*, «la santa», sino que los fieles oraban a Alá volviéndose a Jerusalén, aún no a La Meca. Esta veneración se acrecentó con la creencia de que Mahoma había sido transportado desde Jerusalén a la presencia de Dios e iluminado con su visión.

Al morir Mahoma el 6 de junio del 632, le sucedió como primer califa Abu Bakr (632-634). En el año 634 sube al califato el segundo califa Omar Ibn-al-Khattab (634-644), quien extiende los dominios musulmanes y la nueva religión más allá de las fronteras de Arabia. En el 634 derrota a los persas y el 20 de agosto del 636 vence a los bizantinos en Yarmuk. En el 638 pone sitio a Jerusalén. La ciudad capitula pacíficamente tras las negociaciones con el Patriarca Sofronio. Omar respetó la ciudad —era la tercera ciudad santa después de La Meca y de Medina— no molestó a los cristianos y autorizó a los judíos a volver a Jerusalén.

La explanada del Templo estaba abandonada por los cristianos, que la consideraban como un lugar de maldición, y se había convertido en un sitio de escombros y basuras. Omar la hizo limpiar. Aquella explanada era triplemente sagrada. En ella estaba la roca de la cumbre del monte Moria, sobre la que Abrahán, el padre de la fe de los judíos, cristianos y musulmanes, había estado apunto de sacrificar a su hijo Isaac (1); aquella roca era la base del altar de los sacrificios del Templo judío y desde ella, además, había sido elevado Mahoma, sobre el legendario corcel alado *El-Burak*, a través de los siete cielos, ante Dios Todopoderoso, después de haber sido trasladado durante la noche y en visión desde La Meca a Jerusalén (Corán, XII, 1). Omar levantó en la zona del Templo una mezquita de madera.

Fue el califa omeya Abd-el-Malik (685-705) quien edificó la maravillosa Mezquita de la Roca, a veces falsamente atribuida a Omar. Le movió a ello no sólo las razones religiosas indicadas, sino también fuertes objetivos políticos y económicos. Su autoridad era desafiada por el califa rival de La Meca, Abdallah Ibn Zobeir y la presencia de la piedra negra de la *Kaaba* (2) en la Meca atraía a aquella ciudad muchos súbditos de El Malik, que dejaban allí considerables ingresos. Con la construcción de la Mezquita de la Roca realzaba la importancia política de Jerusalén e impedía aquella sangría de dinero.

A finales del siglo VII, el califa damasceno Abd el Walid, hijo de El Malik, edificó al mediodía de la explanada otra grandiosa mezquita, la de *El Aksa*, «la lejana», así llamada por referencia a Medina y a La Meca.

## La explanada del Templo

Desde el hotel, situado en la parte moderna, al oeste de la ciudad antigua, nos dirigimos a la puerta de Jafa. Recorremos las calles de Agrón, junto al Parque de la Independencia, la de Mamila y nos presentamos ante la

---

(1) Los árabes creen que fue Ismael, hijo del patriarca y de Agar, la esclava de Sara, su esposa.

(2) La piedra negra era la que puso el arcángel Gabriel para terminar el edificio de la *Kaaba*, construido, según sus creencias, por Abrahán y su hijo Ismael en La Meca.

puerta conocida con el nombre de Jafa, pues por ella entraban los peregrinos procedentes del puerto mediterráneo. También es llamada *Bab el-Jalil*, «la puerta del amigo», es decir de Abrahán (3). Es hermosa, de piedra clara, de doble arco, apuntado y rebajado, y remachada con almenas. Está cercana a la ciudadela de David, o palacio de Herodes, y el lienzo de la muralla que las separaba fue derribado en 1898 para dar mayor solemnidad a la entrada del kaiser alemán Guillermo II. No ha sido reedificado posteriormente y es el único fragmento en que la muralla está abierta.

Avanzamos por las bulliciosas calles de David y de la Cadena, el antiguo *decumanus* de la Aelia Capitolina de Adriano, y llegamos a *Bab-es-Silsihak*, «la puerta de la Cadena», al oeste del Templo. Junto a ella admiramos una fuente con su inscripción de arabescos estilizados, edificada por Solimán en el siglo XVI. Al atravesar la puerta unos veteranos del ejército israelí revisan nuestros bolsos de viaje, y se abre ante nuestros ojos sorprendidos un mundo maravilloso. A través de las arcadas, que coronan una majestuosa escalinata, vislumbramos la Mezquita de la Roca deslumbrante por el azul de sus esmaltados azulejos y el oro de su cúpula, que brillan esplendorosos a la diáfana luz de la mañana.

Nos encaminamos al centro de la explanada del Templo de Herodes, *Haram-es-Bayit*, «el monte del Templo» para los judíos y *Haram-es-Shaif*, «el noble recinto sagrado» para los musulmanes. Es sagrado para los hebreos, que en aquel monte santo, donde moró la presencia de Dios y fue el escabel de sus pies, adoraron a Yavé durante más de mil años; para los musulmanes, que llevan rindiendo adoración a Alá trece siglos, con la breve interrupción de los cruzados (1099-1187); y para los cristianos, pues en él estuvo y actuó Jesús, el verdadero templo, morada de

(3) De ella parte el camino que conducía a Belén y a Hebrón, donde descansan los restos del patriarca.

Dios por excelencia y lugar del encuentro entre Dios y los hombres. Flota en el ambiente la calma y el silencio. La luminosidad de la luz realza los contornos de los edificios, la riqueza de sus materiales e inunda todo de vida y de alegría. El alma se dilata, pierde la noción del tiempo y vaga emocionada.

Toda la explanada es una terraza artificial levantada en la ladera sur del monte Moria por el rey Salomón y ampliada por Herodes el Grande. Unos muros ciclópeos sostenían el relleno de escombros, material y cámaras abovedadas. La explanada está cerrada por murallas y edificaciones, tiene la forma de un rectángulo irregular y sus dimensiones son de casi quinientos metros de norte a sur, de trescientos treinta de anchura al norte y doscientos noventa al sur. Ocupa una extensión de quince hectáreas, la sexta parte de la ciudad antigua, está pavimentada con losas y en su parte oriental, junto a la Puerta Dorada, abunda el arbolado.

Allí estuvo el Templo judío, una de las siete maravillas del mundo. Hoy no queda casi nada de él. Ni los grandiosos pórticos Real y de Salomón, con sus filas de gigantescas columnas, ni el *ulam*, el atrio de los sacerdotes con el altar de los holocaustos de cinco metros de altura y el mar de bronce, enorme tazón para el ritual de la purificación sostenido por doce bueyes. «No ha quedado piedra sobre piedra» del Templo propiamente dicho. Ha desaparecido el *hekal*, el Santo, recinto recubierto por dentro de maderas de cedro y ciprés y de láminas de oro con bajorrelieves de querubines, palmas y flores, donde se encontraban la *menorá*, «el candelabro de los siete brazos», la mesa de los panes de la proposición y el altar de los perfumes; y el *debit*, el Santo de los Santos, separado por un velo, donde estuvo, en el Templo de Salomón, el Arca de la Alianza con las tablas de la Ley de Moisés. El Sumo sacerdote penetraba una sola vez al año, el día del *Yon Kippur*, del Perdón.

De todo aquel deslumbrante Templo, la alegría y el anhelo del pueblo elegido, sólo queda en la parte occidental un fragmento del muro de contención, el Muro de las Lamentaciones. Todo fue arrasado por las legiones romanas. «Si hubiesen conocido el momento en que Dios quiso salvarles» (Lc 19, 43ss.)

## La mezquita de la Roca

En el centro de la explanada se eleva una amplia plataforma de unos tres metros de altura. Conducen a la terraza superior nueve majestuosas escalinatas, orientadas a los cuatro puntos cardinales, y están coronadas por elegantes y delicadas arcadas del tiempo de los mamelucos. Los árabes las llaman *marwazins*, «las balanzas», pues, según sus creencias, allí serán pesadas las obras buenas y malas de cada hombre el día del juicio final, después de la resurrección universal, en el cercano valle de Josafat.

En medio de la plataforma se alza serena y deslumbrante *Qubbat-as-Sakhra*, la Mezquita de la Roca, en el punto más elevado del monte Moria. El califa Abd-el-Malik la hizo edificar entre el 688 y el 691. Es el primero de los grandes santuarios omeyas —la mezquita de Damasco es del 705— y el más antiguo de los monumentos islámicos conservado sin modificaciones substanciales hasta hoy.

La mezquita fue diseñada por arquitectos bizantinos y ejecutada por artesanos de la región, ya que los árabes, pueblo nómada recien salido del desierto, aún carecían de una tradición constructora. La belleza de su ornamentación y la riqueza de sus materiales no deben ocultar la perfección de su arquitectura tan sencilla y armoniosa. Es un octógono regular cubierto por una cúpula semiesférica elevada sobre un tambor. Los lados tienen veinte metros de largo, el diámetro de la base es de sesenta y la altura de la cúpula mide treinta con un diámetro de veinticinco metros.

Las paredes externas, realzadas por esbeltos arcos incrustados, destacan por la opulenta combinación de planchas de mármoles blancos hermosamente taraceados en la parte baja y de bellísimos azulejos, azules, blancos, verdes, dorados, en la parte superior. En lo alto un friso decorativo rodea todo el octógono con textos coránicos escritos con trazos caligráficos muy bellos y elegantes. En el centro, sobre el tambor, se alza la cúpula edificada también con técnicas bizantinas. En realidad son dos cúpulas: una interior semiesférica y la exterior algo bulbosa en su parte inferior y cónica en lo alto, recubierta con láminas de plomo y cobre dorado. Sobre la cúpula campea la media luna.

La mezquita tiene cuatro puertas orientadas hacia los cuatro puntos cardinales. Nos descalzamos y entramos por la puerta del oeste, *Bab-al -Gharb*, «la puerta del jardín». La impresión es sorprendente: un bosque de columnas y de pilastras bañadas por una tenue luz tamizada por las bellísimas vidrieras azules, de blancos mármoles y riquísimos mosaicos de oro y púrpura.

Toda la mezquita gira alrededor de la roca sagrada. Dos hileras de columnas y pilastras, octogonal la exterior y cilíndrica la de dentro, rodean la roca, forman un doble deambulatorio cubiertos de artesonados y sustentan el peso de la cúpula. Las bases, columnas y capiteles son distintas unas de otras en estilo y tamaño, pues los árabes utilizaron materiales de edificios bizantinos demolidos por los persas en el 614. Todo el suelo está cubierto de alfombras orientales. La cúpula brilla radiante de mosaicos con motivos geométricos y florales (4) y de su centro pende una cadena de oro, que indica el que se supone el centro de la tierra.

---

(4) La arquitectura árabe es conocida por su abigarrada y barroca decoración. El Corán, siguiendo a la ley de Moisés, prohibe representar a Dios con figuras humanas o de animales, por lo que los árabes desarrollaron una rica decoración abstracta a base de relieves y colores con ingeniosas teorías geométricas, con que logran, recordemos la Alambra, verdaderos primores decorativos.

Todo el conjunto crea un ambiente encantado y recogido que invita a la oración y a sentir de cerca el misterio. Este santuario no fue una mezquita destinada a albergar grandes masas de fieles entregados a la oración ritual pública, sino más bien un *Martirium*, el término de la peregrinación a aquel lugar sagrado y sitio de oración y de meditaciones privadas.

En medio de la mezquita, bajo la cúpula, se extiende *el-Sakhra*, «la roca». Es lo más santo del recinto, una gran masa de piedra calcárea, informe, con una gruta natural en su interior. Su longitud es de catorce metros por once de ancho y dos de altura. La roca está aislada por una magnífica balaustrada de madera de cedro, que en el año 1959 reemplazó la de los cruzados de hierro forjado. Es la cumbre del monte Moria, donde el jebuseo Arauna pastaba sus rebaños de ovejas y se resguardaba en la gruta del frío y de la lluvia.

En la roca hay un agujero perforado que comunica con el interior de la gruta. Según algunos autores servía, junto al altar de los holocaustos del Templo, para verter la sangre de los sacrificios, el agua de las abluciones y las cenizas de las víctimas; otros opinan que era una chimenea abierta por los pastores jebuseos para dar salida al humo de la gruta. Hacia el sur de la roca enseñan una huella que, dicen, la dejó marcada *El-Burak* al tomar impulso para transportar a Mahoma. A la gruta se puede descender. Es un lugar lleno de leyendas. Allí se reunen, según una de ellas, las almas de los muertos para orar.

La mezquita ha sido reparada numerosas veces durante estos trece siglos, pero su plano general es el mismo del 691. Sufrió los desperfectos causados por los terremotos de 1061 y 1187. Cuando los cruzados conquistaron Jerusalén en el 1099, fue transformada en iglesia cristiana con el nombre de *Templum Domini* y colocaron en lo alto de la cúpula una cruz de oro. Como los peregrinos arrancaban trozos de la roca como reliquias, la rodearon de una verja de hierro.

Al reconquistar Saladino Jerusalén en 1187, borró todo vestigio cristiano, puso de nuevo sobre la cúpula la media luna y revistió de mármoles y mosaicos el interior. En 1540, Solimán el Magnífico reemplazó las ventanas por vidrieras con diseños florales y recubrió las paredes exteriores con exquisitos mosaicos. El rey Hussein de Jordania realizó en 1960 la última restauración y sustituyó las cubiertas de plomo de la cúpula por las actuales planchas de aluminio dorado.

Sin duda alguna que uno de los recuerdos imborrables de Jerusalén es el de la mezquita de la Roca y el de su cúpula resplandeciente de oro en los diáfanos días, en los ardientes y arrebolados atardeceres y en las pálidas y azuladas noches.

Al salir de la mezquita, con el alma emocionada y silenciosa, rodeamos el santuario. Al sur está la elegante Puerta de la Oración, cuya inscripción del Corán ordena orar mirando a La Meca. Al oeste se levanta la mezquita de la Cadena, una reprodución en miniatura de la de la Roca, poligonal de once lados, sostenida con gráciles columnas. Fue erigida en el año 913 en el sitio en que, según la tradición, el rey David administraba justicia, y servía para guardar los tesoros musulmanes en el tambor entre su doble cúpula. Desde allí las vistas al oriente son amplias y maravillosas. Encuadradas por las arcadas, se divisan sobre las murallas las laderas del monte de los Olivos con los santuarios, entre el arbolado, de Santa María Magdalena y el «Dominus Flevit» y, en la cima, el «Pater Noster», la airosa torre de la iglesia rusa de la Ascensión, la del hospital Augusta Victoria y el cementerio judío.

Recorremos la explanada por su lado norte y el oeste y contemplamos la variedad de monumentos que la salpican, construidos por los mamelucos (1260-1517), y que le dan gracia y belleza: pequeñas mezquitas, cupulitas sustentadas por finas columnas de mármol, bellos púlpitos de piedra, austeros mausoleos, hermosas fuentes, entre las que sobresale la de *Qait Bey* con su cúpula ricamente trabajada y sus piedras bicolores (a. 1483). En el horizonte, sobre el abigarrado caserío de la ciudad antigua en variadísimas perspectivas, se lanzan al cielo minaretes islámicos, torres cristianas y la cúpula azulada del Santo Sepulcro.

## La Mezquita de El-Aksa

Por la escalinata del sur descendemos a la parte de la explanada que se extiende entre las dos gandes mezquitas. Sirve de patio de oración a la mezquita de *El-Aksa*, «la lejana», que se puebla los viernes (5) de fieles musulmanes, que en apretadas hileras, de rodillas en el suelo o inclinados hasta tocarlo con la frente, oran a Alá mirando a La Meca, o escuchan al *imán* la lectura del *Corán*. En el centro, hay una bonita fuente circular del siglo XIII, *El-Kas*, «la tazá». Sus aguas proceden de las piscinas de Salomón entre Belén y Hebrón, y en sus caños se purifican los pies antes de la oración pública. Desde la fuente nos encaminamos entre árboles a la mezquita, cuya cúpula de plata brilla sobre el azul del cielo.

La mezquita es grandiosa. Fue edificada por el califa omeya El-Walid entre 709 y el 715, sobre los cimientos de una iglesia bizantina, que había sido construida sobre el lugar que pensaban correspondía al palacio de Salomón. Allí estuvo el magnífico Pórtico Real del Templo de Herodes. Bajo sus cimientos se ha encontrado los pasajes subterráneos que por la Puerta de Hulda (6) daban acceso al Templo al pueblo llano, que habitaba en las vertientes del Tiropeón.

Su fachada del siglo XII tiene siete grandes arcos góticos que se corresponden con las naves y dan paso a un

---

(5) Los musulmanes tienen su día dedicado a la oración, el viernes, distinto del sábado judío y del domingo cristiano.

(6) Así llamada porque se abre frente al sepulcro de Hulda.

hermoso y amplio atrio corrido. Descalzos penetramos en el interior. La impresión es sorprendente, como al entrar en una de las grandes catedrales cristianas. Siete altas naves, la del centro más ancha y elevada, se abren ante nuestros ojos. Su anchura mide cincuenta y cinco metros. Dividen las naves grandes columnas monolíticas de mármol blanco de Carrara —las interiores de la derecha son pilastras— con dorados capiteles de estilo corintio. Un bellísimo artesonado, del que penden enormes lámparas de cristal, cubre la nave central de ochenta metros de largo. El suelo de las siete naves está tapizado por ricas alfombras orientales de tonos rojos.

Mosaicos con finos arabescos geométricos y vegetales adornan la pared frontal y, en su centro, bajo la cúpula decorada con mosaicos, se abre el *mihrad*, el nicho de oración, orientado a La Meca, de gran belleza y delicadeza, regalo de Saladino (1187). La magnificencia del recinto alaba la grandeza y majestad de Alá, de Dios y se presta más, con su capacidad para cinco mil personas, para la oración pública de los viernes. Varios árabes de blancas túnicas con sus *kefiyes*, que les caían por la espalda, oraban silenciosos y recogidos, sentados en el suelo, de pie, o profundamente postrados o canturreaban la lectura del Corán.

Destruida por terremotos, su forma rectangular y su capacidad actuales proceden de la restauración efectuada por el califa El Zahir en el 1033. Los cruzados (1099-1187) instalaron allí los palacios y dependencias de los reyes latinos y, luego, fue la sede de los Caballeros de la Orden de los Templarios, hasta la conquista de Saladino. La mezquita fue incendiada en 1969 por un joven perturbado australiano, Denis Rochen, pero ya han sido reparados sus desperfectos.

Al salir de la mezquita nos indican el sitio en que cayó asesinado el rey Abdullab de Jordania el 20 de julio de 1951 —abuelo del actual rey Hussein (1952)— quien durante la guerra de 1948 trató nocturnamente con los jefes judíos, al margen de los ejércitos árabes aliados, la anexión de parte de Palestina a Jordania.

El sol era abrasador. Nos encaminamos al ángulo suroccidental de la explanada y contemplamos, junto al museo musulmán, un conjunto de capiteles expuestos sobre un petril, testigos mudos de la dramática y gloriosa historia de Jerusalén. En los jardines, sobre la hierba y a la sombra de los árboles, reposan unos capiteles gigantescos, casi de la altura de una persona. ¿Procederán del Pórtico Real que allí levantaba sus soberbias columnas? En la cercana puerta de *El-Magharibeh*, miembros del ejército israelí, curtidos en tantas guerras, cacheaban en prevención de posibles atentados terroristas a los peregrinos y turistas, que subían del Muro de las Lamentaciones.

Cruzamos la explanada hacia el ángulo del sureste. Allí está el Pináculo del Templo, en el que se localiza la tentación, de poder y de gloria, de Satanás a Jesús (Mt 4, 1-11) y desde el que fue precipitado el apóstol Santiago el Menor, obispo de Jerusalén. La vista sobre el Cedrón impresiona por su profundidad y belleza: los sepulcros de Absalón, de Santiago y Zacarías, Getsemaní, San Esteban, el sepulcro de María.

Debajo de aquel ángulo se extienden los mal llamados «Establos de Salomón» en un área de quinientos metros cuadrados. Son amplias estancias subterráneas con bóvedas de piedra soportadas por ochenta y ocho pilastras. Fueron construídas por Herodes para rellenar el declive del monte, sostener la superficie de la explanada y servir para diversos usos al Templo. Los que sí los emplearon para sus caballerías fueron los cruzados. Aún se ven los agujeros horadados en las pilastras para atar los caballos. Una piedra lleva el nombre de *«la cuna de Jesús»*, pues, según la leyenda, allí dejó María la cuna con el niño, una de las veces que subió de Nazaret.

Por el lado oriental, a lo largo de la muralla con la Puerta Dorada, atravesamos entre el arbolado la explanada hasta el norte. Nos paramos irresistiblemente para contemplar una vez más la belleza de las mezquitas y salimos del *Haram* por la puerta *Hitteb*, que conduce a la Vía Dolorosa, a Santa Ana y a la probática piscina.

Cuando uno recuerda a Jerusalén, el corazón, como cristianos, se nos va al Cenáculo, a Getsemaní, al Santo Sepulcro, pero, como a visitantes que gustan de lo bello, nada es comparable a la explanada del Templo por la amplitud de sus horizontes, las bellezas que encierra y sus paisajes.

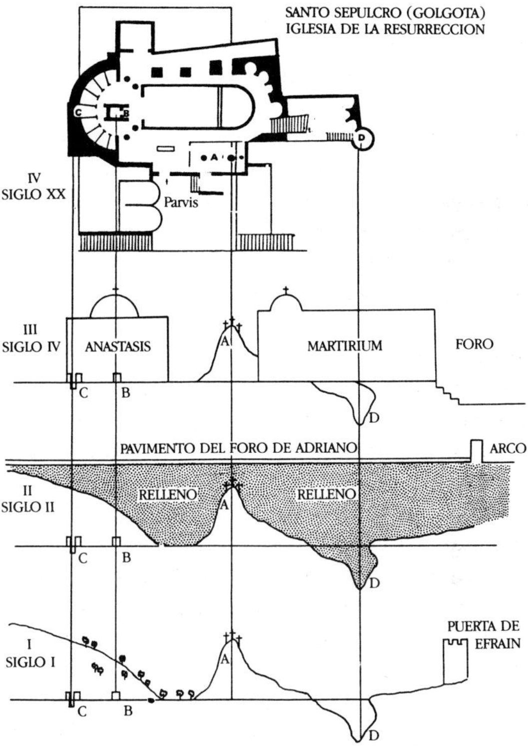


I En tiempos de Jesús. II EL FORO DE ADRIANO (139 d. J.C.). III BASILICA DE CONSTANTINO. IV EL SANTO SEPULCRO HOY.
A EL CALVARIO. B EL SANTO SEPULCRO. C SEPULCROS DE JOSE DE ARIMATEA. D CISTERNA DE AGUA.

# LA CIUDAD ANTIGUA

## Las Murallas

La ciudad antigua es el tesoro de Jerusalén. Coincide en gran parte con la de los tiempos de Jesús. Toda ella está rodeada de murallas construidas por el sultán otomano Solimán el Magnífico (1520-1566), quien las hizo restaurar entre 1537 y 1541 d. J.C. Así lo atestiguan once inscripciones talladas en diversos lugares de la misma muralla.

El perímetro de las murallas es de casi cuatro kilómetros, su altura media de trece metros, tres metros de espesor en la base,están pertrechadas con treinta y cuatro torreones, coronadas de almenas y, en sus muros, se abren ocho puertas. Su aspecto es sobrio y elegante, digno de la dramática pero gloriosa historia de Jerusalén. Ya llevan más de cuatro siglos en pie y ojalá que nunca más sean derribadas. ¡Tántas veces fueron arrasadas y reedificadas a lo largo de los siglos!.

Las primeras murallas de Jerusalén fueron las que rodeaban la pequeña ciudad de los jebuseos, la que conquistó David (s.X a.J.), en la colina de Ofel, al sureste de la actual ciudad. Con Salomón la ciudad creció hacia el norte, hasta la cima del monte Moria, con la edificación del Palacio Real y del Templo. Posteriormente, y saltando por necesidad el valle del Tiropeón, ya que el torrente Cedrón la cercaba al este y el de la Gehenna al sur, la ciudad se extendió hacia el oeste.

Las murallas bordeaban el valle de la Gehenna y en el siglo VII a. J.C., el rey Ezequías (2 Cron 32,5) cerró la ciudad por el norte con la primera muralla. Partía de la actual puerta de Jafa y se alargaba hasta el Templo, por lo que coincidía con el trazado de las modernas calles de David y de la Cadena. No se han encontrado vestigios arqueológicos de este primer muro.

Al aumentar la población, se crearon nuevos barrios hacia el norte y esta zona habitada se protegió con una segunda muralla, levantada tal vez por los reyes asmoneos (s.II a. J.C.). Partía del ángulo noroccidental del Templo, se quebraba en ángulo hacia el sur y terminaba en la actual ciudadela de David. Esta fue la segunda muralla norte, la que conoció Jesús. Fuera de ella, junto a la puerta de Efraín, en un huerto, había un pequeño promontorio, al que llamaban el Gólgota. Más tarde se pobló la parte norte de la urbe y Herodes Agripa (41-44 d.J.C.), nieto de Herodes el Grande, construyó la tercera muralla septentrional, que quedó sin cerrar tal vez por su muerte prematura —reinó sólo tres años— o por expresa prohibición de Claudio el emperador romano. Fue concluida por los jefes judíos en el año 66, cuando la rebelión contra Roma era ya inminente. Todas las murallas fueron arrasadas por Tito en el año 70.

Dejando de lado los avatares y alternativas de la ciudad y de sus murallas en tiempo de los bizantinos, los musulmanes, los cruzados y los mamelucos (1), recordaremos que las actuales murallas fueron reedificadas por Solimán al comienzo de la época turca. Por el este, el norte y el oeste, fueron construidas siguiendo el trazado de las antiguas. La parte sur de la ciudad, en cambio, ya los romanos las habían desplazado hacia el norte, quedó fuera de las murallas. La muralla turca discurre por lo alto de las

---

(1) Para conocerlas, recomiendo: «Jerusalén, ciudad sagrada de la humanidad: una historia de cuarenta siglos» Teddy Kollek y Moshé Pearlman. Jerusalén 1968 y «Las murallas de Jerusalén» de Pierre Benoit en «Jerusalén. Piedras y hombres», en «El mundo de la Biblia» Valencia, 1984.

colinas de Ofel y de Sión y termina al mediodía del Templo, debajo de la mezquita de El-Aksa.

## Los cuatro barrios

Las murallas abrazan en la actualidad cuatro barrios nítidamente diferenciados: el armenio, el judío, el musulmán y el latino. Esta división se remonta en lo material a la fundación de Aelia Capitolina por el emperador Adriano (135). El *cardo*, una gran vía bordeada de columnatas, como puede observarse en el mosaico de Mádaba (2), dividía la ciudad de norte a sur y a él se ajusta la actual calle de *Ha-Bad*, que va de la puerta de Damasco a la de Sión. El *decumanus* la cruzaba en ángulo recto de este a oeste coincidiendo con las calles de David y de la Cadena. La actual división de los barrios por razones étnicas y religiosas va cristalizando a partir de los cruzados.

Desde el siglo XI ocupan el barrio del suroeste los armenios, un pueblo mártir, desraizado y siempre en diáspora. Allí viven unas trescientas familias armenias, gente sencilla y acogedora, alrededor de la Catedral de Santiago y de la Sede del Patriarcado armenio ortodoxo. Son monofisitas (3) pero mantienen cordiales relaciones con la Santa Sede.

En el barrio del sureste, junto al Muro de las Lamentaciones, el lazo simbólico de unión de los judíos de todos los tiempos dispersos por todo el mundo, se abre el barrio

---

(2) Mádaba es una población de Jordania al N.E. del mar Muerto. En ella se descubrió en 1896 un magnífico mosaico en el pavimento de la iglesia bizantina de la Virgen María del s. VI. Su valor artístico y su valor documental es de primer orden. Es un mosaico geográfico que representa Asia Menor, Palestina y Egipto indicando las localidades bíblicas del AT y del N.T. Se encontró casi intacto, pero increiblemente fue mutilado en gran parte. Por fortuna se salvó la representación de Jerusalén, del Jordán, el Mar Muerto y el Nilo.

(3) Doctrina que sostiene que en Jesucristo hay una sola naturaleza: la divina. Fue condenada como herética por el Concilio de Calcedonia (451).

judío. Arrasado con sus venerables sinagogas en la guerra del 1948, permaneció como un campo de ruinas hasta después de la de los Seis Días en 1967. Comenzaron entonces su reconstrucción total y han seguido el plan y la ambientación general que le dieron originalidad a través de los siglos. Las casas son bellas, de piedra, de dos pisos con ventanas enrejadas y su patio interior. Su capacidad es de unas setecientas familias y la tradición y los precios han hecho que sea un centro habitado por artistas de renombre, intelectuales y ricos judíos extranjeros. El barrio tiene cuatro grandes *yeshivat*, escuelas talmúdicas, y numerosas sinagogas (60), entre las que destaca, restaurada, la de Yohanan Ben Zakai (4), la cuádruple sinagoga sefardita, cuyos orígenes se remontan al siglo XVI.

En el noreste, rodeando como en un abrazo la explanada del Templo, se extiende el barrio musulmán, el más grande de los cuatro. Es la zona más animada, pobre y densa en población. Allí viven unos cincuenta mil árabes. En sus calles laberínticas abundan las mezquitas con sus alminares, desde los que el muecín con voz sonora y cadenciosa llama cinco veces al día a la oración, hay varias *madrassas*, escuelas coránicas, y bulliciosos zocos. En este barrio está el emplazamiento de la Torre Antonia, el litóstrotos, la probática piscina, el templo de Santa Ana y es atravesado por la Vía Dolorosa.

Finalmente, al noroeste, se halla el barrio latino, en torno al Santo Sepulcro. En la época bizantina se cubrió de iglesias y de monasterios y en la de los cruzados de hospitales, hospederías y sedes episcopales. Cerca del sepulcro de Jesús se levanta la mezquita de Omar (5) con su

---

(4) J. Ben Zakai fundó en el año 69 de nuestra era la primera *yeshiva*, escuela de la Biblia, de que se tiene noticia. En el año 70 salió de la ciudad sitiada, se dice, en un ataud y se presentó a Tito, quien le autorizó a establecer su escuela en otra parte del país: Tiberíades.

(5) Está edificada sobre el lugar desde el que Omar, sin entrar en la basílica, oró ante el sepulcro de Jesús, venerado por el Islam como un gran profeta, el mayor después de Mahoma.

minarete, la bellísima iglesia luterana del Redentor, el Murismán y la iglesia de la Custodia franciscana. El ambiente es más oficial y administrativo, menos bullicioso.

## Las callejuelas de Jerusalén

Nos hallamos en el lienzo norte de las murallas, ante la Puerta de Damasco. Es la más bella, grandiosa y concurrida de las ocho puertas. Su nombre se debe a que allí nace el camino de la capital siria. También lleva el nombre de *Bab el Amud*, «la Puerta de la Columna», denominación en la que sobrevive en la memoria colectiva del pueblo el recuerdo de una columna, de la antigua Aelia Capitolina, claramente perceptible en el mosaico de Mádaba, que marcaba el punto de partida de las piedras miliarias.

La puerta es un ejemplar espléndido de la arquitectura otomana de 1537. Es ojival, flanqueada por dos grandes torreones con sus troneras y saeteras y los delicados adornos de las almenas le dan una vivacidad y gracia que contrastan con la austera solidez de su construcción. Lástima que no esté al nivel de la avenida circundante, más elevada, lo que le resta prestancia y grandiosidad. Desde el exterior se llega a ella descendiendo una gran escalinata ajardinada y atravesando un puente sobre el foso. A un nivel, aún inferior, se ven, a ambos lados de la puerta, restos del período cruzado, vestigios de un arco de triunfo de Aelia Capitolina y la parte alta de un arco de piedra del tiempo de Herodes. Prueba palpable de la elevación de nivel que ha sufrido la ciudad con el correr de los siglos, al ser tantas veces reedificada sobre los escombros de la anterior (6).

---

(6) A la izquierda de la Puerta de Damasco, a unos cien metros, un jardincito casi oculta la boca de las *«Canteras de Salomón»*, que los judíos llamaban «la cueva de Ezequías», pues creen que por ellas huyó al desierto, cuando el asedio de Nabucodonosor, el último rey de Israel. Es notable la amplitud de la red de galerías y de salas cavernosas excavadas en la

Al atravesar la puerta, se abre ante nuestros ojos atónitos un espectáculo fascinante, típicamente oriental: las calles del Jerusalén antiguo, con sus zocos abarrotados de gente y de mercancías. Es el corazón palpitante de la ciudad. Las callejas son angostas, de tres o cuatro metros de ancho, y en sus paredes, adosados los unos a los otros, se alinean los bazares con sus escaparates repletos de la más sorprendente variedad de objetos. Cada tienda es estrecha de fachada pero profunda, y colgadas de los techos y de las paredes, o colocadas en vitrinas, se exponen hacinadas toda clase de mercancías.

Hay tiendas con iconos preciosos, imágenes talladas, antigüedades, joyerías, librerías. Otros están especializados en objetos de artesanía en metal, vidrio, cerámica, marroquinería, cueros, madera, sobre todo de olivo, mimbres. Las tiendas de vestidos ofrecen túnicas árabes, chilabas y *kefiyes*, saris indios, kimonos japoneses, y camisas occidentales, nikis de todos los colores y pantalones baqueros, generalmente colgados en el exterior. Abundan los establecimientos de verduras, frutería, pastelería casera, olorosas y exóticas semillas y especies, refrescos, o perfumería, droguería y utensilios domésticos. En el zoco se expone todo lo imaginable en la mayor mezcla, anarquía y colorido.

Todos estos pequeños bazares de la ciudad vieja pertenecen a los palestinos que son gente muy alegre, viva, efusiva y simpática, de hablar alto y con la sonrisa en los labios, a flor de boca. Como además de ser las calles estrechas, aquello es un hormiguero humano, sobre todo en estos días de la Semana Santa y de la Pascua judía, no se puede caminar con prisas. Hay que ir poco a poco, dejarse llevar por la corriente humana, que se detiene a curiosear las mercaderías exóticas o se pone en movimiento. Allí no se va, te llevan, y más cuando chiquillos árabes llegan con sus carros o burros cargados de artículos dando voces ati-

---

roca calcarea en el subsuelo de Jerusalén. Probablemente, mucho más que Salomón, las utilizó Herodes el Grande.

pladas para abrirse camino. Hay que echarse atrás y apretujarse aún más.

El trazado de las callejuelas es de lo más irregular y caprichoso. Las calles están enlosadas, cubiertas a trozos con bóvedas, apuntaladas con arcos a intervalos, pendientes o llanas, escalonadas o lisas y abiertas a toda clase de travesías y recobecos. Todas son diferentes y cada una es única por su originalidad y tipismo. Lo único en que coinciden todas es en el hormigueo y algarabía de la gente que las abarrota y en la sucesión ininterrumpida de bazares.

Otro de los aspectos más sorprendentes del Jerusalén antiguo es la variedad de trajes y vestidos de aquel hervidero humano. En una de las torres del palacio de Herodes el Grande, hay un museo con los distintos grupos étnicos que viven en la ciudad, cada uno con sus vestimentas. Para conocerlos no es necesario visitar el museo. Basta con discurrir perdido por las callejas jerosolimitanas. En occidente, dentro de las variantes del sexo y de la moda, todos vamos más uniformados.Arabes con sus largas túnicas blancas, grises, pardas y sus cabezas cubiertas con *kefiyes* blancos y a cuadros, sujetos con cordones, algunos de los cuales fuman con parsimonia su pipa o el *narguilé*, o desgranan en su mano las cuentas de la *masbajá*, una especie de rosario, con el que invocan los nombres de Dios; sus mujeres con vestidos largos de vivos colores y cubiertas con velos que les caen elegantemente por la espalda hasta los talones; las beduinas con sus pecheras primorosamente bordadas, sentadas en el suelo y apoyadas en la pared, ofreciendo sus verduras frescas; judíos ortodoxos con sus clásicos y extravagantes atuendos y sus guedejas colgando de las sienes; los popes griegos con sus altos *kalimafhión* en la cabeza, monjes armenios con puntiagudas capuchas de seda, sirios y coptos con sus variados bonetes; los distintos hábitos de los miembros de tantas órdenes y congregaciones religiosas católicas, masculinas y femeninas; hombres vestidos de chaqueta y fez, etc.Por si fuera poco, hay que añadir a todo esto la pluralidad de los vestidos y trajes de los peregrinos y turistas de todas las razas, llegados de los cinco continentes.

¡Qué bello e impresionante y, además, qué fácil es perderse por las serpenteantes callejuelas de Jerusalén! Las casas son de piedra clara, de estilo oriental con sus terrazas y cupulitas y como no son altas, sólo de dos o tres pisos, y las calles son estrechas, no se tiene un punto de referencia para orientarse. Aquello es un auténtico laberinto del que, hasta que uno se habitua, algo orientado por el sol, no se puede salir sino preguntando.

El día 11 de abril de 1982, un soldado judío en un momento de turbación mató a tres palestinos con su ametralladora e hirió a casi veinte más. Los palestinos hicieron una huelga de protesta. Todos los bazares, menos los que vendían alimentos, permanecieron cerrados y los zocos se volvieron desiertos y silenciosos. Por ellos patrullaban, en grupos de siete, jóvenes soldados israelitas seguros de sí mismos con sus fusiles ametralladoras, sus cascos y sus largas porras, o custodiaban las puertas y sus almenas. Sus uniformes estaban usados, manchados, polvorientos. Al verlos, recordaba a los que pasean por nuestras ciudades de occidente tan limpios y aseados, como si fueran a desfilar. A la semana larga cesó la protesta y las calles recobraron su aspecto bullicioso y fascinante.

## Evocación de Jesús

A pesar del embrujo de aquellas callejuelas, no es posible sustraerse al recuerdo de que por ellas caminó Jesús de Nazaret. Mejor dicho, sus pies pisarían otras callejas, ahora sepultadas a niveles inferiores de once a catorce metros, a causa de las sucesivas destrucciones y reedificaciones de la ciudad. También se diferenciarían de las modernas en que en ellas pulurarían casi sólo judíos, si bien venidos para la fiesta de la Pascua de todo el mundo, «partos, medos, elamitas, habitantes de Mesopotamia, Judea, Capadocia, el Ponto y Asia, Frigia, Panfilia, Egipto, Libia y Cirene» (Hch 2, 9-10).

Por allí transitó en vida aquella llama ardiente de amor a Dios y a los hombres, haciendo siempre el bien. También recorrió aquella hermosura soberana, flagelado, sudoroso, agotado, con el palo de la cruz en los hombros, el camino que conducía de la Torre Antonia al Calvario, entonces fuera de las murallas. ¡Cómo emociona revivir aquellas escenas y recorrer una y otra vez la Vía Dolorosa!.

## La maqueta de Holyland

Para imaginarse mejor la Jerusalén del tiempo de Jesús es preciso y muy interesante visitar la gigantesca maqueta del *Hotel Holyland* (7). Ocupa una superficie de mil metros cuadrados. Se percibe muy bien la evolución de las murallas, pues están levantadas todas, como si hubieran existido simultáneamente.

Destacan en la ciudad por su suntuosidad tres construcciones: el segundo Templo engrandecido por Herodes el Grande, al oriente, sobre el Cedrón; el fastuoso palacio de Herodes, al poniente, con sus tres grandes torres: Fasael, Hípicus y Mariamne; y la fortaleza Antonia, al noroeste del Templo, residencia del procurador romano durante la Pascua. También llaman la atención el hipódromo y el teatro romano y se ve cómo el torrente Tiropeón, hoy rellenado, atravesaba la ciudad de norte a sur desembocando en la Gehenna.

El barrio residencial, aristocrático, está sobre la colina occidental con los palacios de los reyes asmoneos, de He-

---

(7) La maqueta, a la escala 1:50 (2 cm. por 1 m.) fue hecha por iniciativa de M. H. Kroch, tras siete años de estudios serios y minuciosos de los documentos contemporáneos: Josefo, el Nuevo Testamento, la Misná, el Talmud, y los descubrimientos arqueológicos recientes. Es de piedra y está al aire libre.

rodes, de Anás y Caifás, la tumba de David y las mansiones de los ricos saduceos. En la pendiente que descendía de la ciudad alta se extendían hasta el Tiropeón los barrios populares.

El valle del torrente Cedrón ciñe la ciudad por el lado oriental y el de la Gehenna la abraza por el sur y el oeste. Las murallas en tiempo de Jesús corrían a lo largo de estos valles haciendo la ciudad inexpugnable por estos tres lados y sólo atacable por el norte, por donde la conquistó Tito el 70 d.J.C.

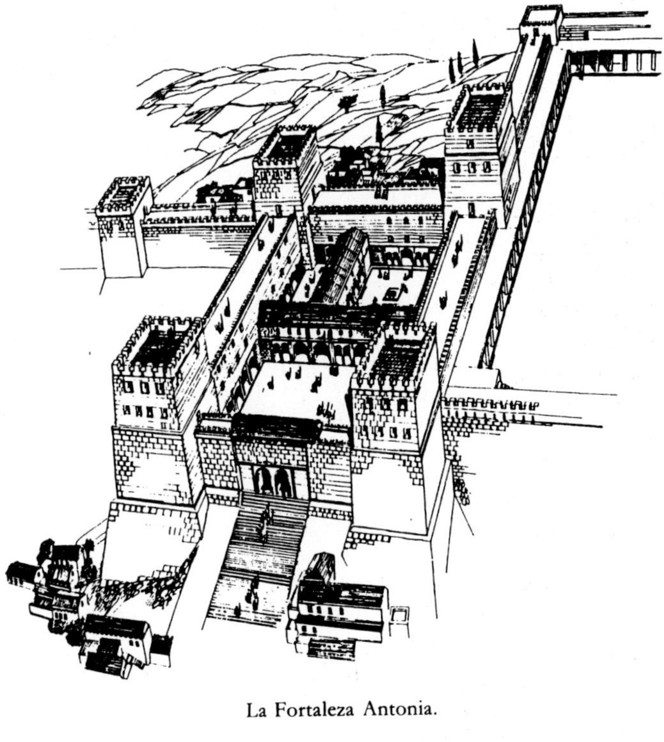

La Fortaleza Antonia.

# LA VIA DOLOROSA

Estábamos ante la Puerta de San Esteban, al nordeste de las murallas, frente al monte de los Olivos. Se llama de San Esteban en recuerdo del primer mártir cristiano lapidado abajo, en la ladera del Cedrón. Los árabes la denominan *Bab Sitti Mariam*, «puerta de la Señora María» por la proximidad del lugar de su nacimiento y porque conduce a su sepultura junto al huerto de Getsemaní, y los judíos *Shaar ha Arayot*, «la puerta de los leones».

En efecto, dos parejas de leones en relieve la decoran a ambos lados de su entrada ojival esculpidos por el sultán Baibars en el siglo XIII, y son los que, según la leyenda, atacaron en sueños a Solimán el Magnífico (a. 1517) amenazando con despedazarlo si no reconstruía las murallas de Jerusalén. El 7 de junio de 1967 esta puerta fue testigo de feroces combates y por ella penetraron los israelitas en la ciudad antigua, en poder de los jordanos desde 1948.

Entramos en la ciudad y nos dirigimos a Santa Ana y a la probática piscina en el barrio musulmán.

## Santa Ana

Junto a un hermoso jardín, se levanta el templo de Santa Ana en el lugar en que, según la leyenda antigua apoyada en la literatura apócrifa, estaba la casa de Joaquín y Ana y en la que nació María, la madre de Jesús.

Es un edificio medieval de estilo románico con sus macizos muros y sus contrafuertes, si bien los arcos de sus ventanas y portadas son góticos. Deleitan la sencillez de sus volúmenes, la pureza de sus líneas y la sobria elegancia de su fachada. Verdadera joya de la arquitectura cruzada, es la mejor conservada de las treinta iglesias que, cuando los cruzados fueron expulsados por Saladino (1187), dejaron en Jerusalén. Ha llegado casi intacta a nosotros, sin alteraciones ni añadiduras, a lo largo de ocho siglos.

En el siglo V, la emperatriz Eudosia (438-448) hizo construir una basílica dedicada a Santa Ana sobre la cripta venerada como el lugar del nacimiento de la Virgen, que fue devastada por los persas en el 614. El rey Balduino I edificó hacia 1100 el actual templo y fundó junto a él un monasterio de monjas.

En 1187, el sultán Saladino puso fin al reino cruzado y en 1192 convirtió el convento y la iglesia en una *madrassa*, una escuela coránica. Esto fue hasta que, en 1856, Francia se alió con Turquía contra Rusia en la guerra de Crimea y el sultán Abdul al Majid agradecido la donó a Francia en la persona de Napoleón III junto con las ruinas de la piscina de Betesda. En 1871 fue confiada a los Padres Blancos y se reanudó el culto católico, seis siglos después.

La basílica es, en su interior, de tres naves, sus paredes de piedra están desnudas pero, como los templos románicos, induce a la interiorización del alma y a la elevación del espíritu. Es verdad que cuatro ciudades: Jerusalén, Belén, Séforis y Nazaret, se disputan el honor de ser la cuna de la Virgen y hoy la palma se la lleva Nazaret, pero no cabe duda de que aquel lugar ha sido, desde el siglo V, sitio de devoción mariana.

Cerca de la entrada, en el ángulo derecho, una escalinata da acceso a la cripta donde estaba la casa paterna, excavada parcialmente en la roca. Una preciosa imagen de la niñita María, fajada y acostada en una cuna, evoca aquel suceso feliz. Al lado del altar, que preside un crucifijo, hay una imagen de la Inmaculada, que allí (?) fue concebida, hace unos dos mil años, sin pecado original.

## La piscina de Betesda

Al lado de Santa Ana, están las ruinas, hoy desencombradas, de la piscina de *Betesda*, «casa de la misericordia», el nombre del lugar situado al norte del Templo, cerca de la Torre Antonia, a un nivel muy inferior al actual y fuera de las muralllas (1) en tiempos de Jesús. La piscina estaba cercana a un mercado de ovejas y a la puerta Probática, «la de los rebaños», por la que entraban en el Templo las ovejas para ser sacrificadas; un pequeño canal unía la piscina con el Templo donde se utilizaban sus aguas para los usos rituales.

Aquel depósito recogía las aguas de las lluvias que tenían virtudes terapéuticas, por lo que aquello era un centro curativo al que desde antiguo acudían a bañarse ciegos, cojos y paralíticos. En sus alrededores había numerosas grutas, que, desde el siglo III a. J.C. acogían a los enfermos, que tenían fe en la virtud medicinal de las aguas.

En los soportales, Jesús vio cierto día a un hombre enfermo que llevaba tendido en el suelo treinta y ocho años y no tenía quien le metiera en el estanque al agitarse las aguas. Jesús movido a compasión, y porque era aquel día festivo, lo curó. El paralítico se levantó, cogió su camilla y comenzó a andar.

Los jefes de Israel se escandalizaron de que cargara con la camilla en sábado y Jesús, que ya había proclamado que «no era el hombre para el sábado, sino el sábado para el hombre», se justificó diciendo: «Mi Padre no cesa nunca de trabajar; por eso yo también trabajo en todo tiempo» (Jn 5, 17). Así deshizo el mito de que hasta Dios guardaba el sábado. Los judíos deseaban aún más matarlo, pues además de no respetar el día festivo, se hacía igual a Dios al decir que era su propio Padre.

---

(1) La tercera muralla norte la levantó Herodes Agripa en el 44 después de Jesucristo.

Aquel lugar se convirtió en un lugar de reunión y de veneración para los judeo-cristianos de Jerusalén, lo que llevó a Adriano, deseoso de borrar todo vestigio judío y cristiano, al construir Aelia Capitolina (a. 135), a erigir en aquel área un templo pagano a Esculapio, el dios de la medicina. A principios del siglo V los bizantinos levantaron allí una basílica, que en el 614, ¡triste fecha!, fue destruída por los persas de Cosroes. Los cruzados en el siglo XII construyeron sobre las ruinas una capilla más pequeña.

Desde 1880, los Padres Blancos iniciaron las excavaciones en la piscina y alrededores, que se hicieron de un modo sistemático entre 1958-59, en que se desencombraron todas las ruinas. Se encontraron, debajo de la capilla cruzada, los restos de la bizantina edificada sobre las ruinas del Templo de Esculapio, que reposaba sobre el pórtico central de la piscina. Se llegó hasta ésta, a niveles muy bajos, y se comprobó que su forma era rectangular en dirección norte a sur y que tenía ciento veinte metros de largo por setenta de ancho y ocho de profundidad. Estaba rodeada en sus cuatro lados por soportales y dividida desigualmente por un quinto muro central, también porticado. La arqueología confirmó una vez más la verdad de la narración joannea (Jn 45, 1-9).

Las ruinas, poco reconocibles, están liberadas de los escombros y cascotes hasta un nivel profundo de trece metros. LLaman la atención los altos arcos, los contrafuertes y los muros que, apoyados en la piscina, sostenían el suelo de la basílica bizantina. Sobre los restos de ésta, se mantienen en pie la puerta principal, parte de los muros y el ábside de la capilla cruzada. Diseminados por el suelo hay capiteles corintios, bases y fustes de columnas derribadas. Entre aquel laberinto de ruinas descendimos hasta tocar el agua estancada de la piscina. En Tierra Santa uno no se cansa de ver y de tocar todo lo que pudo tener relación con Jesús.

## La Torre Antonia

A continuación encaminamos nuestros pasos hacia la Torre Antonia, situada en el ángulo noroeste del Templo. Hoy no queda nada de aquella formidable fortaleza, sólo su emplazamiento, atravesado por una calle que nace en la puerta de San Esteban y lo cruza de este a oeste. A la izquierda está el colegio musulmán *El'Omariye*, que mira por el sur a la explanada del Templo y a la derecha los conventos de los PP. Franciscanos y de las Hermanas de Sión.

La fortaleza Antonia, según los indicios de las excavaciones y los escritos de Flavio Josefo, era impresionante y estaba construida sobre una colina rocosa, por lo que dominaba el Templo y toda la ciudad. De forma rectangular, sus dimensiones medían ciento cincuenta metros de largo de oriente a occidente y ochenta de ancho de norte a sur. En sus esquinas se alzaban cuatro formidables torres, de treinta y cinco metros la más alta.

Dentro era una fortaleza-palacio con dos grandes patios, sus estancias, baños, pórticos y atrios. En aquel lugar se levantaba ya una fortaleza antes del cautiverio babilónico (587 a.J.C.) que fue reconstruida por los macabeos. Pero fue Herodes el Grande el que la engrandeció y le dio el nombre de Antonia en honor de su amigo Marco Antonio. En el año 67, los zelotes la conquistaron al rebelarse contra Roma y Tito, aplastado el levantamiento en el 70, la arrasó por completo.

A aquella fortaleza fue llevado Jesús, desde el palacio de Caifás, muy de mañana por aquellas calles aún vacías, pues en ella residía el procurador Poncio Pilato durante los días de la Pascua. Los judíos le acusaron no de blasfemo, lo que hubiera dejado indiferente a Pilato, sino de que alborotaba al pueblo desde Galilea a Judea, alteraba el orden público, se oponía a pagar el tributo al emperador Augusto y afirmaba que era el Mesías, o sea un rey (Lc

23, 1-2.5). Era todo lo que podía alarmar a Pilato y moverle a condenar a muerte a Jesús.

## El Litóstrotos y el Arco del «Ecce Homo»

Hoy en el emplazamiento de la Torre Antonia están las capillas de los PP. franciscanos de la Flagelación y de la Condena. Se entra en un patio y, a la derecha, una capilla recuerda el lugar en el que flagelaron a Jesús crudelísimamente. Fue reconstruida en 1929 sobre el emplazamiento de una capilla cruzada, cuyas ruinas pueden verse.Una gran corona de espinas, calada por estrellas, adorna la cúpula y las vidrieras representan a Jesús en el tormento atado a la columna, a Pilato lavándose las manos y a Barrabás liberado.

Enfrente está la capilla de la Condena, de planta bizantina, reconstruida en 1908. Sobre el altar, un gran relieve reproduce a Pilato en la Torre Antonia lavándose las manos. Unos esclavos alzan la cruz y se la entregan a Jesús. En sendas hornacinas laterales, dos tallas representan el «Ecce Homo» y a Jesús con la cruz a cuestas. En la pared derecha se ve el encuentro con su madre en el camino del Calvario. En el suelo del fondo está el comienzo del *litóstrotos*.

Contiguo al de los PP. franciscanos está el convento de las Hermanas de Sión, cuyo solar fue comprado en 1857 por su fundador Alfonso de Ratisbona (2). En el año 1930, Godeleine de Sión excavó estos lugares y se descu-

---

(2) Alfonso María de Ratisbona, fue un judío nacido en Estrasburgo en 1812. Se convirtió extraordinariamente al cristianismo en Roma, en la iglesia de San Andrés, en 1842. Entró en el noviciado de la Compañía de Jesús, pero pasó a la Congregación Religiosa de Nuestra Señora de Sión, fundada por su hermano Teodoro María, también convertido al catolicismo, para la conversión de los israelitas. Alfonso María fundó el convento de Jerusalén y murió en Ain Karem en 1884. Allí reposan sus restos mortales esperando la resurreción.

brió en el subsuelo el *litóstrotos*, «el empedrado», el pavimento del patio de la fortaleza Antonia. Impresiona contemplar y pisar aquellas grandes losas rojizas y lustrosas, algunas de dos metros de largo, con canales para conducir el agua de la lluvia y estriadas para que no resbalaran los cascos de los caballos. En diversos sitios, se divisan grabados juegos de dados con los que los soldados entretenían sus ratos de ocio. Entre ellos, el «juego del rey». Sobre aquel empedrado pasaron los pies de Jesús flagelado, coronado de espinas, cubierto con un trapo de burla y una caña hueca en las manos.

Debajo del litóstrotos vimos una gran cisterna, llamada antiguamente *Struthion* «la cigüeña», de la época herodiana, construida para la Antonia y el nuevo barrio del Betzata (3)

Lo único que se conserva en pie, si bien deteriorado, es el arco de triunfo de la puerta oriental de Aelia Capitolina, la ciudad de Adriano (a. 135). Tenía tres arcos, el del centro más elevado. Este es el que se ve sobre la Vía Dolorosa, muy conocido por fotografías, y que la piedad llama del «Ecce Homo», pues hacia aquel sitio estaría el lugar preminente de la fachada de la Antonia, desde el que Pilato mostró a Jesús al pueblo. Del arco meridional sólo quedan vestigios en una casa árabe, al otro lado de la calle.

El arco de la derecha, y parte del central, se conserva muy bien en el frontal de la iglesia románico-bizantina de las Hermanas de Sión. En el centro de la arcada, ha sido colocado el sagrario y, en lo alto, brilla un mosaico en el que destaca una cruz irradiante con el lema: «Bendito el que viene en nombre del Señor. Hosanna en las alturas». ¡El arco triunfal de Adriano, que quiso paganizar Jeru-

(3) La tradición medieval, cruzada, sostiene que fue la Torre Antonia el lugar del juicio de Jesús. Los primeros siglos bizantinos ubicaron el Pretorio de Pilato en el valle del Tiropeón, delante del muro occidental del Templo.

salén y borrar todo rastro judío y cristiano, sirve de encuadre a la Eucaristía! En el fondo de la iglesia, han sido respetados unos muros de grandes piedras, que sin duda pertenecieron a la Torre Antonia.

## La Vía Dolorosa

Allí comenzamos el *Vía Crucis* a través de la Vía Dolorosa, aquella que pisó Jesús agotado y moribundo y, ciertamente, millones de peregrinos que, desde el tiempo de los cruzados, han querido acompañar a Jesús. Nos dieron una pesada cruz de madera que llevábamos sobre los hombros y nos la cambiábamos en cada estación para que todos tuvieran el gozo de cargar con ella y revivir el dolor de Jesús.

Las calles son estrechas, aunque un poco más anchas que las demás, y en ellas no abundan los bazares, lo que facilita el paso de los peregrinos que día a día hacen el Via Crucis.

La Vía Dolorosa se dirige hacia el oeste, dobla al sur sobre el torrente Tiropeón, que cegó Adriano, y vuelve a encaminarse hacia poniente, camino del Calvario. Allí conmemoramos la ayuda del Cirineo, el encuentro con las piadosas mujeres, relatados por el Evangelio, y otros pasos ideados por la piedad cristiana: el encuentro con su madre, con la Verónica y las tres caídas. Cada uno de estos sucesos tiene su capilla propia.

Al llegar al Santo Sepulcro rezamos las últimas estaciones y, luego, dispersos, pues las capillas del Calvario estaban repletas de peregrinos, nos acercamos de rodillas a tocar el fondo del agujero en que estuvo sujeta la cruz de Jesús, bajo el altar.

En aquel lugar se puso de manifiesto no sólo el amor infinito de Dios que dio su vida por sus criaturas, sino también la dignidad del hombre, a pesar de su finitud y debilidad, pues todo un Dios se encarnó y murió por su salvación y, no menos, la negrura y la maldad del pecado que exigió tal holocausto como precio de reconciliación.

El incesante y devoto discurrir de tanta gente nos traía a la memoria aquellas palabras de Jesús: «Cuando sea levantado en alto, atraeré a muchos hacia mí» (Jn 12, 32). Sus prediciones se cumplían en aquel continuo desfilar de tantos cristianos venidos de todos los continentes. A lo largo de estos dos mil años, miles de millones de creyentes han vuelto, y vuelven, desde todo el mundo sus miradas en sus sufrimientos, penas y soledades, y en sus alegrías, gozos y amores, a Jesús levantado en la cruz.Muchísimos miles han derramado su sangre antes que negarle, o viven renunciando por su amor a las más íntimas y legítimas aspiraciones de su naturaleza. Son centenares de millones los seres humanos dispuestos hoy en día a morir antes que traicionarle. ¿Quién, en la Historia humana, ha sido, es y será más amado que Jesús de Nazaret crucificado por nuestros pecados y resucitado para nuestra salvación?

Las campanas nos anunciaron que se iba a cerrar la basílica. Tres sacristanes, un griego, un latino y un armenio, en representación de las comunidades propietarias saludaron al portero musulmán. El griego le entregó una escalerilla, que apoyó en la puerta, subió y con la llave más gruesa la cerró, como se viene repitiendo día a día desde los tiempos de Saladino. Pasó la escalera al sacristán por un boquete de la puerta y las tres comunidades se quedaron encerradas hasta la mañana siguiente. Eran las siete y cuarto de la tarde.

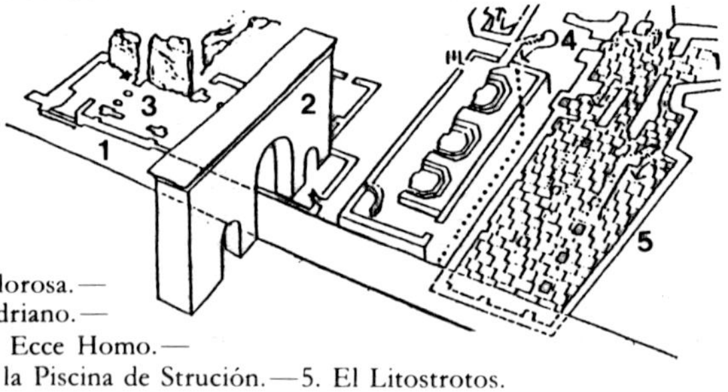


1. La Vía Dolorosa.—
2. Arco de Adriano.—
3. Basílica del Ecce Homo.—
4. Entrada de la Piscina de Strución.—5. El Litostrotos.

# EN LAS COLINAS DE SION Y DE OFEL

Por la puerta de Jafa entramos en la ciudad antigua. Allí mismo se alza la ciudadela de David, las ruinas restauradas del palacio de Herodes el Grande, quien lo construyó en el 24 a.J.C. para su residencia y para defender el flanco occidental de la ciudad. En la parte norte del palacio resaltaban tres grandes torres: *Fasael*, así llamada en memoria de su hermano, tenía cuarenta y cinco metros de altura, su base servía de cuartel y en la parte alta había un palacio; *Hípicus*, con el nombre de un amigo suyo, de cuarenta metros, coronada por una cisterna y *Mariamne*, su esposa amada, a la que asesinó, de veintisiete metros y cuyos departamentos y estancias eran los más lujosos de las tres torres.

Herodes llamó a este conjunto la ciudadela de David, como aún hoy se le denomina, porque lo edificó sobre una antigua fortaleza atribuída a este rey. El palacio propiamente dicho, que se extendía hacia el sur a lo largo de la muralla, era lujosísimo en sus estancias, sus triclinios, sus patios, sus baños, peristilos y jardines con sus fuentes y estatuas. Estaba fuertemente protegido y emulaba al Templo en grandeza y esplendor. Allí recibió Herodes Antipas, nieto de Herodes, a Jesús enviado por Pilato.

Ante la ciudadela hay una puerta de entrada, construída por Solimán el Magnífico en el 1532 (1), que da paso

(1) Desde esa puerta el General inglés Allenby proclamó en diciembre de 1917, la libertad civil y religiosa de los judíos, palestinos y cristianos.

al puente levadizo sobre los fosos que la rodean. En las bases de las tres torres, sobre todo de Fasael, más bajas que las antiguas, se pueden ver los macizos bloques, con sus bordes cincelados típicos de las construcciones herodianas. Entramos en el patio interior. Todo son ruinas: muros de habitaciones, enlosados, piedras talladas dispersas, algún arco en pie, columnas derribadas. Es lo que queda del palacio de Herodes el Grande, que intentó matar en Belén a Jesús niño, y de su nieto, que se burló de Jesús y lo despreció. Desde lo alto de las torres vimos cercana la cúpula de la resurreción de Jesús. ¡Qué contraste! (2).

Delante de la ciudadela de David había mucho movimiento de camiones militares y de soldados armados con metralletas. En la calle del barrio armenio, de ordinario tan silencioso y tranquilo, nos arrimamos a los muros de la catedral de Santiago (3) para dejar pasar a un destacamento de soldados que a paso de marcha iba hacia el sur. Los árabes estaban levantiscos por el triple asesinato.

Por la puerta de Sión, custodiada por soldados israelíes, que vigilaban también desde lo alto de sus almenas, salimos fuera de la ciudad. Una vez extramuros, contemplamos la puerta ojival acribillada a balazos en las guerras de la independencia (1948) y de «los seis días» (1967). En la colina de Sión la vista y el espíritu se explayan al ver el campo abierto, los edificios rodeados de praderas y arbolado y, al otro lado del valle de la Gehenna, las pobladas colinas que rodean Jerusalén.

---

(2) En la torre del medio, Hípicus, hay un museo en que están reproducidos con sus trajes típicos los múltiples grupos étnicos y religiosos de Jerusalén. En la parte inferior hay paneles con resúmenes de la historia de Israel. Da dolor palpar el desconocimiento oficial de Jesús de Nazaret, el judío más grande de este pueblo y el hombre más trascendental de la Historia. No estamos para ellos en el año 1987 d. J.C., sino EC, «la era común». Jesús es ignorado sistemáticamente; aun hoy «los suyos no le reciben» (Jn 1, 11).

(3) La catedral de Santiago el Mayor, es la sede del Patriarca armenio. En su interior, en una capilla lateral, se venera el lugar y la piedra sobre la que fue decapitado el apóstol.

El primer edificio con el que nos encontramos, a la derecha, es el de la iglesia armenia de San Salvador, que estaba en restauración. En él están las sepulturas de los patriarcas armenios. Con toda probabilidad en este lugar estuvo situado el palacio de Caifás, entonces dentro de las murallas, al sur del palacio de Herodes el Grande y junto al barrio de los tintureros. Las excavaciones han descubierto en el atrio restos de una iglesia bizantina y de una capilla cruzada. Hacia poniente, bajo la muralla, se extienden en verdeantes praderas varios cementerios cercados de tapias y sombreados por el arbolado y los místicos cipreses.

## La iglesia de la Dormición

Por un estrecho callejón entre altas tapias, nos dirigimos al cercano templo de la Dormición de María. Es una basílica románica colosal, construída según el modelo de la catedral de Aquisgrán. En 1898, el emperador prusiano Guillermo II obtuvo del sultán otomano Abdul Hamid este terreno al norte del Cenáculo y lo ofreció a los católicos alemanes. Fue la Sociedad Católica pro Palestina, con sede en Colonia, la que edificó entre 1900 y 1908 la imponente basílica y se la confió a los benedictinos germanos.

La basílica es circular con cuatro torrecillas adosadas y cubierta con una cúpula cónica. La fachada da a poniente y el ábside hacia el sol naciente; tiene un recoleto claustro y el esbelto campanario está aislado. El interior es austero, los muros son de piedra desnuda, pero destella sobre el ábside un mosaico de grandes dimensiones, que representa a María con el niño Jesús en sus brazos sobre un fondo refulgente de oro. ¡Cómo descansa el alma y goza al escuchar el canto gregoriano de los monjes benedictinos o las magníficas voces de las peregrinaciones y coros germanos, que participan en sus eucaristías!

Pero lo más atrayente es la cripta del Sueño Eterno, emplazada bajo la basílica en el sitio en que, según la tradición, María se unió a Jesús en un sueño. Es también redonda, de techo rebajado, pavimentada con un mosaico circular que representa los signos del zodiaco. En las paredes proliferan los altares, todos distintos y a cual más bello, con mosaicos de estilo bizantino en oro y variados colores.

Mas las miradas convergen atraidas hacia el centro de la cripta. Allí, bajo una cúpula sostenida por columnas talladas, aislada por un pretil circular cubierto de alfombras que sirve de reclinatorio, descansa la imagen policromada de la Virgen Dormida, suavemente iluminada. Es obra de Fr. Simón de María Laach. Es de piedra, de tamaño natural; un manto negro cubre su cabeza y su cuerpo, y la túnica es rojiza. El rostro y las manos cruzadas sobre el pecho son de alabastro. El ambiente envuelto en la penumbra, la soledad y el silencio invitan al recogimiento y a la oración a María, la madre de Jesús, la llena de gracia, la bendita entre todas las mujeres, madre y medianera nuestra. A lo largo del día, desfilan ante ella peregrinos de todas las razas y continentes.

## El Cenáculo

De la Dormición nos encaminamos hacia el Cenáculo, separado sólo por una callejuela. Este es uno de los lugares más sacrosantos para el mundo cristiano. Allí Jesús lavó los pies a sus discípulos como un siervo o esclavo y proclamó dichoso al que hiciera con los demás lo que él había hecho con ellos; instituyó, en un acto de infinito amor, la eucaristía y el sacerdocio de la Nueva Alianza para quedarse siempre con nosotros e interceder por nosotros ante el Padre; promulgó su mandamiento nuevo, el único, el del amor: «amaos los unos a los otros como yo os he amado»; se apareció resucitado a sus atemorizados apóstoles y a Tomás el incrédulo y derramó, el día de Pentecostés, su Espíritu Santo sobre María, los discípulos y las mujeres, reunidos en oración (Hch 2, 1-13), engendrando la Iglesia, el nuevo pueblo de Dios. El Cenáculo forma, a pesar de su estado, junto con Nazaret y el Santo Sepulcro, la trilogía de los lugares más santos de la Tierra de Jesús.

Delante de su entrada, hay una plazuela con un conjunto de edificios antiguos, de diversas épocas y de piedras venerables. Penetramos por la izquierda y, desde un jardín, ascendimos al «piso de arriba» (Mc 14, 14ss.). Allí está aquella «sala amplia, ya dispuesta y arreglada» de la última cena de Jesús. Es una estancia rectangular, amplia (14 por 9), bien iluminada, con bóvedas ojivales sostenidas por columnas aisladas y adosadas a la pared. Fue construida por los cruzados en el siglo XII. En el muro de enfrente hay un delicado *Mihrab* de alabastro, el nicho de oración de los musulmanes, y algunas inscripciones en caracteres árabes. Produce tristeza ver el estado de descuido y abandono en que se halla, lo que no le priva de su aurea belleza y de sus armoniosas proporciones. Recuerda a una sala capitular de un monasterio medieval.

Los primeros cristianos se instalaron en el monte Sión y ya en el siglo I fue construida aquí una iglesia-sinagoga que se salvó, gracias a su alejamiento y a estar extramuros, de las destrucciones de Tito (a.70) y de Adriano (135).

En el siglo IV, durante el imperio bizantino, el arzobispo Juan de Jerusalén (386-417) mandó erigir una grandiosa basílica llamada de «Santa Sión», digna de llevar el nombre de «Madre de todas las Iglesias». Tenía dos niveles. El inferior era de tres naves y en la septentrional se veneraba la Dormición de María y por la meridional se subía a la capilla de la Cena y de Pentecostés. Destruída por los persas en el 614, los cruzados la hallaron en ruinas, si bien se había mantenido en pie el Cenáculo, y en el siglo XII levantaron la iglesia de «Santa María del Monte Sión».

Tras la derrota de 1187, la basílica comenzó a caer en ruinas y en el siglo XIV estaba derruida. Sólo se salvó el Cenáculo. Los PP.franciscanos lo restauraron en 1343, pero en el siglo XVI (1523) los turcos transformaron el Cenáculo en mezquita, colocaron el *mihrab* orientado a La Meca, grabaron las incripciones y edificaron un minarete. Ha sido santuario musulmán durante cuatro siglos, hasta que, bajo el mandato británico (1917), se abrió a todos los públicos, suprimiendo todo culto, musulmán y cristiano. Hoy es propiedad del Estado judío, lo que explica su estado de abandono.

Numerosos grupos de peregrinos cristianos, europeos, africanos, americanos del norte y del sur, asiáticos, visitan incesantemente este lugar sagrado. Agrupados alrededor de los guías escuchamos silenciosos, en multitud de lenguas, la lectura de los sucesos que allí se desarrollaron. Aún resuenan las palabras de Jesús.

El Jueves Santo celebramos la Eucaristía en la capilla *Ad Coenaculum*, cercana al Cenáculo. En el altar están en imágenes de bronce los apóstoles en la última cena junto a Jesús, cuyo corazón es el sagrario.

## La Tumba de David

Debajo del Cenáculo está la tumba de David identificada como tal por Benjamín de Tudela en el año 1173. A través de un jardincito exterior, penetramos en un recinto de techo bajo y abovedado que es en la actualidad una sinagoga, donde varios judíos con sus Biblias en la mano oraban silenciosos. Se atraviesa un claustro sencillo e íntimo de arcos ojivales y se llega a la tumba del gran rey. Un guarda nos proporcionó celosamente una *kipa* para cubrirnos la cabeza (4).

---

(4) Todo este complejo de edificios fue antiguamente un convento de PP. Franciscanos, en el que se hospedó el peregrino Ignacio de Loyola. Los Reyes de Nápoles, Roberto de Anjou y Sancha de Mallorca ad-

La tumba está protegida por una verja y es un enorme sarcófago, construído en piedra y revestido por un paño granate bordado en su parte frontal con inscripciones hebreas y la estrella de David. Sobre el cenotafio hay varios cofres metálicos, que contienen rollos de la Torá y coronas de plata. Este lugar, al que los judíos llaman la *«Diáspora»* del sionismo moderno, es, después del Muro de las Lamentaciones, uno de los lugares más venerados por los israelitas.

## La Cámara de la destrucción

Al otro lado de la calle, está el *Martyrium*, que conmemora los millones de vidas de judíos inmolados en el holocausto nazi. En la primera pieza hay expuestos rollos de la Torá y, en las siguientes, las paredes están cubiertas con miles de pequeños nichos con los nombres de los que allí están incinerados. Todo ello entremezclado con fotografías espeluznantes de los padecimientos del pueblo judío: fosas repletas de cadáveres esqueléticos, mujeres desnudas al borde de los hoyos para ser fusiladas, niños hambrientos y famélicos, carros con cuerpos inertes apiñados, colas de judíos esperando los trenes para ser deportados a los campos de concentración.

En otra sala, vimos en el suelo un mausoleo en piedra negra y sobre él, en la pared, una pintura simboliza el holocausto: de una verde colina se alza hasta el cielo una gran llamarada de fuego rojo, entre cuyas lenguas se vislumbran rostros humanos. Seis lámparas funerarias brillan en homenaje a otros tantos millones de hijos de Israel sacrificados. La reprodución de un horno crematorio con

---

quirieron, en el año 1333, del sultán de Egipto el Cenáculo y los edificios anexos y los entregaron en propiedad a los franciscanos. En el año 1523, los musulmanes convirtieron el Cenáculo en mezquita y, en el 1551, los franciscanos fueron expulsados del convento, que ahora es la sinagoga de la Diáspora.

fotos metiendo en ellos los cadáveres sacados de la cámara de gas, ayuda a revivir los horrores de aquellas crueldades increibles. En las últimas salas y en un patio, hay multitud de pequeños nichos con una lucecita llameante cada uno, signo de fe y de esperanza.

El alma sale angustiada y abatida y el recuerdo se va al *Yad Vashem*, el Museo del Holocausto, al oeste de Jerusalén, memorial amplificado de los judíos exterminados, levantado en las cercanías del monte Herzl. En su interior, una llama permanente ilumina los nombres de los principales campos de concentración, grabados sobre mármoles negros. Allí las monstruosidades, que se reviven al contemplarlas en fotografías, películas, proyecciones y reproducciones horripilantes, se agraban y multiplican. Vimos a gente marearse, sentarse sin poder seguir y salir sin completar el recorrido, abrumada de tantas atrocidades. Al salir, recorrimos la avenida llamada de los *«Justos de las Naciones»*, donde al pie de los árboles constan los nombres de quienes, de todas las naciones y creencias, ayudaron y salvaron a israelitas de una muerte ignominiosa y segura.

¡Y todo esto en el siglo XX! El de los campos de concentración, el de los archipiélagos Gulag, el de las dos guerras mundiales en que la humanidad se despedazó con el saldo de quince y sesenta millones de muertos respectivamente, el de los bombardeos nocturnos y masivos de centenares de miles de ciudadanos inocentes, ancianos, mujeres y niños, el de las bombas atómicas de Hiroshima y Nagasaki, el de millones de seres humanos inocentes e indefensos asesinados en los senos maternos en aras del egoismo, el de los más de ochocientos mil millones de dólares gastados en 1984 en la carrera de armamentos para destruirnos mutuamente en servicio de la ambición de riquezas y de poder, de la soberbia y el odio. ¿Ha habido un siglo más orgulloso y pagado de sí y en el que los seres humanos hayamos cometido mayores barbaridades e infamias?. ¿De qué acusamos a ningún otro? ¡Qué verdad es que, como escribió Dostoiewski: «Si no hay Dios, todo está permitido»!

Por la carretera principal y por varias escaleras y atajos descendimos por la colina de Sión. Verdean las praderas cercadas de tapias, cuajadas de alegres florecillas y sombreadas por el arbolado. A su sombra, era *shabat*, familias judías se solazaban sentados o echados sobre la hierba con sus claros vestidos de fiesta. Los niños jugueteaban y corrían de un lugar a otro.

Desde el monte Sión contemplamos el valle de la Gehenna, que lo rodea por el oeste y por el sur. Valle de tristes recuerdos en el que algunos reyes idólatras de Judá, sobre todo Acaz y Manasés, y los judíos, pasaron por el fuego a sus hijos e hijas recien nacidos inmolándolos en honor de los falsos dioses Molok y Baal, que se aplacaban con el olor de la carne inmolada. (2 Rey 23, 10; Lev 18, 21).

En recuerdo de estas atrocidades la palabra Gehenna (de *Ge Hinnon*, «valle de Hinnon»), vino a ser sinónimo de «infierno». Durante siglos después y en tiempos de Jesús, aquella hondonada siniestra y solitaria era el estercolero de Jerusalén, donde arrojaban todas las basuras, inmundicias y animales muertos de la ciudad y les pegaban fuego. Jesús se refirió a aquel lugar repelente y hediondo como al infierno «donde el gusano no muere y el fuego no se apaga» (Mc 9, 45-48; Mt 18, 9).

Hoy es un valle limpio con verdes olivos y retamas amarillas, que en nada recuerdan su macabro pasado. Se ven numerosas tumbas y grutas excavadas en la ladera occidental. Al otro lado del valle, entre los árboles, se divisan esparcidas por las colinas las blancas casas orientales de los barrios de expansión de la ciudad.

## San Pedro «In Gallicantu»

Descendimos hacia el este de la colina de Sión donde está la iglesia de San Pedro in Gallicantu, que regentan los agustinos asuncionisas. Ellos defienden la tesis, aunque quizá no sea muy probable, de que allí se levantaba el palacio del Sumo Sacerdote Caifás. En él Jesús fue juzgado ilegalmente, condenado injustamente y pasó la última y terrible noche de su vida mortal.

La iglesia tiene la forma de cruz griega y la cubre una gran cúpula redonda y calada con una cruz de vidrieras, en cuyo centro está la figura de Jesús, la piedra angular. Más abajo, una corona cerrada de ángeles circunda la cúpula y en las pechinas, en grupos de tres, están sentados en tronos los apóstoles para juzgar a las doce tribus de Israel.

Todo el ambiente y las representaciones invitan al arrepentimiento y al dolor confiado, en aquel lugar en que Pedro, delatado por su acento galileo y acosado por las criadas y criados, negó cobardemente en tres ocasiones a su maestro. Al canto del gallo Pedro despertó, salió afuera y comenzó a llorar amargamente (Mt 26, 75).

El mosaico del altar mayor representa a Jesús que atraviesa el patio y mira a Pedro, que se calentaba en la hoguera. Los de los otros dos altares reproducen a la pública pecadora, a «quien se le perdonó todo porque amó mucho» (Lc 7, 36.50) y al buen ladrón, el primero que recibió de Jesús el perdón y la promesa de estar aquel mismo día en el paraíso (Lc 23, 39-43).

Debajo de la iglesia hay una amplia cripta cubierta con una bóveda rebajada, con blancas y estriadas peñas naturales. Suponen que allí estuvo el patio de las negaciones. Pero lo más impresionante se encuentra a niveles inferiores. En primer lugar, descendimos por una escalera empinada a una profunda fosa excavada toda ella en la roca viva. Está comunicada por arriba con la cripta anterior a través de una abertura cilíndrica, en cuyas paredes fueron talladas varias cruces desde muy antiguo.

La fosa, dicen, es aquella a la que fue arrojado Jesús y en la que pasó su última noche. En la pared derecha, está pintado en rojo borroso el bulto de un hombre arrodillado en actitud de súplica, realizado por los primeros cristianos. En el altar, en diversas lenguas, hay unas cartulinas con versículos del salmo 87, para que los peregrinos revivan el estado de ánimo y los sentimientos de Jesús.

> «Señor, Dios mío, de día te pido auxilio
> de noche grito en tu presencia...
> Ya me cuentan con los que bajan a la fosa
> soy como un inválido.
> Me has colocado en lo hondo de la fosa
> en las tinieblas de los abismos.
> Has alejado de mí a mis conocidos
> me has hecho repugnante para ellos.
> Encerrado no puedo salir
> y los ojos se me nublan de pesar.
> Todo el día te estoy invocando
> tendiendo las manos hacia tí.
> Desde niño fui desgraciado y enfermo
> me doblo ante el peso de tus terrores
> y ya no puedo más.
> Alejaste de mí amigos y compañeros
> mi compañía son las tinieblas».

Aún más abajo y excavada también en la roca, hay una horrenda prisión. La cavidad tiene en el centro un amplio espacio rodeado de toscas columnas cuadriculares talladas en la piedra y detrás de ellas las rodea un corredor. Los ángulos de las pilastras están perforados para sujetar en sus agujeros las cadenas de los prisioneros. En el dintel, entre las dos columnas de la derecha, hay dos grandes perforaciones de las que eran colgados los presos por las manos para ser torturados y flagelados. Junto a la pared, está tallado en la roca un banco alargado, donde descansaban los verdugos.

Un escalofrío de terror sacude todo el cuerpo al ver aquel lugar testigo de tantos horrores, del correr de la sangre y de las lágrimas y que habrá escuchado tantos gemidos y gritos de desesperación. ¿Qué no son capaces de hacer la maldad y la crueldad del pobre corazón humano? Jesús pasó la noche en aquella prisión o en alguna semejante.

A la izquierda de la iglesia, al aire libre, desciende una escalinata de piedra, venerable por su antigüedad y por el recuerdo de Jesús. Es un tramo de unos cincuenta escalones, recientemente sacados a la luz por los arqueólogos. Pertenecía a la escalera que desde la ciudad alta, la aristocrática, bajaba a través de los barrios populares hacia el Tiropeón, la piscina de Siloé y el Cedrón. Dada su ubicación y antigüedad, se puede asegurar casi con certeza, que Jesús pisó aquellos peldaños, cuando se dirigía del Cenáculo al Huerto de Getsemaní la noche de la pasión.

## La Colina de Ofel

Ofel está situado en la extremidad suroriental de la ciudad. Es una colina en pendiente que desciende, entre los torrentes Cedrón y Tiropeón, desde el muro sur del Templo hasta el valle de la Gehenna. Hoy es un humilde barrio, fuera de las murallas, poblado por palestinos, que habitan sus pobres y sencillas casas orientales. A pesar de su actual insignificancia, en esta colina comenzó la historia de Jerusalén.

Aquí estuvo *Urasalim* habitada por la tribu cananea de los jebuseos. La situación de la ciudad se debió a que allí manaba caudalosa y abundante la fuente de Guijón, el único manantial de aguas vivas que brotaba en aquellos parajes, vital para la resistencia en caso de asedio. Aunque la fuente fluía fuera de las murallas de la ciudadela, sus aguas eran conducidas al interior por un canal subterráneo. La ciudad tenía una extensión de cuatro hectáreas, y estaba rodeada por altas murallas edificadas sobre las escarpadas vertientes de los tres torrentes. Sus habitantes la tenían por inexpugnable y se jactaban de que «los ciegos y cojos bastarían para rechazar al enemigo».

El rey David, ya proclamado en Hebrón rey de las doce tribus, conquistó en 996 a.J.C. a Jerusalén, que aún se conservaba en manos de los jebuseos como un enclave independiente (Jos 15, 63), después de dos siglos de la conquista. Al parecer, la tomó valiéndose de una estratagema. Sabedores de la existencia del túnel, Moab, primo de David, se introdujo de noche por el canal con un puñado de hombres valerosos que abrieron las puertas de la ciudad (II Sam 5.8).

David fortificó la ciudad, que se llamó la ciudad de David, condujo a ella el Arca de la Alianza y la convirtió en la capital política y religiosa del reino, lo que fue un acierto político, al trasladar la capital desde Hebrón, que quedaba alejado en el extremo sur del territorio de Judá, al centro del reino unido, entre las tribus del sur y del norte.

En la actualidad no queda indicio alguno exterior de que allí estuvo la ciudad de David y de Salomón, la Jerusalén gloriosa destruida por Nabucodonosor en el 587 a.J.C. En sucesivas excavaciones han sido descubiertas bajo la tierra ruinas del siglo II a.J.C., restos de las casas destruídas por los babilonios en el siglo VI a.J.C. y, a más profundidad, los muros de los jebuseos, así como obras hidráulicas y terrazas hechas en la pendiente para edificar sus casas y palacios (5).

También ha aparecido la base de una torre circular que, con toda probabilidad, es aquella que mencionó Jesús (Lc 13, 4-5). En la parte sur hay sepulturas excavadas en la roca, entre las que estaría la auténtica tumba donde David *«se acostó con sus antepasados»*, en el monte Sión. De

---

(5) Las excavaciones fueron realizadas por Parker (1909-10), Weill (1913-14; 1923-24), Macalister (1923-25), Crowfort (1923), R. de Vaux (1961-62) y K. Kenyon (1961-67). En la V campaña, se han encontrado numerosos objetos de hierro, como lanzas y flechas y un hacha en perfecto estado de la época del segundo templo.

aquellos remotos tiempos sólo quedan visibles la fuente de Guijón y la piscina de Siloé.

## La Fuente de Guijón

La fuente de *Guijón*, «manantial», era la única de la ciudad antigua y brota al noreste de la colina sobre el Cedrón. Protegida por una verja de metal, se desciende a ella por treinta y dos escalones de piedra, por lo que los palestinos la llaman *Umm El Daraj*, «la madre de las escalas» y también *Ain Sitti Maryan*, «la fuente de María», pues cuenta la tradición que la Virgen iba con su cántaro a aquella fuente.

En Guijón fue ungido Salomón rey y sucesor de su padre David por el sumo sacerdote Sadoc y el profeta Natán, a instancias de su madre Betsabé temerosa de las aspiraciones de Adonías (I Rey 1, 1-53). Más tarde Isaías vaticinó en esta fuente a Ajaz: «Eh aquí que una doncella está encinta y va a dar a luz un hijo, y le pondrán por nombre Emmanuel», que significa «Dios-con-nosotros» (Is 1, 1-14).

El agua de la fuente no corre por la superficie de la colina sino que es conducida por un canal subterráneo a la piscina de Siloé. El rey Ezequías (a.718-689) por temor al asedio de los asirios hizo excavar hacia el año 700 a.J.C. en la roca viva una galería, que atravesaba la colina de norte a sur y transportaba el agua hasta la piscina (II Rey 20,20; II Cro 32,30).

Unos trabajadores comenzaron su tarea en la fuente y otros en la piscina y se encontraron aproximadamente hacia la mitad (6). El túnel es alto y ancho unas veces y

(6) En el año 1880, un joven que se estaba bañando, vio cerca de la entrada en la roca del canal una lápida que, en grafía antigua hebrea, conmemoraba las peripecias de la obra. Fue comprada por el Gobierno turco y ahora se muestra en el Museo de Antigüedades de Constantinopla. Allí se describe cómo oyeron el ruido de los picachones y que se encontraron a los 287,70 metros de la piscina y a los 247,9 de la fuente.

otras bajo y estrecho y tiene quinientos treinta y tres metros de longitud horadados en la roca. Su trazado no es recto sino que describe una *«ese»* (S). Por él discurre el agua clara hace veintisiete siglos y aún hoy puede ser recorrido a pie con facilidad.

### La Piscina de Siloé

Por la carretera que atraviesa la colina bajamos a la piscina de *Siloé*, «enviado», en la confluencia de los valles del Cedrón y de la Gehenna. Está al cielo raso, escondida entre casas y por una escalinata empinada descendimos hasta ella. Es rectangular y está circundada de altos muros. La parte derecha, más elevada, está en seco y en el agua, a la izquierda, hay sumergidas bases de columnas de la basílica bizantina. Enfrente se abre un arco en el que desagua fresca y rumorosa el agua de Guijón. Mujeres árabes recogen agua o lavan la ropa y los jóvenes se remojan en ella. Se pueden ver las ruinas de la basílica bizantina, en la que se acogían los enfermos confiados en las virtudes curativas de aquellas aguas, y que fue arrasada por los persas en el 614. Encima de la piscina se alza el alminar de una mezquita.

Los judíos celebraban en el otoño la fiesta de las Chozas o de los Tabernáculos, durante las cuales, para recordar la estancia del pueblo en el desierto, habitaban en cabañas. En estas fiestas, que duraban ocho días, el sumo sacerdote bajaba a la piscina de Siloé, donde recogía en ánforas de oro las aguas, símbolo de las bendiciones mesiánicas, y las llevaba en procesión al Templo, donde las vertían sobre el altar en memoria del agua que brotó de la peña en el desierto.

Jesús, el último día de esta festividad, puesto en pie, clamó con voz alta en el Templo: «Quien tenga sed que venga a mí; quien cree en mí que beba». Como dice la Escitura: «De sus entrañas brotarán rios de agua viva». «Decía esto, —aclara el evangelista—, refiriéndose al Espíritu Santo que iban a recibir los que creyeron en él» (Jn 7, 37-39). El agua de Siloé fue símbolo del Espíritu Santo y sólo Jesús puede apagar la sed más íntima del corazón humano.

Pero la piscina encierra otro recuerdo, por el qùe es más conocida. Cierto día se encontró Jesús con un ciego de nacimiento, escupió en tierra, hizo barro con la saliva y el polvo y, después de untarle los ojos, le mandó lavarse en la piscina de Siloé. El ciego bajó, se ungió y vió. Con esta ocasión, Jesús nos dijo: «Mientras estoy en el mundo, yo soy la luz del mundo» (Jn 9, 1-8). Allí nos descalzamos, entramos en el agua y, en recuerdo del milagro, frotamos nuestros ojos con agua.

Al otro lado del Cedrón, frente a Siloé, bajo la ladera meridional del Monte de los Olivos, está el Monte del Escándalo. En él, Salomón levantó altares a los dioses paganos de sus mujeres extranjeras, que en ellos quemaban incienso y sacrificaban a sus divinidades. (Rey 11, 1-13).

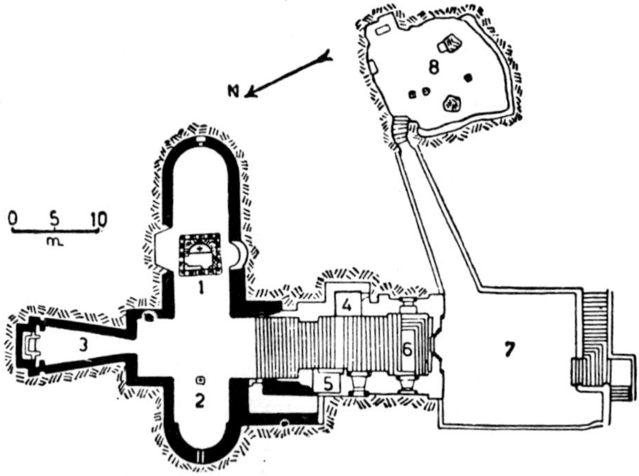


**SEPULCRO DE LA VIRGEN**

1. Tumba de María. 2. Cisterna. 3. Corredor. 4. Altar de San Joaquín y Santa Ana. 5. Altar de San José. 6. Entrada medieval. 7. Atrio. 8. Gruta de la Traición. (Tomado de Hoade.)

# EL TORRENTE CEDRON

## El Torrente Cedrón

Era un nuevo día radiante y primaveral. El autobús nos esperaba a la puerta del hotel. Nuestro plan era visitar el torrente Cedrón y el monte de los Olivos tan frecuentados por Jesús. Rodeamos la ciudad antigua por el sur y fuimos hacia el Pináculo del Templo, a cuyos pies nos detuvimos. Tiene veintiseis metros de altura y otros tantos están hoy sepultados bajo el suelo. Impresionan la solidez y el tamaño de aquellos bloques herodianos, alguno de los cuales mide ocho metros y pesa cien toneladas. Es el ángulo suroriental de la explanada del Templo y desde sus almenas hasta el fondo del torrente hay ciento veinte metros, A él fue llevado Jesús por Satanás en las tentaciones (Mt 4, 5-6) y desde allí fue arrojado, según la tradición, el apóstol Santiago el Menor, primo de Jesús y primer obispo de Jerusalén.

Desde su base se contempla en toda su amplitud y hermosura el valle del Cedrón, que significa «negro», «sombrío» por su profundidad, plantado de olivos, algunos naranjos y palmeras. Discurre entre el monte de los Olivos y la muralla oriental de la ciudad. El alma se dilata a la vista de aquel paisaje y se estremece al vislumbrar allí adelante, en la falda del monte, el huerto de Getsemaní, el jardín de la Agonía; sobre él, entre la verde mancha de los cipreses y de los pinos, surge exótica la iglesia rusa de Santa María Magdalena, cuyas siete cúpulas de oro y forma bulbosa resplandecen al sol. Aún más arriba, en la ladera destaca la blanca capilla del «Dominus flevit» y en la cumbre las torres del «Pater Noster» y de la iglesia rusa de la Ascensión. ¿Hay un monte que encierre más recuerdos de Jesús? ¡Tántas veces atravesó aquel valle para subir al Templo por la Puerta Dorada, para refugiarse en casa de sus amigos de Betania, para descansar las noches con sus discípulos en Getsemaní bajo los olivos o en las cuevas, pues la ciudad no era un lugar seguro para él! «Jesús enseñaba en el Templo durante el día y por la noche se retiraba al monte llamado de los Olivos» (Lc 21, 37; 22, 39; Jn 18, 2).

Por una vereda empinada bordeada de cipreses bajamos desde la carretera al fondo del valle. Llaman la atención cuatro misteriosos monumentos funerarios que por su estilo son de la epoca helénica (s.II a.J.C.). El primero es el de Zacarías recortado y aislado en la roca viva. Es un monolito cuadricular con columnas talladas, alto y coronado con una pirámide. Junto a él, excavado hacia adentro en la roca hay otra sepultura. Dos columnas y dos pilastras con capiteles dóricos sostienen un arquitrabe en el que una inscripción indica el nombre de la familia sacerdotal Beni Hezir (1 Cro 24,15; Neh 10,21). Entre los cristianos fue llamado el sepulcro de Santiago, sea porque se refugió allí, o porque desde él se ve el Pináculo desde el que fue precipitado.

Avanzamos por un camino polvoriento y a unos cincuenta metros se alza el otro sepulcro. Es más alto que el de Zacarías, de forma también cúbica, pero cubierto con una cúpula cónica. Es de la época macabea, aunque la leyenda, apoyándose en II Sam 18,18, lo atribuye a Absalón, el hijo rebelde de David. Finalmente, atrás, a la izquierda, cortada también en la roca, hay una gruta. La llaman la tumba de Josafat. Impresiona pensar cuántas veces Jesús, acompañado de los doce, pisaría aquel mismo camino y sus ojos contemplarían aquellas estelas funerarias, testigos mudos de aquel hombre excepcional.

Según las leyendas locales, el valle de *Josafat*, «Dios juzga», será el escenario del juicio final. Esta creencia fundada en Jl 3,12 ha hecho del valle una gran necrópolis. Por la ladera oriental del monte de los Olivos se extiende un inmenso cementerio judío, que le rodea por su parte sur y, enfrente, a la sombra de las murallas se alarga el musulmán. Todos aguardan el sonido de las trompetas, al que seguirán la resurreción y juicio universales.

Desde la carretera, nos fijamos en la grandiosa Puerta Dorada (1). En su estado actual data de Justiniano en el siglo VI, quien construyó esta puerta en el lugar por el que, se suponía, Jesús había entrado en Jerusalén el domingo de Ramos. En el exterior presenta un aspecto de solidez y monumentalidad aliviado por dos arcos de medio punto, rosetones y rectángulos. Su interior, debajo de la explanada del Templo, comprende una sala con dos naves y cúpulas bizantinas. Fue cerrada en el año 810 y los cruzados conservaban la puerta tapiada y sólo la abrían el día de Ramos. Los turcos no la abrieron ya más en espera del día del juicio final, en que penetrará por ella el Mesías. Los judíos la designan *Shaar Ha Rahamin*, «la puerta de las misericordias», por el cercano valle de Josafat, donde tendrá lugar la resurreción universal (Joel 4, 1-12). Los árabes la llaman *Bab ed-Dahirie*, «la Puerta Eterna». A sus pies duerme el cementerio musulmán.

## El Oratorio de San Esteban

Seguimos carretera adelante hasta llegar a San Esteban, un oratorio edificado cerca del lugar en que murió apedreado. Un monje griego nos acogió amablemente. Su rostro era venerable y de largas barbas blancas. Es una edificación reciente, de 1969 y, por dentro, es muy sencillo. Sobre el azul pálido de sus paredes, resaltan el iconostasio, la sede presidencial y la sillería ricamente tallados en

---

(1) Su nombre es debido a un trastueque fonético, ya que en griego era *Ora* u *Oraya*, «la Hermosa», que los cruzados por asonancia tradujeron *Aurea*, «Dorada».

madera de ciprés. No podían faltar, colgadas de la cúpula y de la bóveda, las lámparas de metal dorado. Causa un verdadero deleite al espíritu el recorrer los iconos de vivos colores azules, rojos y dorados, llenos de esa ingenuidad, honda devoción y humanismo de las pinturas bizantinas.

Al salir del oratorio, el monje de negro hábito y venerables barbas blancas nos entregó una gruesa llave e indicó un edificio cercano que alberga el lugar del apedreamiento. Abrimos la puerta de bronce y entramos en una estancia semioscura. Sobre las rocas estratificadas hay piedras sueltas en recuerdo de la lapidación. También arden en el suelo velitas encendidas por los fieles devotos. En la pared, dos grandes cuadros reproducen a Jesús y a Juan y el otro la muerte de Esteban presidida por la Virgen. Esteban, poco antes de expirar, lanza imitando a su maestro un grito de perdón: «Señor, no les tomes en cuenta este pecado» (Hch 7, 60). Un joven, Saulo, el futuro apóstol de los gentiles, guarda a sus pies las ropas de los verdugos.

A la derecha del oratorio, al aire libre y bajo los olivos, se han conservado unos cuantos peldaños de una escalera de piedra que, por la Puerta Dorada, conducía al Templo. Por ellos, tal vez, Jesús subió el día de Ramos y tántas otras veces.

## El Sepulcro de María

Muy cerca de San Esteban, al otro lado de la carretera, está el sepulcro de María, «al principio del valle del monte de los Olivos», según los escritos apócrifos, *Dormitio Virginis* o *Transitus Beatae Mariae Virginis* de los siglos IV y V, cuyo núcleo original se remonta a la comunidad judeocristiana de Jerusalén de los siglos I y II.

Allí había un complejo funerario de tres grutas excavadas y en la más interior «en un banco de piedra que hay en la pared oriental», los apóstoles depositaron el cuerpo de María. Aquel lugar fue testigo de la asunción de María en cuerpo y alma, llevada en manos de los ángeles a los cielos. Rodean el sitio las laderas del monte de los Olivos, pobladas de un olivar, algunos pinos y cipreses.

Por una escalinata de piedra descendimos a la iglesia del sepulcro, en un nivel inferior. Un patio enlosado, rodeado de altos muros de piedra hace de atrio. Enfrente se alza una portada medieval con su puerta gótica. Es lo único que respetaron los soldados de Saladino de la Iglesia cruzada del siglo XII, que había sido construida sobre las ruinas de la bizantina levantada por Juvenal entre el 453 y el 458, que fue arrasada por los persas en 614. Saladino dejó intacta también la cripta que encerraba el sepulcro de María, la madre de Jesús, a quienes tanto veneran los musulmanes.

Traspasamos el arco gótico de los cruzados y nos encontramos no con las naves de un templo, sino con una ancha escalinata abovedada que, por sus cuarenta y ocho escalones de mármol, desciende a un recinto semirrupestre, sumido en una oscuridad absoluta, escasamente alumbrado por la luz natural que llega desde la alta entrada y el tenue resplandor de las innumerables y humeantes lámparas votivas de todos los tamaños, que cuelgan del techo ennegrecido. La cripta tiene forma de cruz y la razón de su exagerada profundidad está en que el nivel del fondo del Cedrón se ha elevado unos doce metros a lo largo del tiempo, debido a la acumulación de escombros y de tierras de aluvión arrastrados por las inundaciones.

A la derecha, «en la parte oriental», se abre una cámara abovedada y en medio hay un sepulcro de piedra tallado en la roca, del siglo I. En él reposó el cuerpo de María. Fue recortado, al edificar la iglesia bizantina, para aislarlo de la roca de la montaña, que se ve en las paredes, a fin de que quedara en el centro, como lo hicieron con el sepulcro de Jesús en tiempos de Constantino. Se entra en la tumba por una portezuela baja y estrecha, rodeada de bellos iconos, cuadros y tapices alusivos a la dormición de la Virgen. Enfrente bajo un altar se ve la piedra natural del sepulcro. No es lisa, sino que ha sido rebajada y horadada por los piadosos peregrinos, que saltaban trozos de la piedra para llevárselos como reliquias. Hoy la protege un grueso cristal.

En el lado opuesto a este recinto, en el palo occidental de la cruz, hay otro similar con una cisterna, atendido por los armenios. Con la ayuda de una linterna recorrimos los bellos cuadros de la vida de Jesús, que cuelgan sumidos en las tinieblas en la pared circular.

Después de orar y cantar a la Virgen ascendimos de nuevo la amplia escalinata. Hacia la mitad, a la izquierda, está el altar de San Joaquín y Santa Ana, donde fue enterrada la reina Melisenda en 1161 y, a la derecha, el de San José, donde reposan los restos de María, esposa de Balduino III, Constancia, madre de Boemundo III y Batilda, esposa de Enrique el Bueno (1103) (2).

A raíz de unas inundaciones en 1972, el P. Bagatti exploró la cripta y encontró los restos de una iglesia-sinagoga de los judeocristianos y sus sepulturas, lo que induce a pensar que fue un lugar frecuentado por los primeros cristianos y da más verosimilitud al hecho que allí se venera.

## Getsemaní

Dejamos el autobús y el resto de las visitas las hicimos a pie. La primera fue al huerto de Getsemaní, (del hebreo *Gat Shemen*, «prensa de aceite»). Al borde de la carretera de Jericó se levanta la basílica de la Agonía de estilo neoclásico. En el tímpano, un precioso mosaico representa a Jesús postrado de rodillas en tierra, abrumado por el peso del dolor, en actitud de súplica al Padre y de ofrecimiento de sus sufrimientos y de los de toda la humanidad dolori-

---

(2) Durante tres siglos, los franciscanos cuidaron de la iglesia de la Asunción, pero en 1757 los turcos les obligaron a desalojarla y la encomendaron a los griegos y armenios.

da, representada a sus lados por dos grupos de hombres, mujeres y niños. Debajo del mismo, sobre los capiteles de las columnas que dan acceso al pórtico, están las estatuas de los evangelistas.

Entramos en el huerto donde Jesús pasó las horas más tristes y angustiosas de su vida y oró con insistencia en la noche de la pasión: «Padre mío, si es posible aparta de mí este cáliz; pero no se haga mi voluntad sino la tuya» (Mt 26, 39). Se conservan aún ocho venerables olivos milenarios, retoños de los que contemplaron la agonía de Jesús. Flavio Josefo cuenta que Tito, en el sitio de Jerusalén, taló todos los árboles de los alrededores de la ciudad, pero, como dice Plinio, «el olivo no muere», rebrota de su propia cepa. Sus troncos son anchos, rugosos, retorcidos, atormentados y su dureza contrasta con el plateado verdor de las hojas de sus ramas y las bellísimas y delicadas florecillas cultivadas a sus pies con amor.

Entre ellos padeció Jesús aquella horrible noche del espíritu. La aflicción, el pavor, el miedo y la angustia le hiceron gemir: «Me muero de tristeza» (Mc 14, 34) y el sudor le cayó hasta el suelo en forma de grandes gotas de sangre (Lc 22, 44). Allí oró por todos, pero sobre todo por tantos seres humanos que rechazan o no conocen a Dios y luego sienten el desgarrón de la nada, el vacío de la existencia, la tristeza de lo finito, el sin sentido de la vida sin Dios, la noche terrible del no saber el porqué, ni el para qué, de un vivir lleno de aspiraciones y sin horizontes ni salidas. ¡Cuánta fue la pena y el dolor inmenso del corazón de Cristo, cargado con todos los pecados de la humanidad, abrumado con los sufrimientos físicos y morales que se le echaban encima y abandonado sensiblemente de su amado Padre!

Junto al jardín de los Olivos, se alza la basílica de la Agonía (3). Tiene tres naves y seis gráciles columnas de

---

(3) Se llama también de las Naciones, ya que quince naciones, entre ellas España, ayudaron económicamente a su construcción.

mármol sustentan doce cúpulas. Sólo está iluminada con luz artificial en la parte frontal, la de los ábsides. El resto está sumido en una tenue oscuridad, un tanto violácea, producida por la luz exterior que se filtra por los amplios ventanales de alabastro translúcido. Este contraste de luces y sombras hace que la mirada se dirija hacia los mosaicos de los ábsides, que reproducen a Jesús sentado solo en una roca entre olivos, postrado y anonadado bajo el peso del pecado, el dolor y el abandono, el del centro, y los dos laterales el beso de Judas y la prisión de Jesús. En los tres, con una composición muy entonada, sobresalen los colores verdes, azules y rojos. Estas representaciones y el tenebroso ambiente de las naves ayudan a la interioridad y a evocar la tristeza de muerte y las angustias que allí sufrió Jesús. Todo invita al recogimiento y a la oración.

Nos acercamos al altar, sostenido por un inmenso cáliz, y vimos en mitad del presbiterio la roca clara y lustrosa de la agonía, cercada por una corona de espinas en bronce con cálices, golondrinas y palomas de alas abatidas. Es la roca sobre la que, según la tradición de los primeros cristianos, Jesús «postrado rostro en tierra» (Mt 26, 39) «oró y suplicó con fuerte clamor y con lágrimas» (Hb 5, 7) al Padre y la que se empapó con las gotas de sangre que le caían de la frente y con sus lágrimas. Ante ella, todo el mundo se arrodilla en tierra y la besa pausadamente. Muchos peregrinos tocan la ancha roca con sus crucifijos y rosarios. Impresiona la piedad y la compasión de la gente venida de todo el mundo.

La basílica actual fue erigida entre el 1922 y 1924 por los PP. Franciscanos sobre el emplazamiento de la primitiva que los bizantinos construyeron en el 379 alrededor de la roca. Destruida por los persas en el 614, los cruzados la reconstruyeron en el siglo XII, más hacia la derecha y en ángulo con la antigua. Las ruinas de ambas volvieron a la luz en 1920, cuando se iniciaron las excavaciones para edificar la actual. En el suelo de la basílica, protegidos con vidrios, se ven trozos auténticos del mosaico bizantino, cuyos dibujos han sido reproducidos en todo el pavimento de la moderna.

En la noche del Jueves Santo asistimos a la Hora Santa en Getsemaní. La basílica estaba abarrotada y las oraciones en latín alternaban con las lecturas del Evangelio en multitud de lenguas, los cánticos y los ratos de silencio. ¡Qué recuerdo inolvidable!

Fuera del santuario, a la derecha, está la roca de los Tres Apóstoles, sobre la que Jesús encontró dormidos a Pedro, Santiago y Juan y les recomendó: «Velad y orad para que no desfallezcáis en la tentación, porque el espíritu está pronto, pero la carne es flaca» (Mc 14, 38).

A unos pocos metros de Getsemaní, a la izquierda, está la gruta de la Traición. Es una cueva natural, conservada en su estado primitivo, amplia de diecinueve metros de largo, diez de ancho y una altura máxima de tres metros y medio. En ella se guarecía Jesús con sus discípulos para librarse del frescor de las noches jerosolimitanas y de la lluvia. En las excavaciones se han descubierto restos de un mosaico bizantino del siglo IV, una cisterna de agua y un molino de aceite. Aún pueden vislumbrarse, aunque muy deterioradas, en la bóveda y en las paredes, algunas estrellas pintadas e inscripciones de los cruzados. Hoy es una capilla rupestre con tres altares y bellos frescos sobre ellos. Por allí fue entregado Jesús por Judas. Era la hora del poder de las tinieblas (Lc 22, 53).

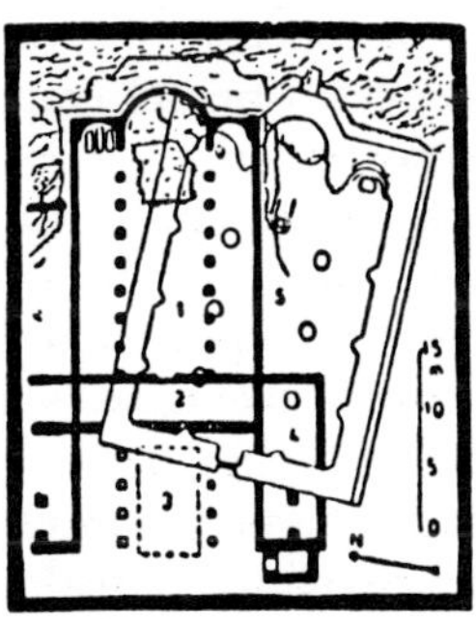

1. Iglesia del siglo IV.
2. Atrio.
3. Cisterna.
4. Vestíbulo bizantino.
5. Iglesia Cruzada.

La actual iglesia recubre el n. 1 y se extiende hasta la mitad del n. 3.

# EL MONTE DE LOS OLIVOS

## Santa María Magdalena

Desde Getsemaní por un camino pendiente y empedrado entre dos altas tapias, ascendimos hasta la puerta del convento de Santa María Magdalena. Entramos en el jardín, en cuesta, sombreado de pinos y de cipreses y con los bordes de los caminos cubiertos de flores.

La iglesia es muy elegante y bella, de estilo ruso y, en lo más alto, resplandecen en oro sus siete cúpulas bulbosas. Fue edificada en el año 1888 por el zar de Rusia Alejandro III en memoria de su madre la emperatriz María Alexandrova. Pertenece al Patriarcado de la iglesia ortodoxa rusa y cuida del culto una comunidad de monjas de la misma nacionalidad. Van vestidas de negro, sin toca blanca, y un largo velo les cae por las espaldas hasta el suelo.

El interior de la iglesia es hermoso y no muy grande. Las paredes están cubiertas con grandes cuadros alusivos a María de Magdala y entre ellos llama la atención, por la originalidad del tema, el frontal: María Magdalena conversa con Tiberio para defender la inocencia de Jesús y la cobardía de Pilato, que fue depuesto por el emperador. En el iconostasio y en las pilastras brillan los iconos de vivos colores. De la cúpula central pende una lámpara enorme de hierro con lámparas rojas y cirios amarillos. En la cripta reposan los restos de la Gran Duquesa Isabel Feodrovna asesinada en 1918 por los bolcheviques y trasladados aquí en 1921.

Escuchamos el oficio de las monjas, que cantaban con voces suaves y melodiosas y salimos al jardín. Enfrente entre el arbolado se ven las doradas murallas de Jerusalén sobre el verdor primaveral de los prados y olivos del torrente Cedrón y por encima de ellas destaca en el azul del cielo la áurea cúpula de la mezquita de la Roca.

En los terrenos del convento, en cuesta y sombreados, hay tumbas judías y vestigios de un antiguo camino, que subía al monte de los Olivos y que, sin duda, pisó Jesús camino de Betania.

### El «Dominus Flevit»

De nuevo en el camino, emprendimos la subida hacia la cumbre. A media altura de la ladera, se abre a la izquierda una puerta que da acceso a un jardín muy bien cuidado por los franciscanos. En él sa alza el *Dominus Flevit*, «el Señor lloró». Es una capilla que conmemora el llanto de Jesús sobre la ciudad ingrata.

Jesús, el día de su entrada triunfal, venía de Betfagé montado sobre un borrico, signo de sencillez y de paz, aclamado por la multitud entusiasmada, que alfombraba el camino con sus mantos y con las ramas que cortaba de los árboles. Al ver la ciudad por última vez, se conmovió en su corazón y dijo llorando: «¡Si tú también comprendieras en este día lo que te lleva a la paz! Pero no, no tienes ojos para verlo. Días vendrán en que tus enemigos te rodearán de trincheras, te sitiarán, apretarán el cerco y te arrasarán con tus hijos dentro. No dejarán de tí piedra sobre piedra, porque no reconociste el día en que Dios quiso salvarte» (Lc 19, 41-42). En medio del triunfo, Jesús, olvidado de sí, lloró amargamente por la suerte de aquel pueblo tan amado, que le rechazaba. Cuarenta años más tarde, en el 70, las legiones de Tito cumplían a la letra las profecías de Jesús.

La capilla, que emerge entre cipreses, fue construida en 1955 sobre las ruinas de otra bizantina del siglo V. Proyectada por Barluzzi, es una cúpula piriforme que semeja una lágrima. En el interior, sus paredes están adornadas con relieves que reproducen escenas del asedio de Jerusalén y en el fondo se pueden ver restos del ábside y de los muros bizantinos y un mosaico. Pero lo más emotivo es el altar. En su frontis, en un mosaico, una gallina acoge a sus polluelos en conmemoración de aquel otro lamento de Jesús: «Jerusalén, Jerusalén, cuántas veces he querido congregar a tus hijos como la gallina cobija a sus pollitos y no quisiste» (Lc 13, 34-35). La pared frontal está abierta en arco, por lo que el altar tiene como retablo la vista panorámica de Jerusalén.

Desde el jardín nos quedamos cautivados por la vista de la ciudad. En un altar improvisado sobre una piedra, un grupo de peregrinos japoneses participaba en la eucaristía, amenizada con sus cánticos. ¡Cómo reconforta el alma y la llena de esperanza el palpar la universalidad de los que creen en Jesús y le siguen!

En el año 1953, en las excavaciones que se realizaron para edificar la capilla, descubrieron una necrópolis del segundo milenio antes de Cristo, de la época jebusea y, más tarde, aparecieron osarios de los siglos I y II d. J. C. en los que podía verse la letra *«tau»* (T), símbolo de la cruz, palmas como signo de resurrección, el lábaro de Constantino y los nombres de Marta y de María. Pruebas evidentes de que se trataba de un cementerio judeo-cristiano. En unos recintos, a la derecha de la puerta de entrada en el jardín, están recogidos, a la vista, algunas de aquellas tumbas y sarcófagos.

## El «Pater Noster»

Proseguimos la ascensión y penetramos, a la derecha, en el cementerio judío. Es un mar de tumbas que desciende hasta el fondo del Cedrón y rodea por el sur la montaña. Una vez en la cima, nos dirigimos a la basílica del «Pater Noster». Es un edificio de ladrillo rojo del siglo pasado, donde vive dedicada a la oración y al trabajo una comunidad de carmelitas descalzas francesas, en el lugar donde, según la tradición, Jesús enseñó a orar a sus discípulos, cuando se dirigía de Betania a Jerusalén (Lc 11, 1-4).

Lo primero que se recorre es un claustro ojival abierto y soleado. En sus muros y en los de los corredores adyacentes, puede leerse en ya más de setenta lenguas la oración del «Padre Nuestro», escritas con su propia grafía en baldosas policromadas. La oración está en castellano ladino y moderno, en catalán, en gallego, en valenciano y a la derecha de la entrada en la iglesia, en euskera, en su versión vizcaina.

Entre los años 326 y 333, Santa Elena, la madre de Constantino, construyó aquí una basílica llamada *Eleona*, «el bosque de olivos», sobre la gruta convertida en cripta en que Jesús pronunció el discurso escatológico, del fin de Jerusalén y del mundo (Mt 24, 1-44) y enseñó la oración al Padre. Los persas, ¡cómo no!, la destruyeron en el 614. Sobre sus restos, los cruzados reedificaron otra iglesia, que también volvió a arruinarse. En el año 1868, la princesa francesa Aurelia de Bossi de la Tour d'Auvergne compró estos terrenos y, en 1875, levantó el convento carmelitano. Los restos mortales de la princesa descansan en el claustro en un hermoso mausoleo de mármol blanco cercano a la puerta de la iglesia conventual.

En el año 1910, el P. Vicent, dominico, excavó aquellos terrenos y aparecieron las ruinas de la Eleona de tres naves (38 m. por 18) sobre la gruta, precedidas de un hermoso atrio con su cisterna. Se inició la reconstrucción de una basílica consagrada al Corazón de Jesús, pero se ha desistido, por lo que ha quedado incompleta y abierta al cielo.

Penetramos en la cripta bajo el presbiterio y revivimos la escena de los discípulos pidiendo a Jesús que les enseñara a orar, como Juan había hecho con los suyos. En aquella gruta rezamos el «Padre Nuestro» con especial devoción, al recordar a Jesús y a los millones de peregrinos de todo el mundo que a lo largo de los tiempos han acudido allí al Padre. Nos cogimos todos de las manos y, así unidos, cantamos el «Padre Nuestro», esa plegaria en que Jesús nos enseñó a dirigirnos a Dios como a un Padre cercano, en cuyo amor creemos y a quien invocamos llamándole ¡Abba! ¡Papá! con acentos familiares e infantiles, conscientes de nuestra pequeñez e impotencia, pero llenos de amor filial, confianza y abandono.

## La Ascensión

Sobre la cumbre del monte de los Olivos, caminamos hacia el lugar de la ascensión de Jesús a los cielos. Nos detuvimos largo rato para contemplar extasiados la vista de toda Jerusalén. Nos acompañaban niños palestinos ofreciéndonos con insistencia rosarios y recuerdos. En la explanada de la entrada, un árabe muy simpático y alegre, vestido con una túnica y *kefiye* blanquísimos, ofrecía los servicios de su camello a los peregrinos y turistas venidos de lejanas tierras. La gente se monta, les da unas vueltas y se sacan fotografías. Las señoras suelen lanzar gritos no sólo cuando el camello se levanta o acuesta con sus movimientos tan sacudidos y articulados, sino más aún cuando el gentil camellero las coge por la cintura y con gran soltura las coloca sobre la silla.

Entramos en el recinto circular amurallado. Los musulmanes son propietarios del lugar desde Saladino (1187). Es un lugar amplio con el suelo cubierto de hierba y cercado de altos muros de piedra. En medio se levanta un modesto templete octogonal con arcos apuntados y tapiados, cubierto con una cúpula sobre un tambor. En su interior, en el suelo, está la roca desde la que Jesús subió a los cielos. En ella se ven unos vestigios cóncavos en la piedra calcárea, que la leyenda sostiene que son la huella, en forma de pie, que quedó marcada por su última pisada. Los peregrinos la besan con piedad (1).

La edificación no responde a la grandeza del hecho que allí se venera, ni a lo que fue en la antigüedad. Se debe, sin duda, a que está al cuidado de los musulmanes desde el siglo XII. Anteriormente no fue así. En el año 376 d.J.C., una piadosa matrona romana, de nombre Pomenia, edificó en el lugar indicado por el recuerdo ininterrumpido de los judeocristianos una magnífica basílica circular, llamada *Imbomon*, «sobre la cumbre». Tenía unos veintiseis metros de diámetro y sobre el suelo, pavimentado con mármoles y mosaicos, se levantaban tres filas concéntricas de columnas, cubiertas con bóvedas que formaban un doble pórtico circular alrededor de la parte central, que contenía la roca con la huella y quedaba descubierta al cielo, en recuerdo de la ascensión.

Los persas destruyeron la basílica en el 614. Los cruzados la reconstruyeron en forma octogonal y respetaron la abertura central al aire libre. En el 1187, todo pasó a ser propiedad de los musulmanes, quienes cubrieron la capilla del centro con una cúpula y tapiaron sus arcos. Al correr de los siglos, se fueron arruinando las bóvedas, los pórticos y las columnas y sólo ha permanecido en pie la parte del centro, el templete que hoy se ve.

En excavaciones llevadas a cabo por el franciscano P. Corbo en 1959 aparecieron, en la esquina sureste, la parte inferior de la basílica primitiva y los restos de una fortale-

---

(1) San Ignacio de Loyola, aquel enamorado de Jesús, que deseaba ser judío para tener la sangre de Jesús y de María, desembarcó en Tierra Santa el 24 de agosto de 1523 con el «propósito firme de quedarse en Jerusalén» para siempre visitando aquellos santos lugares y ayudando a las almas. Por los peligros procedentes de los turcos otomanos, que hacía cinco años, en 1517, habían conquistado Palestina a los mamelucos, tuvo que volver afortunadamente a Europa, donde fundó la Compañía de Jesús. En su Autobiografía (cap. 4, nn. 47 y 48) nos cuenta cómo, al ir sin dinero, entregó a los guardas para entrar en el templete de la Ascensión un cuchillo de su escribanía y, cuando volvió, les pagó la entrada dándoles unas tijeras.

za protectora del tiempo de los cruzados. La vigilia de la Ascensión, se reunen allí, con permiso del Imán, todas las comunidades cristianas de Jerusalén para velar, orar y celebrar sus respectivas liturgias. En las tapias, se ven los garfios y argollas de los que colgaban sus cadenas los cautivos liberados y que hoy se emplean para sujetar las tiendas en que ese día se protegen del frío de la noche y del calor del día.

Allí Jesús, que vivía la nueva vida de un resucitado, levantó las manos y comenzó a elevarse, mientras bendecía a sus discípulos, hasta que una nube le ocultó de sus ojos (Lc 24, 50-53; Hch 1, 9-11). Sentado a la derecha de Dios Padre, intercede por nosotros y es glorificado para siempre. Jesús con su resurrección y ascensión nos enseña el sentido de la vida, del trabajo, del sufrimiento y de la muerte.

Los seres humanos no estamos destinados a la muerte, a la nada, al no ser, como cualquier animal. No somos «unos seres absurdos», «una pasión inútil», «un proyecto imposible», «una aventura condenada al fracaso final». La vida no se acaba con la muerte, se transforma y esperamos una vida nueva en que todas nuestras aspiraciones más íntimas y todas nuestras ansias insaciables serán plenamente aquietadas y satisfechas eternamente en Dios, al contemplarle cara a cara, como él es. Como los apóstoles «volvimos a Jerusalén llenos de alegría».

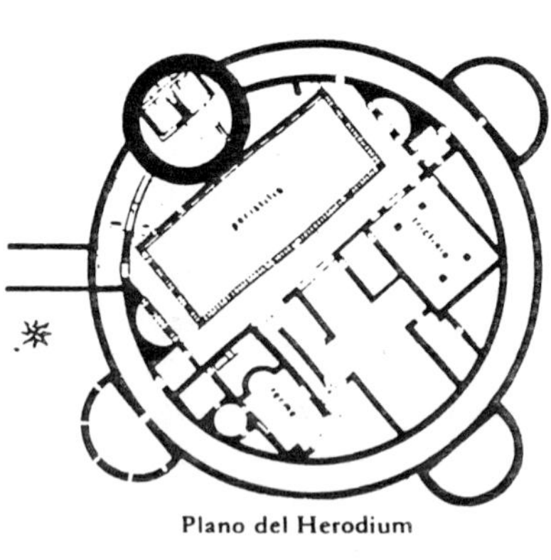

Plano del Herodium

El Litóstrotos

Parte interior del arco del "Ecce Homo"

Basílica de la Dormición. Debajo el Cenáculo

La Virgen Dormida.

El Cenáculo

La escalinata de «Gallicantu».

Murallas
y Puerta Dorada.
El cementerio
musulmán

Piscina de Siloé

Fachada del sepulcro de la Virgen

El sepulcro de la Virgen

Basílica de Getsemaní

Uno de los olivos milenarios

Santa María
Magdalena

El templete
de la Ascensión

Amanecer en Belén

La gruta de Belén

# BELEN

Jerusalén es una ciudad privilegiada para los cristianos no sólo por las reliquias de Jesús que en sí misma encierra, sino también por los recuerdos del Nazareno que se esparcen en sus cercanías: Belén, Ain Karem, Betania, Emaús, Jericó, el Jordán, el Mar Muerto, Samaría. Nuestra primera visita sería a Belén.

Por la carretera del sur partimos hacia Belén, *Beth-Lehem*, «casa de pan», entre las movidas colinas que circundan la ciudad santa pobladas de nuevos barrios residenciales con sus casas orientales y sus bosquecillos. Al bordear el Monte de los Olivos, se divisa en un altozano, a la izquierda, el monasterio griego de San Elías. Fue edificado en el siglo VI y reconstruido en el XII en el lugar en que el profeta descansó bajo una retama, cuando huía de la ira de Jezabel, esposa del rey Ajab, sedienta de venganza por la muerte de los profetas de Baal, en las laderas del Carmelo (I Rey 19, 1-8; 18, 20-40) (1).

Ya en los aledaños de Belén, visitamos a la derecha un austero edículo con su cupulita y un túmulo en el interior. Es la tumba de Raquel, la esposa predilecta de Jacob, que murió allí al dar a luz a Benjamín y «fue sepultada en el camino de Efrata, o sea Belén, donde Jacob erigió una estela sobre su sepulcro... hasta hoy» (Gen 35, 16-20). Es un lugar venerado por judíos, cristianos y musulmanes y por

---

(1) Hace años a la izquierda del camino, y hoy bajo la carretera ensanchada, había un aljibe que llamaban el «Pozo de los Reyes Magos» porque, según la leyenda, allí volvieron a ver la estrella que les conducía desde el oriente (Mt 2, 9).

las mujeres parturientas que acuden para pedir un feliz alumbramiento. En él reposa Raquel, lejos del sepulcro de su familia en Hebrón, donde en la caverna de Macpela, frente a Mambré, se veneran las tumbas de Abrahán y Sara, de Isaac y Rebeca, de Jacob y de Lía (Gen 23, 9-11; 35, 27-29; 50, 12-13).

## Belén

Ibamos hacia ¡Belén! Palabra que evoca tántos recuerdos y vivencias en el ánimo de los cristianos y aun de tántos no creyentes. Días y noches de amor, de alegría y de paz, en que todos nos volvemos mejores, nos sentimos más hermanos y parece que se acerca a nosotros el reinado de Dios. Todos hacemos en Navidad un alto en el camino de la vida para gozar unidos con los seres más queridos, en nuestros hogares, alrededor de los belenes y de los árboles navideños cantando alegres villancicos. La humanidad entera expresa su deseo de unidad, de reconciliación y de felicidad y aun las guerras más crueles suelen acordar una tregua de paz en esas fechas en que se nos manifiesta el amor, la benignidad y la humanidad de ese Dios, que quiere estar con nosotros, ser uno de nosotros y salvarnos. No hay en el mundo fiesta más universal y popular que la que tuvo su origen en el pesebre de Belén.

El viaje a Belén es corto, ya que dista sólo siete kilómetros de Jerusalén. Es una ciudad asentada graciosamente en la cumbre de dos colinas gemelas a 777 ms. sobre el nivel del mar, y por sus laderas se derrama el caserío formando anfiteatros. Así como Nazaret, donde el Verbo se anonadó en la encarnación, está como oculto en el fondo de un nido, Belén está en alto, pues allí se nos manifestó «la luz que ilumina a todo hombre».

En tiempos de Jesús, era un pueblecito insignificante, más famoso por la historia y las promesas que por su importancia real en la vida judía, centralizada en Jerusalén. Allí había nacido David, que creció pastoreando por aquellos parajes los rebaños de su padre, se hizo un joven «rubio, de bellos ojos y hermosa presencia» y en Belén fue ungido rey de Israel, en vida de Saul, por el profeta Samuel (I Sam 16, 1-13). De Belén había profetizado, hacía ocho siglos, el profeta Miqueas: «Mas tú, Belén Efrata, aunque eres la menor entre las familias de Judá, de tí ha de salir aquél que ha de dominar en Israel» (Miq 5, 1). En la actualidad, su población es de treinta y cuatro mil habitantes en su mayoría árabes y de religión musulmana (24.000) o cristiana (10.000).

Descendimos del autobús y subimos hacia la plaza principal, ancha, capaz e irregular. A la derecha está el ayuntamiento y la mezquita, cuyo alto minarete se lanza al cielo como un ciprés, y a la izquierda se halla la basílica de la Navidad, edificada sobre la cueva en que María dio a luz a Jesús. La primera impresión es la de hallarse uno frente a una fortaleza por la austeridad y la dureza de sus ciegos e imponentes muros. Sólo tres campanarios pertenecientes a sendos monasterios que rodean el templo: el latino, el griego y el armenio, denotan que allí se oculta algún lugar sagrado.

La gruta en que nació Jesús estaba en la parte oriental de Belén, en sus afueras y durante más de un siglo conservó su rusticidad natural. Fue objeto de veneración y de culto desde los primeros años por parte de los judeo-cristianos, por lo que en el año 135 el emperador Adriano plantó allí mismo un bosque en honor de Adonis, el amante de Venus, la diosa de la belleza y del amor, para paganizar aquel lugar y borrar todo vestigio cristiano. Ello sirvió posteriormente para identificar la verdadera gruta.

## La Basílica

En el siglo IV, comienza en Roma una era de libertad para los cristianos, que abandonaron las catacumbas. Constantino y su madre Elena miraron con amor a Tierra Santa y construyeron admirables basílicas: la del Santo Sepulcro, la de Eleona y la de Belén. Entre los años 326 y 333, destruído el templo pagano, levantaron una magnífica basílica que, precedida por un pórtico cuadrilátero, tenía cinco naves y un ábside poligonal que rodeaba al presbiterio bajo el cual estaba la cueva del pesebre. San Jerónimo describe sus amplios pórticos, sus techos prodigiosos y la profusión de sus ricos elementos decorativos; y la virgen Egeria pondera sus preciosos ornamentos y vasos sagrados, sus colgaduras de seda y oro, sus numerosas lámparas, sus delicados mosaicos y los mármoles rarísimos. Belén se fue poblando de iglesias y monasterios, de monjes y de estudiosos. La Basílica, después de dos siglos de subsistencia, fue destruída en el 527 por los samaritanos sublevados contra Bizancio.

El emperador Justiniano (527-565), el constructor de Santa Sofía de Constantinopla y el recopilador del derecho creado por el genio romano, ordenó en el 540 «construir, en lugar de la anterior, una iglesia espléndida, grande y hermosa de manera que ni aun en Jerusalén hubiera otra tan bellla». San Sofronio, Patriarca de Jerusalén, nos habla a fines del siglo VII de un magnífico cuadripórtico, de los tres espléndidos ábsides de la basílica, cuyo techo estaba decorado de brillantes estrellas, de los mosaicos de colores, de los reflejos de la luz y del oro y de su fastuosa decoración.

Afortunadamente esta basílica de Justiniano se salvó de cuatro destrucciones generales. En el año 614 los persas de Cosroes no la arrasaron al contemplar en el frontis la escena de la adoración de los Reyes Magos vestidos con antiguos trajes de gala persas y tocados con gorros frigios

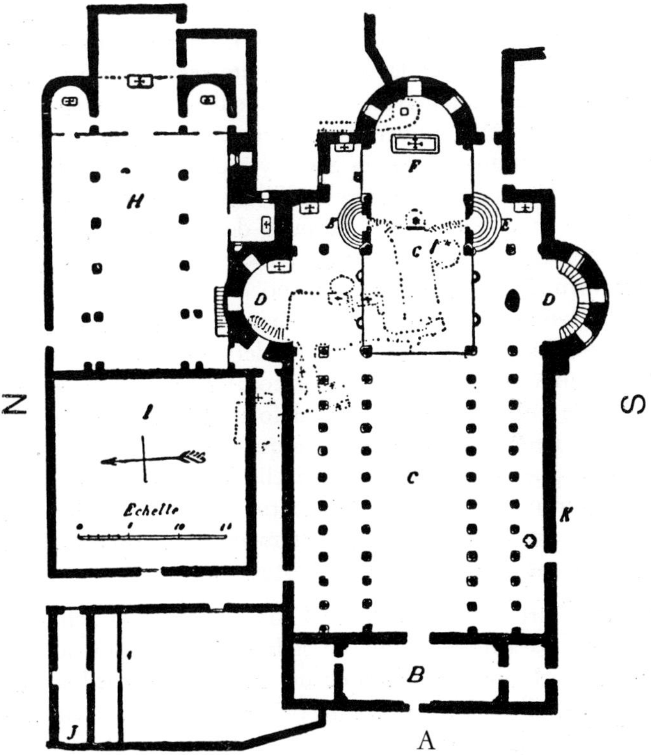


## BASILICA DE BELEN

**Plano de la Basílica de Belén (Tomado de «Guía de Tierra Santa». Hoade. Franciscan Printing Pres, Jerusalén, 1980).**

A. Entrada de la Basílica. B. Nártex. C. Nave central. D. Transeptos. E. Entradas a la Gruta. F. Altar griego. G. Gruta de la Natividad. H. Iglesia franciscana de Santa Catalina. I. Claustro de San Jerónimo. K. Convento griego.

(2). El califa Omar la respetó en el 635 «por ser el monasterio donde Miryam dio a luz al gran profeta Issa (Jesús)». En el 1010, el loco califa Al Hakim la perdonó, tal vez por respeto a María, tan venerada en el Corán y finalmente se libró de la destrucción, en 1263, del feroz Baibars ya que, según una leyenda, u serpiente resquebrajó temporalmente todos los mármoles que el sultán tánto codiciaba.

Por todo ello, podemos decir que la basílica de Belén es la más antigua de Tierra Santa y, quizás, de toda la cristiandad. Es en su estructura fundamental la misma que admiramos hoy, 1400 años después de su construcción, si bien despojada de su brillantez y fastuosidad en su interior y deformada en su aspecto externo.

La basílica propiamente no tiene fachada. Es un muro de protección de aspecto austero del tiempo de los cruzados apuntalado por dos gruesos contrafuertes, con una especie de tímpano en lo alto deformado por añadiduras. Casi ni tiene entrada pues, aunque en sus orígenes tres amplias puertas daban acceso a ella, las dos de los extremos fueron tapiadas y la del centro reducida por los cruzados a un arco gótico perfectamente discernible dentro del arco más amplio de la de Justiniano.

Más tarde en el siglo XVI los cristianos la achicaron aún más para impedir que los ladrones o los soldados turcos convirtieran la basílica en un establo de camellos, bueyes y caballos. Esta pequeña puerta (1,34 m. de alto por 0,80 de ancho), formada por tres piedras monolíticas, es la única por la que, agachándose profundamente, se puede pasar a un vestíbulo que forma el nártex. Al misterio de Belén hay que acercarse con humildad.

La basílica es majestuosa y hermosa, de grandes proporciones, de directa ascendencia romana con su sereno

---

(2) Los persas destruyeron en Tierra Santa todas las basílicas, iglesias y monasterios bizantinos edificados después de Constantino. Su número asecendía a más de trescientos edificios. ¡Qué pérdida tan lamentable!

estilo clásico, su perfecta armonía y muy venerable por su antigüedad. Tiene forma de cruz latina y mide cincuenta y tres metros de largo por treinta de ancho y está dividida en cinco naves, separadas por cuatro filas de columnas monolíticas de seis metros de altura, de pórfido rojo decoradas con frescos de personajes bíblicos. La nave central, la más amplia y alta, no está cerrada por un artesonado, sino que deja a la vista el ensamblaje de las grandes vigas de cedro, que sostienen el tejado. Cierra la visión frontal el espléndido iconostasio dorado coronado por un calvario y el coro de los monjes griegos, regalo de la emperatriz rusa Catalina II y tallado todo ello en el siglo XVIII en madera de los cedros del Líbano. De las vigas centrales del techo y en los intercolumnios cuelgan suspendidas las inevitables lámparas metálicas. En el pavimento enlosado de la nave principal, hacia la mitad, se pueden admirar protegidos por un escotillón de madera los delicados y finísimos mosaicos de la basílica constantiniana con motivos geométricos, hojas, frutos y aves. Fueron descubiertos en el año 1936 bajo gruesas capas de baldosas quemadas y cenizas. En las paredes altas, quedan fragmentos de los mosaicos con que los cruzados embellecieron el templo en 1169 con escenas de la genealogía de Jesús y de los siete Concilios cristocéntricos (3).

## La Gruta

Nos acercamos al presbiterio elevado y, mientras admiramos la áurea belleza del iconostasio y de los iconos, escuchamos el canto de los monjes ortodoxos, que entonaban el rezo de sus oficios. Por una escalera de mármol al

(3) En esta basílica fueron coronados reyes de Jerusalén Balduino I (1010) y Balduino II, quienes no quisieron serlo en Jerusalén, donde Jesús había sido coronado de espinas. Los cruzados restauraron la basílica en el siglo XII.

lado del altar, descendemos a la cripta bajo el ábside central. Allí está aquella gruta natural de piedra calcárea donde nació Jesús. La escalera desemboca junto a un altar bajo el que, rodeada de lámparas delicadamente cinceladas y de patinados iconos, brilla una estrella de plata en el lugar en que ocurrió el parto. Nos vamos postrando de rodillas uno a uno y besamos la piedra de la cueva, que aparece en el centro de la estrella. «Hic de Virgine Maria Jesus Christus natus est» (1717) (4).

En aquella gruta apartada, se refugiaron José y María, «porque no había sitio para ellos en la posada del pueblo y sucedió que mientras estaban allí se cumplió el tiempo para parir y María dio a luz a su hijo primogénito, lo envolvió en pañales y lo acostó en un pesebre» (Lc 1, 6-7). Allí tuvo María la dicha de ver por primera vez a su hijo con su mirada de amor y de inmensa ternura, de lavar su tierno cuerpecito, envolverlo en pañales y alimentarlo con la leche de sus pechos. ¿Quién puede imaginar la alegría y el gozo que desbordarían el alma y el corazón de aquella madre?

En el techo se ve la roca primitiva ennegrecida por el humo de las innumerables lámparas de aceite que de él cuelgan y de los cirios y velas, que día y noche arden y derraman suavísima claridad. Las paredes están cubiertas de mármoles y de tapices bordados de color azul, verdoso, encarnado y beige. ¡Cuánto se echa de menos, como en el Santo Sepulcro, el poder contemplarlo en su primitiva desnudez! No en vano han pasado dos mil años en que, además de los agentes telúricos, ha actuado la piedad sincera, pero mal entendida, de tantas generaciones. San Cirilo de Jerusalén recuerda, a mediados del siglo IV, la gruta

(4) La estrella estaba fabricada con reales de a ocho de plata traida de América por los españoles, pero el 12 de octubre de 1847 desapareció sustraida por los griegos, ya que la leyenda en latín denunciaba quiénes eran sus legítimos propietarios. En 1852 el sultán turco Abd-el-Megib decretó que hicieran otra igual a la robada. Es la actual fijada al blanco mármol con tornillos y plomo.

en su estado natural, pero ya a finales del mismo siglo San Jerónimo se lamenta de la desaparición de su sencilla rusticidad.

La gruta tiene doce metros de largo y tres y medio de ancho y a la derecha, en una cavidad de la roca, está el altar de los Reyes Magos y enfrente, a la altura del suelo, el lugar del pesebre en que María colocó al recien nacido. No era éste como el niño de nuestros belenes, hermoso, de rostro sonriente y miradas expresivas, sino un cuerpecito indefenso y desvalido, con los ojos cerrados, que sólo sabía dormir y mamar. Jesús vino en el silencio de la noche en un lugar pobre y despreciable, donde tuvo por cuna el cálido regazo de un pesebre de animales. ¡Cuánto nos dice todo ello a los creyentes de las preferencias e inclinaciones de Dios y de Jesús! No se manifestó a los sabios y poderosos de este mundo, sino a aquellos sencillos pastores, pobres y limpios de corazón.

Así como el doble anonadamiento del Verbo en la encarnación y, hecho hombre, en la pasión y la cruz, tuvieron como recompensa la exaltación de la resurrección , también el humilde nacimiento de Jesús en la cueva de Belén tiene su glorificación en la historia. Ningún hecho histórico, como no sea su muerte y resurrección, ha sido tan celebrado por la humanidad. ¿Quién puede enumerar los nombres de tántos de los mayores genios de la escultura, de la pintura, de la poesía y de la música, que han aclamado al niño Dios?

Leimos los pasajes del Evangelio, cantamos con gran emoción el «Adeste, fideles» y «Noche de Dios, noche de paz», que allí resuenan más hondamente aún. Por la otra escalera, junto al altar de la estrella, ascendimos a la basílica (5).

---

(5) No sabemos en qué día del año nació Jesús. La fecha del día 25 de diciembre fue elegida en occidente para cristianizar la fiesta pagana del solsticio de invierno, en que se celebraba el nacimiento del dios sol. Fecha acertada simbólicamente, pues desde ese día comienzan a alargarse los días y a crecer la duración de la luz, y Jesús es «la luz del mundo».

## Las otras Grutas

Por una puerta lateral del ábside del transepto de la izquierda, cuyo altar pertenece a los armenios ortodoxos, pasamos a la iglesia de Santa Catalina de Alejandría, regentada por los PP. franciscanos.

Estos atendieron la basílica justiniana desde 1347, pero, después de que Palestina cayó en poder de los turcos en 1517, los griegos obtuvieron la parte principal y, después de los siglos XVII y XVIII de lucha por la hegemonía, se firmó en 1858 el *«statu quo»*, que regula minuciosamente todo. En el año 1882, los franciscanos construyeron Santa Catalina, sobre otra iglesia medieval, de estilo occidental, precedida por un hermoso claustro del medievo, en cuyo centro se alza la imagen de San Jerónimo.

Desde Santa Catalina, a la derecha, una escalera conduce por un estrecho corredor excavado en la roca a otras grutas. Estuvieron habitadas desde el 700 a.J.C. y en ellas se han encontrado sepulcros judeo-cristianos del siglo I y romanos del IV. Hoy están transformadas en diversas capillas limpias e iluminadas: la del sueño de San José en que fue avisado que huyera de Herodes y se refugiara en

---

De hecho los griego-ortodoxos celebran el nacimiento el 6 de enero y los armenios, sirios y coptos el 18 del mismo mes.

En cuanto al año de su nacimiento y el comienzo de la era cristiana, hemos de advertir que Dionisio el Exiguo lo calculó en el siglo VI y lo hizo mal. Se apoyó en que Jesús comenzó su vida pública «en el año 15 del imperio de Tiberio César» (Lc 3, 1 y 23), cuando tenía «unos treinta años», por lo que, concluyó, nació el año 753 o 754 de la fundación de Roma, y por ello ahora estamos en el 1987 d.J.C. El error partió de tomar la expresión «unos treinta años» a la letra y no como una cifra aproximativa, o simbólica de su madurez.

De hecho hay dos referencias seguras. Herodes murió en el año 750 de Roma, es decir cuatro años antes de Jesús según la cronología actual y Herodes, antes de morir, ordenó matar a los inocentes de «dos años para abajo» (Mt 2, 16), por lo que Jesús nació unos seis o siete años antes de nuestra era. También el censo de Quirino, que condujo a José y María a Belén, tuvo lugar en Palestina el año séptimo antes de la era cristiana. Podemos concluir que Jesús nació el año 7 ó 6 a.J.C. Hoy deberíamos estar en el año 2000 ó 2001.

Egipto; la de los Santos Inocentes, víctimas de la ambición y crueldad del rey y, la última, la de San Jerónimo, en la que aquel gran hombre se estableció en el año 386 y vivió durante treinta y tres años una vida monástica y eremítica entregado a la oración, al estudio de las sagradas escrituras y a traducirlas del hebreo al latín: la Vulgata (6).

Terminada la visita de la basílica con el alma inundada de paz, recorrimos Belén con sus callejuelas sin aceras, estrechas y tortuosas, pendientes y escalonadas, con sus zocos orientales, abigarrados y llenos de colorido, donde se ofrecían objetos religiosos de olivo y nácar. La mayoría de la población fabrica objetos de artesanía y sólo una pequeña parte cultiva las fértiles terrazas de las laderas.

## El Campo de los Pastores

Después bajamos a la graciosa y fértil campiña, que se extiende a los pies de las colinas, cubiertas de añosos olivos, cultivos de viñedos y almendros, campos de trigo, cipreses y pinos. El día estaba luminoso. Llegamos al pueblecito árabe de *Beit-Sahur*, «casa de magos», donde está, a unos tres kilómetros, el Campo de los Pastores. Desde allí destaca sobre el horizonte azul la espléndida y alegre silueta de Belén coronada por campanarios, minaretes y campaniles. En uno de aquellos campos, Rut, la moabita, espigaba las doradas gavillas cuando se desarrolló su idilio con Booz, de cuyo matrimonio nacería Jesé, padre de David (Rut 2, 8-22).

En estos campos pasaban la noche a la intemperie los pastores velando por turno sus rebaños, cuando se les presentó el ángel del Señor y les comunicó la gran noticia: «Hoy, en la ciudad de David, os ha nacido un salvador: el

---

(6) Acompañaron a San Jerónimo, Paula una noble dama romana y su hija Eustoquia, que fundaron monasterios en Belén. Están sepultadas en la gruta de los Santos Inocentes.

Mesías, el Señor» y les dio como señal: «encontraréis un niño envuelto en pañales y reclinado en un pesebre». A continuación, aquellos cielos se vieron surcados por ejércitos de ángeles que alababan a Dios diciendo: «Gloria a Dios en el cielo y paz en la tierra a los hombres, que él tanto ama» (Lc 2, 8-20).

En el Campo de los Pastores hay una gruta amplia, donde se refugiaban en las noches frías y lluviosas, muy bien conservada en su estado natural. En ella concelebramos la santa Misa nueve sacerdotes con numeroso público, impresionados por la pobreza y sencillez en que quiso nacer aquel que vino al mundo para morir por nosotros, que se hizo hombre para hacernos hijos de Dios y nació en la pobreza para enriquecernos con los bienes eternales.

Casi encima de la gruta, rodeada de ruinas de antiguos monasterios, que florecieron en los siglos IV y V, está la capilla del «Gloria in excelsis Deo», que imita a las tiendas de los pastores nómadas. Fue costeada por el pueblo canadiense y edificada según los planes de A. Barluzzi en 1953. En su interior los frescos rememoran los sucesos de aquella noche santa: el anuncio de los ángeles, la ida de los pastores a Belén y el encuentro del niño en el pesebre. Todas aquellas campiñas respiran sencillez y paz y les inundan la luz y la alegría.

## El Herodium

Mirando hacia el sureste de Belén, a unos diez kilómetros, se percibe una extraña colina, aislada y solitaria, de forma cónica que semeja el cráter de un volcán. Es el *Herodium* de unos cien metros de altura, en parte artificial, sobre el que Herodes construyó, como si fuera un nido de águilas, un palacio-fortaleza con sus residencias reales, sus salones suntuosos, sus lujosas termas y jardines escalonados. El palacio estaba en lo hondo del cráter rodeado de un doble muro almenado y custodiado por cuatro altas torres de defensa.

Como Masada, el Herodium fue ocupado por los judíos sublevados contra Roma en el 66 y en el 135 y desmantelado por Adriano. Allí quiso ser enterrado Herodes, aquel rey ambicioso y sanguinario, en un magnífico féretro de oro macizo con incrustaciones de piedras preciosas. Un ancho camino en espiral circunda el cono por la izquierda y asciende hasta la cumbre donde pueden admirarse las ruinas, excavadas por el P.Corbo (1962-67) y explayar la vista por los ondulantes, áridos y desolados campos del desierto de Judea. E. Netzer excavó en 1972 la parte inferior y salieron a la luz un grandioso palacio (14,9 m. por 14), riquísimas termas, un hipódromo, un aljibe, pórticos, jardines y muros de defensa.

También al sur de Belén, a unos cinco kilómetros, a la izquierda de la carretera de Hebrón, están los mal llamados Estanques de Salomón. Son unas grandes piscinas en parte talladas en la roca viva, que proporcionaban agua a Jerusalén. Las hizo Poncio Pilato.

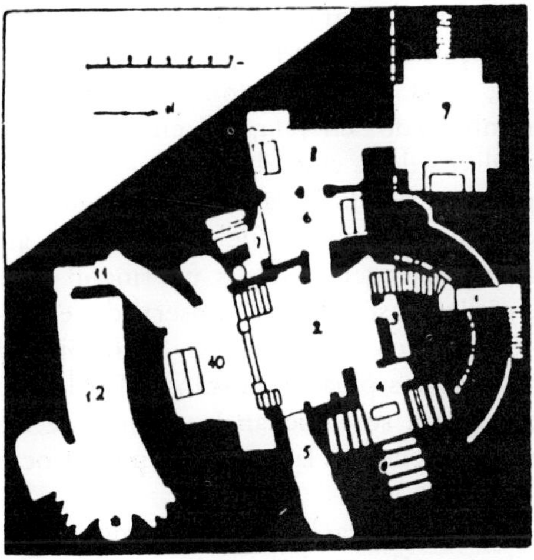


**GRUTAS**

1. Entrada. 2. Lugar central. 3. Construcción preconstantiniana. 4 y 5. Grutas de los Inocentes. 6. Dedicado a Paula, Eustoquio y Eusebio. 7. Cisterna. 8. Dedicado a San Jerónimo. 9. Celda del mismo. 10. Altar de San José. 11. Corredor. 12. Gruta de la Natividad. (Tomado de Hoade.)

# ALREDEDORES DE JERUSALEN

## Ain Karem

A unos siete kilómetros al suroeste de la capital está *Ain Karem*, «la fuente del viñedo», un pintoresco pueblecito de Judea, donde nació Juan el Bautista, que creció en el desierto, predicó y bautizó en el Jordán, fue decapitado trágicamente en Maqueronte y descansa en Samaría.

Al salir de Jerusalén, que no cesa de crecer y de extenderse, contemplamos en los altos de las colinas hermosos barrios residenciales judíos en construcción. Atravesamos los campos cubiertos de olivos, viñedos, pinares y prados con florecillas y dejamos a la derecha, en lo alto de una colina, el monasterio de *Navi Samuil*, donde se venera desde la edad media la tumba del gran profeta Samuel. Este montículo era llamado por los cruzados el *Mons Gaudii* «el monte de la alegría», pues desde su cima divisaban por primera vez los desembarcados en Jafa, allá en el horizonte, el Monte de los Olivos de la ciudad santa.

Ain Karem se derrama por la falda de las montañas en forma de terrazas sobre un hermoso valle repoblado de arbolado y con exhuberante vegetación. Es un rincón muy tranquilo, apacible y silencioso que ha conservado el encanto de los paisajes bíblicos tradicionales. Se respira el perfume de las flores y de los pinares, descansa el colorido variopinto de la vegetación, se escuchan los cantos de los pájaros y los cipreses semiocultan las casas de piedra ocre y tejados rosa.

En esta aldea se conmemora la venida al mundo de Juan, del que dijo Jesús: «En verdad os digo que no ha surgido entre los nacidos de mujer uno mayor que Juan el Bautista» (Mt 11, 11), y la estancia de la joven María, que desde Nazaret, a unos ciento cincuenta kilómetros, acudió presurosa para ayudar a su anciana prima Isabel. En recuerdo de esos episodios hay dos iglesias católicas y en un tranquilo bosquecillo un convento de monjas rusas, una Laura.

La iglesia de San Juan Bautista está edificada sobre el solar de la casa en la que el niño nació y creció. Su espíritu se fortaleció viviendo en lugares desiertos, vestido de pelo de camello y una correa a la cintura, alimentándose de saltamontes y miel silvestre hasta que se presentó a Israel, predicó el arrepentimiento y el bautismo de penitencia a las orillas del Jordán (Lc 1, 80; Mc 1, 6).

La iglesia tiene tres naves divididas por pilastras y una cúpula. Fue edificada por los franciscanos en el 1885 sobre las ruinas de otra bizantina del siglo V, reconstruida posteriormente por los cruzados en el XII. Esta iglesia está muy vinculada a España, lo que explica la abundancia de cuadros, o copias, de Ribera, Murillo, Ribalta, Lucas Jordán, etc. Al fondo de la nave izquierda, junto al altar mayor, hay una gruta natural, parte de la casa de Zacarías e Isabel, donde nació Juan. Una estrella de mármol bajo el altar indica el lugar con la leyenda: «Aquí nació el Precursor del Señor». Las paredes están cubiertas con mármoles negros y blancos y sólo en el techo se ve la roca. Las excavaciones del P. Silvestre Saller (1941-42) descubrieron bajo la iglesia una estatua yacente del Venus, una imagen de Adonis y cerámica romana.

Descendimos hacia el fondo del valle y, en el centro del pueblo, nos encontramos con *Bab Sitti Maryam*, la «fuente de la Virgen», la única del lugar, abovedada, que mana abundante por tres caños. Allí bajaba María con su cántaro en la cabeza en aquellos tres meses en que sirvió, llena de amor y solicitud, a Isabel. Nos acercamos a la fuente y bebimos de aquel agua con devoción.

Ascendimos por el ancho camino empedrado que sube por la falda de la otra colina hacia la iglesia de la Visitación o del *Magnificat*. La vista se deleita al contemplar enfrente una pendiente colina escalonada en bancales con sus olivos, higueras, almendros y cactus. En la cumbre rodeado por un bosquecito se alza el contento de las Hermanas de Sión, donde reposan los restos mortales del P. Alfonso de Ratisbona, el judío converso que fundó aquella casa. Es un lugar idílico, lleno de tranquilidad, quietud y sosiego que atrae fuertemente a gozar allí de la soledad, la oración y el silencio.

Llegamos a la iglesia de la Visitación. La torre es muy grácil y elegante y en la fachada, encima del pórtico, un gran mosaico representa a María, sentada en una borriquilla, que acompañada de ángeles camina hacia el pueblecillo de Judá. Delante de la iglesia, se abre un ancho patio en cuyas paredes está reproducido en más de cuarenta lenguas el cántico del Magnificat. El santuario consta de dos iglesias superpuestas. La inferior, levantada sobre el sitio de la antigua iglesia bizantina, es la cripta que recuerda la gruta donde, según la tradición, Isabel se refugió con el niño para huir de la persecución de Herodes contra los inocentes, cuando nació Jesús. En la pared de la derecha, en un nicho, hay una roca, detrás de la cual según los apócrifos la madre escondió al pequeño. En el fondo de una gruta abovedada un pozo recoge las aguas de un manantial. La cripta está decorada con bellos frescos que representan el anuncio a Zacarías en el Templo, el abrazo de María a Isabel y la matanza de los inocentes.

La iglesia superior, edificada sobre las ruinas de un monasterio cruzado, es muy hermosa y fue construida y bellamente decorada entre 1938 y 1955. En el ábside una gran pintura de F. Manetti evoca la glorificación de María. En la pared de la derecha, cinco grandes frescos conmemoran el Concilio de Efeso que declaró a María la Madre de Dios, a María cobijando bajo su manto a la Iglesia universal, las bodas de Caná, la batalla de Lepanto y la defensa de la concepción inmaculada de María sostenida por Juan Duns Escoto en la Sorbona de París. Grandes ventanales a la derecha iluminan la única nave.

Todo recuerda a María y aquel cántico inspirado en que su alma agradecida engrandeció a Dios por las maravillas que había hecho en su humilde esclava y alabó la providencia de Dios, el liberador de los oprimidos y padre de los pobres, que «derriba del trono a los poderosos y enaltece a los humildes, colma de bienes a los hambrientos y a los ricos los despide vacíos» (Lc 1, 52-53). Dios, el Padre de todos, quiere la igualdad entre sus hijos y se inclina con preferencia en favor de los pobres y explotados. ¡Con qué devoción rezamos allí el Ave María, algunas de cuyas alabanzas: «Bendita tú entre todas las mujeres y bendito el fruto de tu vientre» resonaron allí por primera vez! (Lc 1, 42). Antes de salir, entonamos el Magnificat.

Ain Karem tiene un encanto peculiar y deja un recuerdo gozoso y alegre por la dulzura del paisaje de aquella aldeuela, en que María asistió a su prima Isabel.

**Betania**

En las cercanías de Jerusalén, «a la distancia de quince estadios» (Jn 11, 18), unos tres kilómetros (1), hay un poblado cargado de recuerdos entrañables de Jesús. Es Betania. Se extiende, a lo largo de la actual carretera de Jericó, en la vertiente oriental del monte de los Olivos con vistas hacia el desierto de Judá. Sus casas se escalonan en la pendiente de una colina y en ellas viven dieciocho mil personas, en su mayoría musulmanes, pues sólo trescientos ochenta son cristianos.

La historia de Betania comienza a la vuelta del destierro de Babilonia. La tribu de Benjamín se asentó en va-

---

(1) El estadio tiene ciento ochenta metros. Entonces el camino de Jerusalén a Betania iba por lo alto del monte de los Olivos. Hoy la carretera lo bordea por el sur.

rias aldeas de los alrededores de Jerusalén y el nombre de una de ellas era Ananía (Neh 11, 32), de donde procede *Bet Ananía*, «la casa de Ananías» y Betania, el nombre de los Evangelios. Destruida por Tito, fue renaciendo y en tiempo de los bizantinos se le denominó *Lazarium*, por el sepulcro de Lázaro (abreviatura de *Eleazar*, «Dios ayuda»), el amigo a quien resucitó Jesús, y de ahí ha derivado a su actual nombre árabe *El Azariye*. En tiempos de Jesús, Betania estaba ubicada más al oeste sobre la colina y el este, donde está hoy El Azariye alredor del sepulcro de Lázaro, era una zona sepulcral en las afueras del pueblo. El recuerdo y la veneración de Lázaro no sólo cambió en el siglo IV el nombre de la aldea, sino hasta el lugar de la población.

Betania era un descanso para Jesús. Fatigado de caminar por los campos y colinas polvorientos, bajo el sol y las lluvias, «sin tener donde reclinar su cabeza»; apenado por la incomprensión de las gentes del pueblo y aun de sus discípulos; preocupado por el permanente conflicto con los fariseos, los saduceos y los doctores de la Ley, Jesús se retiraba a Betania para reposar su espíritu y rehacer sus fuerzas en casa de sus amigos Marta, María y Lázaro. Aquella mansión era para él, tan sensible al amor, un remanso de paz donde su corazón podía solazarse y gozar de una verdadera amistad. Marta se afanaba por servir a Jesús y a sus discípulos, prepararles comida y descanso, mientras la contemplativa María, que «elegía la mejor parte», sentada en el suelo a los pies de Jesús, le miraba y le oía. Betania fue testigo de las lágrimas desconsoladas de Marta y de María en las afueras del pueblo, del llanto contenido de Jesús y de la resurrección de Lázaro (Jn 11, 1-44). Betania para los cristianos es amistad fiel e íntima y aquella resurrección, que prefiguró la de Jesús y anunció la nuestra.

Descendimos del autobús y contemplamos el poblado. Mezclados entre olivos, pinos, árboles en flor, cipreses y campos verdeantes, destacan la blanca silueta de la iglesia de Lázaro, las ruinas de una torre de protección cruzada, el minarete de una mezquita y una iglesia greco-ortodoxa. Arriba al oeste una tapia encierra las ruinas excavadas de la antigua Betania.

Nos acercamos a la iglesia de la Custodia, que resalta por su blancura sobre el paisaje circundante. Fue consagrada el 2 de abril de 1954 y edificada según los planes de A. Barluzzi. Se levanta sobre las ruinas de tres basílicas anteriores: dos de los bizantinos, la del siglo IV, destruida por un terremoto, la del siglo V ampliada, y la de los cruzados del siglo XII, construidas junto al sepulcro que la tradición judeo-cistiana identificaba como el de Lázaro. Rodean la iglesia muros, pilares, contrafuertes, partes de los ábsides y suelos ornamentados con mosaicos geométricos de las basílicas, y estancias de la abadía de benedictinas fundada por la reina Melisenda en 1143 y defendida por una torre de protección.

La iglesia ofrece el aspecto de un monumento funerario con un austero campanario. En el interior, que tiene forma de cruz griega, la ausencia de ventanas crea una penumbra ambiental sólo iluminada por la luz que penetra por el *oculus* de la cúpula central. Este contraste significa el paso de la muerte a la resurrección. En los brazos de la cruz, sendos mosaicos recuerdan hechos de Jesús en Betania: María en casa de Simón el leproso, ungiendo los pies a Jesús (Mt 26, 6-13), María a los pies de Jesús (Lc 10, 38-42), el encuentro de Jesús con Marta y María en las afueras del pueblo (Jn 11, 17-37) y la resurrección de Lázaro (Jn 11, 38-44), realizados según los cartones del pintor César Vagarini. En la cúpula cuarenta y ocho mosaicos de palomas en vuelo simbolizan el paso a la eternidad figurada en el *oculus*. Allí leimos los pasajes evangélicos, que nos hablan del amor apasionado y contemplativo de María y del amor servicial de Marta.

Al salir de la iglesia, tomamos el camino hacia la izquierda y unos veinte metros más arriba, debajo de la mezquita, está el sepulcro de Lázaro, custodiado por una familia musulmana. Allí Jesús «profundamente emocionado se echó a llorar». El sepulcro, cuya entrada se abre en un muro de sillería de toscas piedras, es muy profundo. Descendimos por una empinada escalera de veinticuatro altos peldaños tallados en la roca y llegamos al vestíbulo (3,35 m. por 2,20). En el suelo una losa horizontal cerraba la puerta de la cámara sepulcral ( 2 m. por 2) a la que bajamos por tres gradas a través de una angosta abertura(2). Allí llevaba cuatro días el cadáver en descomposición, atados sus brazos y piernas con vendajes y envuelta la cara en un sudario. Jesús, el Señor de la vida y de la muerte, lo resucitó abriendo a los hombres un motivo de esperanza.

Al salir, ya en el camino, pues no cabíamos todos juntos en el sepulcro, se leyó el pasaje de la resurrección. Así nos fundimos con el rio de cristianos que desde hace veinte siglos se han reunido a venerar el sepulcro de Lázaro(3).

La virgen Egeria (4) en su Itinerario nos describe la solemne liturgia que, hacia el 400, celebrara allí la iglesia

---

(2) En el siglo XVI, los musulmanes, al construir la mezquita, muraron la entrada que comunicaba con el sepulcro y en 1613 los franciscanos, mediante una fuerte suma de dinero, consiguieron permiso para abrir en la roca la actual entrada desde la calle.

(3) Eusebio nos habla del sepulcro en su estado natural en el 330 y el peregrino de Burdeos en el 333. San Jerónimo, en el 390, se refiere ya a la primera iglesia bizantina.

(4) Egeria, monja gallega del siglo IV, fue una mujer extraordinaria. De espíritu fino, cultivado y observador, piadosa peregrina, estaba llena de fe, audacia indomable e intrepidez, curiosidad y deseos de comunicar lo que veía a los demás. El Abad Valerio la proclamó «más fuerte que todos los hombres de su siglo». Durante tres años, entre el 381 y el 384, viajó a Oriente en carromatos del ejército, a caballo o en asno, y por mar, custodiada por oficiales con soldados, con escolta propia o sola. Visitó toda Palestina, dos veces Egipto, Mesopotamia, el monte Nebo; un total de unos veinte mil kilómetros. De vuelta a Constantinopla describió todo lo visto en su *Itinerarium*, que fue descubierto en Arezzo (Italia) el 1884 por J.F. Gamurrini, en un manuscrito mutilado del siglo XI procedente de Montecasino. En él, Egeria, nos narra sus viajes y la riquísima liturgia de la Iglesia de Jerusalén.

de Jerusalén. Nos habla de *Lazarium* donde celebraba sus festividades el día quinto de la octava de la Epifanía (5), la víspera del Domingo de Ramos, ya que «seis días antes de la Pascua llegó Jesús a Betania» (Jn 12, 1) y durante la octava de la Pascua. Nos describe Egeria cómo en la víspera de Ramos el archidiácono de Jerusalén invitaba a todos: obispo, sacerdotes, monjes, vírgenes, fieles y catecúmenos, a que peregrinaran a Betania. «La multitud, escribe, se congrega de modo que el lugar e incluso los campos circundantes están llenos de fieles. Allí se cantan himnos y antífonas apropiadas al día y al lugar y se hacen también lecturas apropiadas al día. Antes de la despedida se anuncia la Pascua... Luego vuelven todos a la ciudad y se hace el lucernario en la Anastasis,como de costumbre». ¡Qué gozo sentimos unidos con ellos en una misma fe, igual amor e idéntica esperanza!

Más arriba, se alza la airosa iglesia greco-ortodoxa edificada en 1965 al oeste del sepulcro y las ruinas de la torre que defendía la abadía de las benedictinas. Aún más al oeste, están las ruinas de la Betania evangélica, rodeadas por una tapia y sombreadas por los olivos. El P. Saller las excavó entre 1949 y 1953 y encontró salas de viviendas, grutas, una panadería, cisternas y silos, en los que aparecieron diseminadas lámparas herodianas de aceite, vasijas y jarros como los de Jericó, ollas parecidas a las de Qumrán y monedas, que probaban que aquella era la Betania habitada desde el siglo IV a. J.C.

Volvimos sobre nuestros pasos en dirección a Jericó y nos detuvimos junto a una piedra en la que dicen que Jesús se sentó para recibir a Marta y a María, en las afueras del poblado y donde proclamó: «Yo soy la resurrección y

(5) En el siglo IV, aún celebraban el nacimiento de Jesús en el día de la Epifanía, el 6 de enero, pues aún no se había fijado el 25 de diciembre como día del nacimiento. Según Egeria, los tres primeros días de la fiesta los celebraban en Jerusalén, el cuarto en la Eleona y el quinto en Lazarium. Los orientales aún hoy lo festejan el 6 de enero.

la vida. El que cree en mí aunque muera vivirá; y ninguno de los que viven y tienen fe en mí morirá para siempre». Con el corazón alegre por la esperanza volvimos a Jerusalén.

## Emaús

Emaús es otra de las poblaciones que suelen visitarse en las cercanías de Jerusalén. Hacia ella fuimos entre colinas cultivadas y verdeantes, válles cubiertos de viñedos, mieses, olivos e higueras. Es un lugar de lo más emotivo y entrañable. En él, Jesús, ese «pastor que por amores muere»,se apareció a aquellos dos discípulos que desilusionados huían del redil.

En realidad son dos los poblados que se disputan haber sido el escenario de la aparición. *Amuas* (¿Emaús?) cerca de Latrum, del tiempo de los Macabeos (1 Mc 3, 40.57), que con los romanos se llamó *Nicópolis*, «victoria», distante ciento sesenta estadios, unos treinta kilómetros, de Jerusalén y la otra es *El Qubeibeh*, «la cúpula», a sesenta estadios, equivalentes a once kilómetros. De hecho, en Amuas, un pueblecito árabe, se han descubierto los restos de la basílica bizantina de tres naves del siglo V, destruídas por los samaritanos en el 529, y de una capilla cruzada del siglo XII.

Por su parte El Qubeibeh, habitado desde el siglo III a.J.C., tiene a su favor el estar a once kilómetros de Jerusalén, distancia que muy bien pudieron recorrer en dos horas los discípulos aquella noche, y los restos de una calzada romana que unía la capital con Jafa, que, junto con otras viviendas del mismo período y bizantinas y cruzadas, fueron descubiertas entre 1940-44 por el P. Bagatti. La controversia sigue abierta entre los arqueólogos, pero desde el siglo XII, El Qubeibeh es un lugar venerado. Los cruzados levantaron un santuario, cuyas ruinas fueron descubiertas en 1861 junto a la calzada romana.

El mismo día de la resurrección, a la tarde, dos de los discipulos, uno de ellos llamado Cleofás, se marcharon a Emaús, un villorrio de Judá al noroeste de Jerusalén. Conversaban y discutían sobre Jesús, aquel «profeta poderoso en obras y palabras delante de Dios y de todo el pueblo», a quien los jefes de los sacerdotes y las autoridades habían condenado a muerte y crucificado. Iban tristes y decepcionados pues «esperaban que Jesús fuera el libertador de Israel». Soñaban, como el pueblo, con un Mesías nacionalista, guerrero, que liberara a Israel del yugo romano y sometiera a su poder todas las naciones de la tierra. Con su muerte todo había acabado.

Jesús resucitado, tan humano, compasivo y consolador como en su vida mortal, se les acercó y se puso a caminar con ellos. No le reconocieron. Enterado del motivo de la tristeza, Jesús les dijo: «¡Qué lentos sois para comprender y cuánto os cuesta creer lo dicho por los profetas! ¿No tenía que sufrir el Mesías todo esto antes de entrar en la gloria?». A continuación, empezando desde Moisés y siguiendo por los profetas, les explicó cada uno de los pasajes de las Escrituras que se referían al Mesías. ¡Quién hubiera podido escuchar aquella lección magistral de la Biblia! Recorrería los salmos mesiánicos, otros pasajes, y, sobre todo, el poema del Siervo de Yave (Is 52, 13; 53, 12). El corazón de los dos ardía en sus pechos.

Al llegar a la aldea, Jesús hizo ademán de seguir adelante, pero ellos le insistieron: «Quédate con nosotros porque atardece y la noche se echa encima». Sentados a la mesa en casa de Cleofás, Jesús tomó el pan, dio gracias a Dios, lo partió y se lo dio. En aquel momento se les abrieron los ojos y le reconocieron, pero él desapareció. «¿No ardía ya el corazón, se dijeron, cuando conversábamos con él por el camino y nos explicaba las Escrituras?». En el mismo instante regresaron a Jerusalén a contar a los once lo que les había ocurrido. Los encontaron reunidos y alegres persuadidos de que Jesús vivía. Simón Pedro lo había visto.

Entramos en el santuario. Es un templo de tres naves de 1902, de estilo neogótico, como cualquiera de los que vemos en occidente. En su altar mayor están reproducidos en tallas policromadas los tres protagonistas sentados a la mesa. En el ábside se ven restos de la iglesia cruzada y en la nave de la izquierda gruesos muros de una casa romana, que dicen ser la de Cleofás. Me senté en un banco y reflexioné sobre aquellas palabras de Jesús: «¿No tenía que sufrir el Mesías todo esto antes de entrar en su gloria?».

¡Cómo nos cuesta entrar por los caminos de Dios, que ciertamente no son nuestros caminos! No sería Dios. Caminos que, aunque no lo veamos, creemos que son siempre caminos de amor. Dios nos ama con un amor desbordante, sin medida, infinito y eterno, gratuito, desinteresado, incondicional y cercano. Es el Amor, la ternura, la solicitud y no puede negarse a sí mismo. Es siempre fiel a sí y a nosotros. En el universo, por encima del rumor de los gemidos y del llanto de dolor de la humanidad, resuena el clamor del amor siempre manante de ese Padre que nos entregó a su Hijo para que nos diera la vida, «la mayor prueba del amor».

Dios no es el origen del mal, «todo lo que hizo era bueno», ni nos creó para el sufrimiento y el dolor, sino para la felicidad, como se nos revela en el mito del paraiso terrenal. Dios no quiere el dolor, ni nos lo envía; es algo inherente a la creación y a la vida, a nuestra condición de seres finitos, materiales y mortales, sin olvidar que la inmensa mayoría de los sufrimientos de la humanidad proceden de nosotros mismos, de nuestras libres decisiones y de nuestros pecados.Sufrimos, es verdad, pero Dios nos ama, está con nosotros, «a nuestro favor» (Rom 8, 31) para ayudarnos a afrontar y superar el dolor.

Después de contemplar a Jesús muerto y resucitado, hemos de encarar el misterio del dolor no indagando el «por qué», sino el «para qué»: «si el grano de trigo no cae en tierra y muere seguirá siendo un grano; pero si muere, producirá fruto abundante» (Jn 12, 23-26). Es un misterio, pero nos conviene sufrir, lo que es pasajero, para forjarnos, curtirnos, madurarnos, adquirir la sabiduría de la vida «el que no ha sufrido, ¿qué sabe?» (6) y alcanzar la salvación y la gloria, que son eternas. Jesús nos dijo: «toma tu cruz y sígueme». Abracemos el dolor inevitable, no por sí, lo que sería absurdo, sino dándole un sentido y una finalidad: «a los que aman a Dios todo les ayuda para el bien» (Rom 8, 28). Reflexionando sobre Jesús crucificado, a quien tanto amaba su Padre, queda claro que, aunque sólo se vislumbre el *cómo*, el amor no lleva consigo la eliminación del sufrimiento en aquel a quien se ama.

Unidos a Jesús crucificado, nunca estamos solos, «completemos lo que falta a su pasión» (Col 1, 24) y suframos como él para la salvación de todos los demás. El dolor así llevado tiene un valor redentor y puede convertirse en una fuente de paz y de alegría. ¡Qué confianza da pensar que el Hijo de Dios se encarnó para unirse a nuestra condición humana para poder sufrir con nosotros, como nosotros y para nosotros, darnos ejemplo de cómo sufrir y ofrecernos una finalidad para soportarlo con amor! ¡No nos dejó solos, se hizo uno de nosotros!. El, la máxima manifestación del amor de Dios, vela solícito y está cercano a todo aquél que, como los discípulos de Emaús, se debate en la pena, el sufrimiento y la tribulación (7).

Confortado con estas consideraciones, salí del templo y me uní a mis compañeros. Recorrimos los alrededores en que se goza de un apacible silencio y de hermosos rincones. Nos dirigimos hacia la calzada romana, tal vez pisada

---

(6) «La pena, dice Bonhöffer citando a Stifter, es un ángel bueno que muestra al hombre tesoros que, de otro modo, le hubieran permanecido ocultos para siempre; por ella los hombres se han hecho más grandes que a través de todas las alegrías del mundo». Carta a su novia 21-11-1943.

(7) Este tema lo he tratado más ampliamente en «Tome su cruz y sígame» de «El cristianismo es amor y exigencia de justicia». MENSAJERO, Bilbao, 1977.

por los pies hermosos de Jesús resucitado. A continuación nos encaminamos hacia una alta plataforma, en cuyo suelo están indicadas las distancias de Emaús a los principales lugares de Tierra Santa, y desde la que se domina el paisaje espléndido de la región montañosa de Israel que desciende hacia la llanura costera.

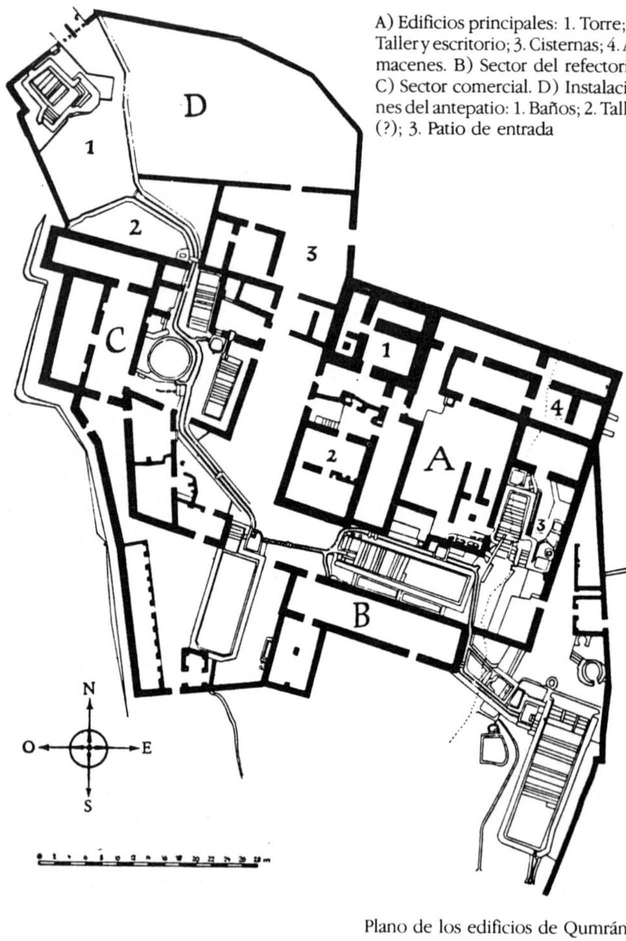


A) Edificios principales: 1. Torre; 2. Taller y escritorio; 3. Cisternas; 4. Almacenes. B) Sector del refectorio. C) Sector comercial. D) Instalaciones del antepatio: 1. Baños; 2. Taller (?); 3. Patio de entrada

Plano de los edificios de Qumrán

# EL MAR MUERTO

## El Desierto de Judá

Dejamos la ciudad santa, que ya nos resulta tan amada y, después de deleitarnos en el torrente Cedrón, rodeamos el monte de los Olivos por el sur, atravesamos Betania y nos adentramos en el desierto de Judá.

Es una región que desciende desde la cadena montañosa que va de Jerusalén a Hebrón, al occidente, hasta la hondonada de la depresión del Mar Muerto, al oriente. No es un desierto de arenas movedizas, sino un interminable mar de montañas, de colinas y cerros desolados, áridos, yermos, separados por torrenteras y desfiladeros. En este tiempo de primavera están cubiertos por un tenue manto de verdor, debido a las hierbecillas y diminutas flores que brotan alimentadas por el rocío de la mañana.

El desierto de Judá está prácticamente deshabitado, sin ciudades ni pueblos. Sólo viven en él los beduinos. Aún hoy, en las postrimerías del siglo XX, este pueblo lleva una vida nómada como en los tiempos del patriarca Abrahán y aun de la prehistoria. Al abrigo de algún recodo de las lomas, a un lado y otro de la carretera, se extienden las largas tiendas negras hechas con lana de camello y pelo de cabra, sostenidas con estacas y tensadas con cuerdas sujetas al suelo.

Sentadas en el suelo, junto a las tiendas, trabajaban las mujeres con sus vestidos primorosamente bordados, mientras los niños corrían y jugaban por el campo. En los valles cercanos, gente joven con blanca túnica ceñida y la cabeza embozada para defenderse del ardiente sol, pastoreaba los rebaños de ovejas y de cabras. Los beduinos viven en clanes familiares, se mantienen unidos en tribus y sus costumbres son ancestrales. Practican la poligamia, los padres compran las mujeres para sus hijos a cambio de camellos, cuyo número varía según la edad de la novia por razón de la fecundidad y la esperanza de hijos, son muy hospitalarios y de una sobria y delicada religiosidad (1).

Este camino solitario y despoblado, que unía Jerusalén con Jericó, era un lugar apropiado para ladrones y salteadores, como aparece en la parábola del samaritano (Lc 10, 25-37). A la derecha de la carretera, sobre una loma se ve, a medio camino, una posada o caravanera abandonada, a la que llaman la del «Buen Samaritano». Cerca de ella se detuvo el autobús y descendimos para contemplar una manada de camellos. Unos pugnaban para acercarse a una charca de agua estancada donde apagar su sed, mientras otros paseaban con sus andares lentos y majestuosos.

Reemprendimos la marcha. Un cartel colocado en la cuneta indicaba en hebreo, francés e inglés: «Nivel del mar», el del Mediterráneo y a partir de allí todo es descender bajo los mares. Acá y allá, diseminados por los campos había tanques enroñecidos de las pasadas guerras.

Al salir de la zona montañosa se abrió ante nuestros ojos la llanura que se extiende a ambas orillas del Jordán, al norte del Mar Muerto. Enfrente teníamos Jordania, las montañas de Moab, cuna de Rut y, entre ellas, el monte Nebo, desde cuya cima el anciano Moisés contempló antes de morir, lleno de alegría y nostalgia, la tierra prometida que «mana leche y miel» y que él no pisaría (Dt 32, 48-52; 34, 1-12). El terreno es aún árido y estéril, aunque se ven intentos de colonización con plantaciones de palmeras y vides. Dejamos a la izquierda el verdeante oasis de Jericó y tomamos la dirección del sur, hacia el Mar Muerto. No

---

(1) Los beduinos en Israel son unos 38.000, agrupados en nueve tribus y habitan preferentemente al sur, en el desierto del Negev.

llegamos a él por el momento ya que nos dirigimos hacia las famosas ruinas de Qumrán.

## Khirbet Qumrán

Todo comenzó cuando un joven pastor llamado *Mohamed ed-Dib*, «Mahoma el Lobo», pertenciente a la tribu seminómada de los *Ta'amire*, lanzó distraido una piedra al fondo de una gruta. Oyó un extraño ruido que le asustó y huyó atemorizado. Al día siguiente volvió con un primo suyo más audaz. Entraron los dos en la caverna, y en el fondo vieron varias ánforas altas de barro. Al abrirlas, encontraron siete rollos de pergamino cubiertos de garabatos. Era el verano de 1947 y aquellos pastores habían hecho el descubrimiento bíblico más sensacional de los tiempos modernos, que había de estremecer al mundo de los investigadores.

Los científicos comenzaron las exploraciones sistemáticas de las grutas, abundantes en aquellos parajes, y hasta junio de 1956, ellos y los beduinos, descubrieron otros seiscientos manuscritos en cuero y papiro, y dos en bronce, si bien troceados en miles de fragmentos. Sólo diez rollos se conservaban más o menos íntegros.

Naturalmente la existencia de los manuscritos en pleno desierto planteó el problema de su procedencia. Enigma que se aclaró cuando fueron descubiertas las ruinas del monasterio de *Khirbet Qumrán*, que subíamos a visitar. Allí, en las estribaciones de los montes de Judea, a la vera del Mar Muerto, habían vivido los monjes esenios desde mediados del siglo II a.J.C., en que un grupo de sacerdotes rompió con el Templo de Jerusalén y, buscando la soledad, se retiró al desierto. No admitían que el rey Jonatán, macabeo, ciñera la tiara de Sumo Sacerdote, ya que no provenía de Sadoc, cuyos descendientes eran los únicos legítimos titulares de aquel cargo. Abandonaron la capital y se establecieron en las ruinas de un fortín del siglo VIII, del tiempo de la monarquía davídica.

Las ruinas del monasterio están al noroeste del Mar Muerto, en una altiplanicie cortada a pico por la erosión, dominada al occidente por los escabrosos picachos de la depresión, de tonos rojizos, cruzados de torrenteras y horadados de cuevas naturales. Las ruinas forman un rectángulo (37 m. por 30) rodeado de muros y defendido por una torre, todo un estado de destrucción.

Entramos en el patio del monasterio y fuimos distinguiendo sus dependencias: salas de reuniones, la biblioteca, el escritorio con sus bancos, mesas y tinteros —en uno de ellos aún quedaba tinta seca— el refectorio y la cocina, silos, un horno de pan, la tintorería y el cementerio. Hay un depósito de agua circular y varias cisternas en que recogían el agua de las lluvias y de las montañas, conducidas por un canal, para sus abluciones. Los monjes, que eran unos doscientos, no habitaban este edificio, sino que moraban en las cercanas cuevas y en tiendas, si bien se reunían en él para sus actos comunitarios, oraciones litúrgicas, explicaciones de la Biblia y de la Regla y purificaciones rituales.

El tesoro de Qumrán son los manuscritos, hoy expuestos en Jerusalén (2). Provienen de un período que abarca desde el siglo III a.J.C. hasta el siglo primero de nuestra era. Una cuarta parte de ellos contiene textos de la Biblia, de la que están representados todos los libros excepto el

(2) Los vimos en el Museo del Libro, al este de Jerusalén, cercano a la *Knesset*, o parlamento. Externamente tiene la forma de una de las tapaderas de las ánforas en que se encontraron los rollos. El museo es circular y subterráneo. En él se pueden admirar aquellos magníficos pergaminos. También se muestran diversos objetos hallados en las cuevas: vasijas de diversas formas, cestas de mimbre, fuentes y platos de madera, jarras de bronce y estaño, cuchillos y machetes, llaves, dos espejos, collares, anillos y un florero de cristal verde. Frente al museo de color blanco, se alza un frío muro negro de mármol, símbolos de la lucha entre el bien y el mal, y de las dificultades y obstáculos que ha debido superar el pueblo judío en su larga historia de tres mil años.

de Ester. Destaca un rollo casi completo del profeta Isaías, que se remonta a cien años antes de Jesucristo.

Para calcular la importancia del hallazgo pensemos que el manuscrito completo más antiguo de un libro de la Biblia data del siglo X de la era cristiana, con lo que se da un salto atrás de más de mil años y nos es posible comprobar que el texto en tanto tiempo no ha cambiado. Otro grupo de los escritos nos ofrece la Regla, el Manual de Disciplina de los esenios, oraciones de la mañana y de la noche para cada día del mes, salmos desconocidos, comentarios de las sagradas escrituras, el calendario propio, apócrifos, etc. Todo ello nos permite conocer mejor los orígenes, organización, vida y espiritualidad de aquella original secta, foco de la religiosidad judía (3).

En Qumrán estuvieron los esenios desde mediados del siglo II a.J.C. hasta el año 68 de la era cristiana en que Vespasiano al frente de las legiones romanas, que luchaban por sofocar la primera rebelión, conquistó Jericó. Los monjes escondieron su rica biblioteca para salvarla en las grutas cercanas, donde quedó abandonada y sufrió los efectos del tiempo y de los roedores durante mil novecientos años.

Los monjes de Qumrán fueron exterminados por los romanos o huyeron hacia Masada. ¡Cómo impresiona, en medio de tanta desolación y quietud, evocar que allí mismo una comunidad contemplativa de judíos, que se consideraban el «resto de Israel», llevó una vida espiritual intensísima y austera, sostenida por una fuerte esperanza mesiánica y dedicada a la oración, al cumplimiento exactísimo de la Torá, al ayuno y al trabajo de copiar manuscritos y cultivar la granja! (4). Hoy todo es desolación y

(3) Puede ampliarse el tema en «Los descubrimientos del Mar Muerto». Lamadrid, BAC. Madrid, 1973

(4) Los esenios llegaron a la cima del judaismo y en algunas cosas preanuncian el Nuevo Testamento. Sus diferencias, sin embargo, con Jesús son radicales. Ellos esperaban la salvación por el cumplimiento estrictísimo de la Ley de Moisés. Jesús hubiera chocado con ellos como con

quietud en medio de un paisaje en que reina la desnuda aridez.

Una vez fuera de las ruinas, avanzamos por la altiplanicie hasta su borde y vimos, allá abajo, un promontorio que avanza en cuyas vertientes se abren las oscuras entradas de alguna de las cuevas más famosas. La vista panorámica es amplia y destacan las azules aguas del Mar Muerto, las verdes laderas jordanas de la meseta oriental y las yermas orillas.

## El Mar Muerto

Bajamos de Qumrán y nos encaminamos hacia el cercano mar. El calor es intenso y húmedo. En las riberas chapotea el oleaje que riza las azules aguas y en el terreno crecen algunos arbustos, juncos y matorrales. El Mar Muerto tiene setenta y seis kilómetros de longitud, diez y siete de ancho y su profundidad máxima alcanza los cuatrocientos treinta y tres metros. Su superficie está a trescientos noventa y cuatro metros bajo el nivel del Mediterraneo. Es la hendidura gigantesca del *Great Rift Valley*, formada por el deslizamiento de las placas continentales de Africa y Asia, de seis mil kilómetros de longitud, que se alarga desde el valle del Jordán, por el Mar Muerto, el Mar Rojo y prosigue, en Africa, por el lago de Niasa y Tanganica hasta Mozambique.

Casi la cuarta parte de sus aguas son sustancias minerales en disolución: sales, magnesio, bromuro, potasio, etc., y sus riquezas químicas crecen día a día. El agua es por

---

los fariseos. La salvación que nos anuncia Jesús, por el contrario, proviene de vivir el amor con todas sus exigencias. La salvación no es un mérito o una conquista, sino una gracia, un don. La salvación anhelada por los esenios era sólo para «un resto», una minoría, simbolizada en la «luz» y los más, «las tinieblas», no la alcanzarían. Jesús, al contrario, viene a salvar a todos los hombres, su amor es universal, pero de un modo especial a los pecadores.

ello densa y saladísima, lo que hace imposible toda vida vegetal o animal y de ahí su nombre (5). La salinidad es diez veces superior a la de los otros mares. Por eso se le llama también «Mar de la Sal». La explicación de este fenómeno radica en que el Mar Muerto no tiene desagüe natural, por lo que la evaporación sólo hace desaparecer el agua, quedando en él diluidas todas las sustancias químicas, que el Jordán trae en suspensión.

Por la carretera que desciende hacia el sur nos dirigimos hacia Engadí. Un tenue vaho azulado, fruto de la evaporación, flotaba sobre las aguas. A la derecha se alzan, abruptas e impresionantes, las montañas cortadas a pico por la falla geológica.

## Engadí

Engadí, de *Ain Gadi*, «la fuente del cabrito», es un oasis a orillas del Mar Muerto, una especie de lugar balneario, con sus tiendas de campaña bajo los cipreses y palmeras, sus servicios de alimentación, bebidas y refrescos. Hay muchos turistas y peregrinos tendidos al sol en sus hamacas, bañándose en las aguas, famosas por sus virtudes curativas de las enfermedades de la piel: psoriasis, acné, o embadurnados de barro para el reuma y enfermedades musculares y de huesos.

Antes de dispersarnos, nos recomiendan que tengamos mucho cuidado de que el agua no nos salpique en los ojos, de que no traguemos agua y que lo mejor es entrar de espaldas. Así lo hacemos, no sin alguna dificultad por los guijarros del fondo y la agitación de las aguas. Una vez a cierta profundidad, nos sentamos literalmente sobre el mar. El cuerpo, por la densidad de las aguas, flota sin

(5) El mosaico de Mádaba da constancia de este hecho. Los peces bajan por el Jordán hacia el Mar Muerto, pero, al llegar a él, huyen contra corriente.

esfuerzo alguno, como un corcho o un astronauta en el espacio. Se puede estar sentado en el agua leyendo un libro o un periódico sin hacer el más mínimo movimiento. Intenté ponerme derecho donde ya me cubría y el cuerpo tiró con fuerza para recuperar la postura horizontal, yacente.

Engadí es citado repetidas veces en el Antiguo Testamento por la belleza de su vegetación: «Mi amado es para mí como un ramo florido de ciprés en los jardines de Engadí» (Cant 1, 14; Ecl 24, 14; Ez 47, 10), pero es conocido sobre todo porque por aquellas montañas se refugió David cuando huía del rey Saul, que con tres mil hombres escogidos lo buscaba para matarlo. Saul entró en una de aquellas cuevas, tan numerosas por aquellos picachos, para hacer sus necesidades (6). En el fondo de la misma estaba escondido David con sus hombres. Estos le animaron a que matara al rey, pero David desoyó sus consejos. Se acercó sigilosamente a él y sólo le cortó la punta del manto. Cuando Saul salió y siguió su camino, David le mostró desde lejos el trozo cortado y le demostró con los hechos cómo no atentaba contra la vida del rey. Saul rompió a llorar al ver la justicia de su perseguido y pidió a David que jurara que, cuando fuera rey, no exterminaría su descendencia, ni borraría el nombre de la casa de su padre. Así lo juró David y Saul volvió a su palacio (I Sam 24, 1-23).

Desde Engadí nos encaminamos hacia el sur, hacia Masada, distante unos veinticinco kilómetros. Vamos junto a la orilla del mar a través de un terreno yermo y desolado salpicado en algunos lugares por verdes matorrales y arbustos, que brotan en los deltas fluviales de los torrentes que bajan de las montañas. Al otro lado del mar, en Jordania, en la cumbre del Maqueronte (1119 ms.), que fue una avanzadilla frente a las incursiones de los navateos, duermen las ruinas de una fortaleza-palacio. Allí, Herodes

(6) El texto original utiliza el eufemismo «para cubrirse los pies».

Antipas, el que se reiría de Jesús, hizo decapitar a Juan el Bautista a petición de Salomé instigada por su madre Herodías (Mc 6, 14-29). Al llegar a la altura de la península de *El Lisan*, que estrecha el Mar Muerto, torcemos a la derecha y llegamos a los pies de un impresionante macizo rocoso.

## Masada

*Masada*, «fortaleza», los árabes la llaman *Quar es-Sebbeh*, es una altiplanicie rocosa rodeada de barrancos, aislada de la alta meseta por la erosión de las aguas. Su altura es de doscientos cuarenta y seis metros por el oriente y de ciento ochenta por el occidente, sobre los niveles circundantes. Es una fantástica fortaleza natural inexpugnable, que semeja la quilla de un barco o un gigantesco yunque. Se puede subir hasta la cima en teleférico, que es el medio que elegimos, por la senda de la Loma al oeste o la de la Serpiente al este, «así llamada por ser el camino muy angosto y por las muchas vueltas que da a manera de culebra» (F.J.).

Llegados a la cumbre se abre ante nosotros una gran planicie de seiscientos metros de largo por trescientos veinte de ancho, toda ella rodeada de los restos de una muralla circundante. En la llanura, de unas ocho hectáreas de superficie, yacen las ruinas de pequeños palacios, de una iglesia y monasterio bizantinos, cisternas y piscinas, pero lo más espectacular de aquella roca natural fortificada está en la «quilla del barco», que avanza en dirección septentrional: la ciudadela y el palacio de Herodes el Grande.

Masada fue acondicionada primeramente por el rey asmoneo Jonatán (161-142 a.J.C.) para refugio seguro de su persona y depósito de sus bienes durante las vicisitudes de las guerras. Posteriormente, Herodes, consciente de la hostilidad de sus súbditos y por temor a Cleopatra, reina de Egipto, que ambicionaba el reino judío y pedía a

Antonio la muerte de Herodes, convirtió aquella roqueda entre los años 37 y 31 en una estratégica fortaleza amurallada e hizo construir un palacio dotado de todos los lujos y comodidades. En el año 66 d.J.C., los rebeldes judíos capitaneados por Menahem, desalojaron a los romanos y allí resistieron heroicamente hasta el 73. Después todo quedó derruido y silencioso hasta que los monjes bizantinos en los siglos V y VI habitaron aquel paraje. En tiempo de los musulmanes cayó todo en el olvido hasta que, en el año 1833, dos exploradores americanos lo redescubrieron. Tras varias excavaciones parciales, se exploró todo sistemáticamente bajo la dirección de Yigael Yadín, eminente israelita, desde 1963 a 1965, y salió a la luz, y en parte fue reconstruido, lo que veían nuestros ojos (7).

Al avanzar hacia el norte, nos adentramos en la zona de la ciudadela, donde se alojaban los huéspedes, cortesanos y la guardia de Herodes. Hay grandes almacenes para guardar abundancia de toda clase de víveres y depósitos de armas. En la punta de la planicie están las ruinas del palacio herodiano. Era un palacio en tres niveles sostenidos por muros de contención. Recorremos la terraza superior en la que estaba la residencia particular de Herodes. Tiene nueve habitaciones, un pórtico semicircular y vistas sobre el desierto. Desde ella desciende a la terraza central una .escalera empinada tallada en la roca y en algunos tramos horadada en ella. Nosotros bajamos por una escalera metálica moderna al nivel medio, donde están los restos de un pabellón circular, tal vez un cenador. En la planta inferior, se ven las ruinas de un edificio rectangular, con columnas corintias de cuatro metros de altura, mosaicos coloreados y pequeñas termas, rodeado de una terraza corrida.

---

(7) En las exploraciones salieron a la luz diez y siete siclos de plata de la primera rebelión, cuatro documentos en latín escritos en papiro y un pergamino conteniendo salmos del 81 al 85.

Acodados en la actual balaustrada de hierro, contemplamos los acantilados, que descienden vertiginosamente, allá abajo, la muralla romana, los ocho campamentos de los sitiadores y la dureza desértica de los paisajes del Mar Muerto. Uno no puede menos de revivir las fiestas que se organizaron sobre aquellas losas, las intrigas de Herodes aconsejado por los suyos y también, los sudores, las vidas, lágrimas y esfuerzos de los esclavos y prisioneros que edificaron aquel nido de águilas.

Pero Masada es hoy famoso por su historia, que lo ha convertido en el símbolo del amor del pueblo judío a su libertad y a su independencia. Cuando en el año 66 d.J.C. estalló la primera rebelión judía, los zelotes conquistaron Masada, hasta entonces ocupada por una guarnición romana. Fue para ellos un centro de operaciones, donde organizaron una ciudad-guarnición. En el año 73, tres después de la caida de Jerusalén, aún quedaba en pie aquel bastión como el último tizón de aquel incendio.

El general Flavio Silva, procurador de Judea, asedió Masada con las mejores tropas, la X Legión romana, que junto con los mercenarios sumaban unos diez mil hombres. Construyó una muralla de cuatro kilómetros alrededor para que los judíos no pudieran huir ni recibir ayuda, ocho campamentos militares y, por la ladera occidental, una rampa de asalto —hoy identificable— que les acercó a veinte metros de la muralla de la cima. Por ella subieron una torre móvil cubierta de hierro, desde la que con arietes y catapultas abrieron una brecha e incendiaron la muralla.

Eleazar Ben Yair, el jefe de los asediados, arengó a sus hombres, mujeres y niños. «Hace tiempo que hemos decidido no ser esclavos de los romanos, ni de nadie, como no sea de Dios, el único y verdadero dueño de los hombres. Muramos sin ser esclavos de nuestros enemigos. Dejemos la vida juntos y libres». A continuación los hombres degollaron, después de abrazarlas y besarlas, a sus mujeres e hijos, designaron a diez esforzados que mataran al resto de los hombres y, a suertes, eligieron a uno que acabara con los otros nueve. Este, después de pegar fuego al palacio, «se pasó toda su espada con gran fuerza por todo su cuerpo y murió encima de los suyos» (F.J.) Sólo se salvaron dos mujeres y cinco niños que se escondieron y contaron lo que habían visto. Cuando los romanos derribaron la muralla y entraron, el 16 de abril del 73, contemplaron admirados los cuerpos ensangrentados de novecientos sesenta judíos que prefirieron la muerte a la rendición y a la pérdida de la libertad.

Masada, como para nosotros Numancia o Sagunto, es el símbolo del amor heroico del pueblo judío a su libertad. Fue el postrer rescoldo que no rebrotaría sino después de diez y nueve siglos de vivir dispersos, errantes, perseguidos y sin patria, el 14 de mayo de 1948. Hoy en día los reclutas del ejército israelí juran allí la bandera con la fórmula: «Masada no se rinde».

# JERICO

Por fin llegó el día temido de nuestra partida de Jerusalén. ¡Cuántos recuerdos y qué vivencias tan inolvidables!. Allí quedaban el Santo Sepulcro, la Vía Dolorosa, las bulliciosas callejuelas de la ciudad antigua; en la colina de Sión, la Dormición, el Cenáculo, la escalinata de San Pedro «in Gallicantu»; en el Cedrón, refugio de Jesús, Getsemaní, la cueva de la traición, el Sepulcro de María, San Esteban; en la ladera del monte de los Olivos, Santa María Magdalena, el «Dominus flevit» con su vista incomparable de la ciudad y, en su cima, el «Pater noster», la Ascensión, la esbelta torre del convento ruso. ¡Cuánto costaba arrancarse de allí!

Al doblar la carretera que bajaba de Jericó, recitamos el salmo: «Desead la paz a Jerusalén: Vivan seguros los que te aman, haya paz dentro de tus muros, seguridad en tus palacios. Por mis hermanos y compañeros voy a decir: *La paz contigo*. Por la casa del Señor nuestro Dios, te deseo todo bien» (Sal 121, 7-10). Sí, Jerusalén, tan amada por los recuerdos de Jesús, que el Señor derive sobre tí como un torrente la paz.

## Jericó

Atravesamos de nuevo el desierto accidentado y reseco, ya que las montañas de Judá impiden que las nubes mediterráneas descarguen la lluvia al occidente del país, y descendemos a la anchurosa llanura del Jordán. Al llegar al cruce, torcemos hacia el norte, hacia Jericó, distante siete kilómetros. Jericó, visto desde lejos, es un tapiz lujuriante de verdor en medio de un desierto desolado y árido, dominado al oeste por los abruptos y pelados riscos de la altiplanicie. El día es sofocante, sopla el viento ardiente del desierto arábigo y se nota más el agobio a trescientos noventa metros bajo el nivel del mar. Al acercarnos a Jericó, vemos a la izquierda un antiguo campo de refugiados palestinos, hoy abandonado, con pequeñas casucas de caña y barro donde mal vivieron apiñados ancianos, hombres, mujeres y niños en condiciones paupérrimas de extrema necesidad (1).

Penetramos en el oasis. Es un vergel, en cuyos huertos crecen entremezcladas las palmeras cargadas de dátiles, los naranjales y limoneros, los severos cipreses lanzados al cielo, los platanares, toda clase de árboles frutales y las famosas rosas de Jericó (Eclo 24, 14). Entre tanto verdor resalta la blancura de las casas dispersas por las plantaciones, desde cuyas tapias se desploman las buganvillas de vivos colores. El aire está perfumado por el aroma de las flores y, por los canales, fluye rumorosa el agua.

Jericó, en árabe *Er-Riha*, «la ciudad de las palmeras», tiene 10.000 habitantes (2) y debe su fertilidad a los numerosos manantiales que brotan perennemente procedentes de las entrañas del macizo central.

Al descender del autobús, acudimos presurosos a un puesto de frutas donde se ofrecen amontonadas naranjas, limones, pomelos, plátanos, granadas y otros frutos no autóctonos, que hoy se cultivan en Israel: aguacates, mangos, guayabas, papayos. Compramos de todo y nos lo intercambiamos para calmar nuestra ardiente sed y saborear sus deliciosos gustos.

---

(1) Antes de la guerra de 1967 había en Jericó alrededor de 50.000 refugiados hacinados en dos grandes campos alrededor de la ciudad, que huyeron a Jordania a raíz de la guerra. Hoy quedan treinta familias.

(2) Los musulmanes son 9.500 y los cristianos un total de 532, de los que 300 son griegos ortodoxos y 200 latinos, es decir, católicos.

Una vez refrescados, nos dirigimos al sicómoro de Jericó, el único que ha sobrevivido en la ciudad. El sicómoro es un árbol frondoso, que crece en tierras cálidas, de largas raíces y hojas parecidas a las del moral, cuya madera incorruptible era usada por los egipcios para conservar sus momias. A su sombra escuchamos el pasaje de Zaqueo.

«Habiendo entrado Jesús en Jericó atravesaba la ciudad», cuando el jefe de los publicanos, Zaqueo, «que deseaba conocer a Jesús» y no podía porque era bajito, se adelantó a la multitud y se encaramó en un sicómoro. Al pasar Jesús, aquel buen pastor, se autoinvitó y Zaqueo con gran alegría lo recibió en su casa. Zaqueo obsequió a Jesús y Jesús le cambió el corazón hasta entonces dominado por la avaricia, fuente de las injusticias. «Señor, dijo el publicano a Jesús, estoy decidido a dar a los pobres la mitad de mis bienes y a devolver cuatro veces más a los que haya defraudado en algo». ¡Oh si entrara en nosotros el amor a Jesús, ese «amor que sin dolor deshace el amor a las criaturas»! (Santa Teresa) . Jesús, lleno de gozo, le dijo: «Hoy ha llegado la salvación a esta casa, pues también éste es descendiente de Abrahán», y añadió, respondiendo a los que le criticaban, aquella frase que tanto nos ha de consolar: «El Hijo del hombre ha venido a buscar y a salvar lo que estaba perdido» (Lc 19, 1-10).

También en las afueras de Jericó, Jesús, la luz del mundo, sanó a Bartimeo, un ciego que mendigaba sentado junto al camino. Al enterarse que pasaba Jesús de Nazaret, se puso a gritar: «Jesús, hijo de David, ten compasión de mí». Jesús conmovido le tocó los ojos y le curó (Mc 10, 46-52). Jesús danos tu luz para que veamos que, aunque amas a todos, tus predilecciones son para los pobres, los enfermos, los tristes, los marginados, los pecadores.

Jesús frecuentó estos parajes y no sólo cuando vino de Nazaret al Jordán para ser bautizado por Juan, que lo proclamó el Cordero de Dios que quita el pecado del mundo, a quien no era digno de soltar la correa de su calzado (Jn 1, 27-29), sino también, cuando desde aquí, «del otro lado del Jordán» (Jn 10,40), subió Jesús a Betania para resucitar a Lázaro, su amigo, y morir en Jerusalén.

No pudimos satisfacer nuestro deseo de descender al Jordán, a diez kilómetros de Jericó, al recodo del rio llamado *Qasr El-Yehud.* Allí, según la tradición, Jesús mezclado entre los pecadores como uno de tantos fue bautizado por Juan, que iba vestido de pelo de camello y ceñido con un cinturón de cuero. Allí resonó la voz del cielo: «Este es mi hijo amado en quien me complazco» (Mc 3, 13-17) y el Espíritu Santo descendió sobre él. Hoy es imposible visitar este lugar, pues el Jordán es la línea fronteriza entre Jordania e Israel y la orilla judía está militarizada, sin plantaciones ni arbolado, y aislada por dobles hileras de rollos de alambres espinosos a fin de evitar infiltraciones terroristas o ataques inesperados.

Por estas mismas cercanías, Josué atravesó el Jordán al iniciar la conquista de la tierra prometida (Jos 3, 1-24) y, desde la otra margen del rio, Elías fue arrebatado al cielo y entregó su autoridad profética y su manto a Eliseo (2 Rey 2, 1-12).

## La Jericó herodiana

¿Fue esta ciudad de Jericó, en que estábamos, la que presenció el paso de Jesús?. Ciertamente, no, pues hay tres ciudades en Jericó. La antigua, unos dos kilómetros más al norte de la actual, en el *Tell es-Sultán,* que fue la conquistada por Josué (Jos 6, 1-27); la herodiana, la de los tiempos de Jesús, a dos kilómetros al suroeste; y la moderna, la que visitábamos, una población árabe del siglo XVIII, asentada sobre las ruinas de las iglesias, monasterios y casas de las ciudades bizantina y cruzada, que yacen bajo el oasis, razón por la que no han sido excavadas.

La ciudad herodiana había sido fortificada por Báquides y por los Macabeos y, cuando Herodes el Grande regresó de Roma, la encontró casi despoblada. Eligió el lugar para su residencia de invierno por su clima templado y defendido de los vientos mediterráneos por la altiplanicie central. Ensanchó los límites de la ciudad hacia la desembocadura del *wadi* (torrente) *El-Quelt*, erigió una fortaleza, a la que llamó *Kypros* en honor de su madre, reconstruyó el palacio ya existente y edificó templos, un hipódromo, un anfiteatro, un gimnasio, acueductos y quintas con escalinatas monumentales, pérgolas y fuentes regadas por las aguas estacionales de los torrentes.

Esta es la ciudad de Jesús y en el comienzo de *wadi El Quelt* están las ruinas de un edificio llamado *Beit Jaber et-Tahtani* donde la tradición localiza, ya a partir del siglo V, el lugar de la curación de los ciegos (Mt 20, 29-34). En esta ciudad, murió el 1 de abril del 750 de la fundación de Roma, cuatro años antes de nuestra era, Herodes, aquel hombre sensual, libertino, famoso por su ambición de poder y de riquezas y por su crueldad, a quien alguien (Lc 13,32) ha llamado «la hiena idumea» (3). Agonizó torturado por atroces dolores y corroido por úlceras llenas de gusanos. Sus restos fueron sepultados en el Herodium, cerca de Belén. Las ruinas de la Jericó herodiana han sido excavadas recientemente.

---

(3) Herodes, para defender su trono, no sólo hizo matar a los inocentes de Belén (Mt 2, 16-18); asesinó a Antígono, hijo de Aristóbulo II, el último rey macabeo; hizo ahogar en Jericó a Aristóbulo, Sumo Sacerdote y hermano de su segunda mujer Mariamne, a la que más amó y a la que asesinó, siendo inocente, por unos celos absurdos; acusó de conspiración a Alejandro y Aristóbulo, hijos suyos y de Mariamne y les dio muerte el 7 a.J.C.; y para consumar la tragedia familiar, cinco días antes de morir, mató a Antípater, su primogénito, hijo suyo y de su primera mujer la idumea Dórida. Sus matanzas masivas fueron frecuentes y, al morir, para que nadie se alegrara de su muerte, decretó que asesinaran a cincuenta notables de Jerusalén, lo que afortunadamente no se ejecutó. Sus contemporáneos decían de él: «Robó el trono como un zorro; reinó como un tigre; murió como un perro».

## La Jericó antigua, cananea

Nos encaminamos hacia el norte de Jericó, hacia la fuente de Eliseo, cercana al *Tell es-Sultán*, la antiquísima Jericó. Sus habitantes se dirigieron al profeta lamentándose de que el agua era malsana y hacía abortar a las mujeres. Eliseo pidió un plato nuevo de sal, la echó en el agua, que se volvió potable hasta nuestros días (2 Rey 2, 19-22). La temperatura era superior a los 40 grados y refrescamos nuestras gargantas resecas en aquellas aguas, que siguen manando abundosas y se esparcen frescas y cantarinas por medio de canales para fecundar el oasis.

De la fuente de Eliseo ascendemos al cercano *Tell es-Sultán*, la Jericó que conquistó Josué hacia el año 1200 a.J.C. (Jos 6, 1-27). El *tel* aparentemente parece una colina natural que sobresale de la llanura circundante. En realidad es un montículo artificial alargado formado por los restos superpuestos de sucesivas poblaciones o fortificaciones destruidas por las guerras o el abandono y reconstruídas sobre las ruinas de sus predecesores, que les servían de cimientos. Los arqueólogos han descubierto, antes de llegar al suelo virgen, los restos y escombros de diecisiete ciudades. Ello prueba la importancia estratégica de esa ciudad a la entrada de la subida a Jerusalén, en esta ruta obligada para las pacíficas caravanas de comerciantes y los ruidosos ejércitos invasores del norte.

Aunque las excavaciones fueron iniciadas antes (Sellin en 1907-09 y Garstang en 1930), la campaña más famosa fue la emprendida en 1952 por Katheleen Kenyon. Fruto de sus inteligentes esfuerzos y de los ochenta técnicos que le acompañaban fue el descubrimiento de una ciudad neolítica, precerámica, en los estratos poblados más antiguos del mundo, ya que el examen del carbono 14 ha fijado la antigüedad de los objetos estudiados en 7000 años a.J.C. El descubrimiento principal fue una torre neolítica de piedra y mortero con una escalera interior hasta la base de veintidos peldaños, lo que hace pensar en una ciudad fortificada. Estos descubrimientos convierten a Jericó, la ciudad más baja del mundo, en la más antigua de la humanidad, en la cuna de la civilización y de la concentración urbana.

Ascendemos al *tel* con una altura de veinticinco metros sobre el primer asentamiento humano, cuyas entrañas en sus diversos estratos están preñadas de historia. Observamos llenos de interés, curiosos, las diversas trincheras abiertas por los arqueólogos. En una de ellas, se ve la famosa torre de Miss Kenyon. Desde esta altura la vista se nos va a contemplar la anchurosa llanura del Jordán, la llanura del Gor, las montañas de Moab, las orillas del Mar Muerto y sus azuladas aguas sobre las que flota la neblina. El cielo está limpio e intenso y los rayos del sol caen implacables sobre nosotros (4).

## La Montaña de las Tentaciones

Al oeste se alza abrupta y pelada la Montaña de las Tentaciones, *Giabal Qarantal*, a la que el Espíritu impulsó a Jesús y el diablo lo sometió a tentación. Allí según la tradición, que se remonta al siglo IV, Jesús oró y ayunó durante cuarenta días entre animales salvajes y fue sometido a prueba por Satán (Mc 1, 12-13). La tentación, que siempre sacude a la Iglesia y a cada cristiano, fue la de elegir entre el camino ancho del mundo: de riqueza, bienestar, placer, triunfo, poder y gloria, y el sendero estrecho de Dios: de pobreza y moderación, de servicio, humildad, fracaso y cruz, senda, sí, estrecha, pero que conduce a la resurrección y a la glorificación (Mt 4, 1-11). Jesús rechazó con energía el sendero fácil del mundo y «el diablo se alejó de él en espera de una ocasión más propicia».

---

(4) Algo más al norte están las ruinas de un magnífico palacio levantado por el califa omeya Hisham el Malik (724-743 d.J.C.) destruido por un terremoto apenas cuatro años después de su edificación. Sus mosaicos son bellísimos.

La Montaña de la Tentación es un macizo rocoso de unos quinientos metros; es áspera y dura y tiene la forma de un cono truncado en su cumbre. En su ladera, a un tercio de su altura, se alarga, como un nido de águilas, un monasterio griego-ortodoxo asentado sobre la superficie de uno de sus estratos horizontales. Está construido frente a la gruta en que se recogía Jesús en aquellos días de desierto.

Se puede subir hasta la cima por una vereda que zigzaguea a su izquierda y sobre ella se divisan las murallas de la fortaleza *Dok*, construida por Tolomeo de Abubo. Este, que era el gobernador de la llanura de Jericó y muy rico, pues era yerno del Sumo Sacerdote, lleno de soberbia quiso apoderarse de todo el país. Simón, el Sumo Sacerdote, hermano de Judas Macabeo, el libertador, bajó a Jericó con sus hijos Matatías y Judas para inspeccionar aquellas poblaciones. Tolomeo le ofreció un banquete en la fortaleza y, cuando estaban bebidos, surgió con su gente arma en mano y, devolviendo mal por bien, mató a su suegro, a los dos hijos y a algunos del séquito (I Mc 15, 11-17).

Nos despedimos con la mirada del frondoso oasis de Jericó y emprendimos el viaje hacia Galilea.

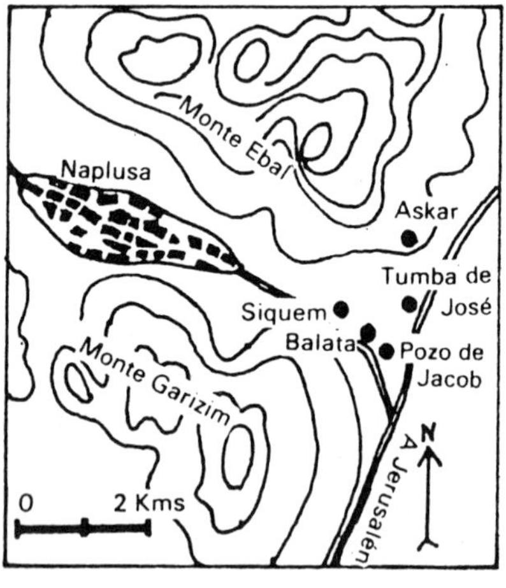

# SAMARIA

## El Jordán

La carretera que nos lleva a Galilea discurre paralela al Jordán, ese rio que es la vida de Israel. Nace el Jordán en las laderas del Hermón de nieves perpetuas y tres riachuelos: el Banias, el Hasbani y el Leddan, a quinientos sesenta y tres metros sobre el nivel del mar, contribuyen a formarlo con sus aguas. Después de un lento recorrido de unos diez kilómetros entre juncos y cañaberales, se concentra en el pantanoso lago *El-Hule,* hoy desecado, a dos metros sobre el nivel del mar, se precipita por un valle ceñido de rocas basálticas y desemboca en el lago Tiberíades a doscientos doce metros bajo el mismo nivel, continúa hacia el sur y muere en el Mar Muerto a trescientos noventa y cuatro metros bajo el Mediterráneo, donde vierte un caudal de doscientos metros cúbicos por segundo. Este declive explica una de las interpretaciones de su nombre: «el que desciende».

El Jordán no es navegable. Su profundidad varía entre uno y cuatro metros, su anchura raramente supera los treinta y su curso es tan tortuoso que, si la distancia en línea recta entre el Tiberíades y el Mar Muerto es de ciento nueve kilómetros, las aguas discurren trescientos veinte debido a sus continuos y replegados meandros. En sus orillas crece una vegetación frondosa de sauces, álamos, eucaliptus, arbustos y juncos. En los tiempos bíblicos, vivían en su espesura los leones (Zc 11, 3; Jr 49, 19; 50, 44).

Seguimos sin poder acercarnos a sus aguas, pues continúa la zona militarizada delimitada por alambres con puas.

A cierta altura del camino dejamos la carretera hacia el Tiberíades y nos desviamos a la izquierda para subir a la meseta central y visitar, en la región de Samaría, el pozo de Jacob.

## Samaría

Con el nombre de Samaría se designa hoy la región central, la Cisjordania, pero originariamente este fue el nombre sólo de la capital del reino de Israel.

En el año 886 a.J.C. el pueblo proclamó a Omrí rey de Israel. Fue el sexto rey del reino del norte y un gran soberano. Su obra principal fue la construcción en el 880 de una nueva capital en un monte, de cuatrocientos cuarenta y tres metros sobre el mar y cien sobre la llanura circundante, que había comprado a Somer por dos talentos de plata (Rey 16, 24).

El sitio estaba muy bien elegido tanto desde el punto de vista militar por su posición estratégica invulnerable y la abundancia de agua dentro del recinto amurallado, como comercial, ya que se hallaba en la encrucijada de las rutas que por el sur iban a Siquén y Jerusalén, por el norte hacia Megido, Damasco y los países fenicios y por el oeste a la costa mediterránea. Omrí llamó a la nueva capital Samaría, por Somer, el dueño de la montaña (Rey 16, 24).

Es una de las pocas ciudades fundadas por los israelitas. El reino de Israel gozó de riqueza y prosperidad por poseer Galilea y mantener un intenso comercio, si bien su vida política, al no ser la monarquía hereditaria, como la del reino de Judá a lo que contribuyó la promesa del Mesías, está llena de conspiraciones, asesinatos, derrocamientos, etc. (1).

---

(1) Los reyes de Israel fueron diez y nueve en los doscientos doce años que subsistió el reino del norte (933-721), mientras que los reyes de Judá fueron veinte en los trescientos cuarenta y seis años que duró (933-587 a.J.C.).

En el año 721 a.J.C., Sargón II, rey de Asiria, conquistó tras tres años de asedio la capital Samaría y deportó a treinta mil de lo más cualificado de su población a Asiria y Media y los suplantó con colonos traidos de Asiria, que se mezclaron con los israelitas y surgió una población mestiza: los samaritanos (2 Rey 17, 5-33). El reino de Israel desapareció para siempre.

Alejandro Magno sometió Samaría en el 331 a.J.C. y la helenizó. Juan Hircano, rey asmoneo, atacó a Samaría que se había declarado en favor de los seléucidas y tras un año de sitio la conquistó en el 108 a.J.C. La destruyó, sin aniquilarla, y echó por tierra el templo yaveista que los samaritanos habían levantado en el monte Garizim.

Ya en el período romano, Pompeyo unió en el 63 a.J.C. Samaría a Siria y, cuando Augusto entregó Samaría a Herodes en el 27 a.J.C., éste la fortificó e hizo de ella una ciudad de estilo romano, de las más bellas de su reino. La llamó Sebaste, que en griego significa Augusto, en honor del emperador.

Las impresionantes ruinas de Samaría, rodeadas de fértiles colinas, han sido excavadas recientemente (1908-10 y 1931-35). Se han sacado a la luz, de la época romana, el foro de Herodes, el templo de Augusto edificado sobre el templo a Baal, que edifició el rey Ajab (874-853) movido por su esposa, la impía Jezabel (Rey 16, 31-33), una basílica, un teatro y un hipódromo; y en los estratos israelíes parte de las murallas de la ciudad, las ruinas del palacio de Omrí, un estanque, probablemente aquella alberca en que los perros lamieron la sangre de Ajab (Rey 22, 34-38), gran número de placas de marfil y sesenta óstrakas, fragmentos de cerámica escritos en lengua y caracteres hebreos antiguos.

Hoy en la colina de Samaría, hay una pequeña población árabe, *Sebastiyeh*, de unos seiscientos habitantes, escalonada en bancales plantados de verdes olivos. ¡Así pasa la gloria del mundo!

La región de Samaría está en las montañas centrales, la espina dorsal de Israel. Es una tierra de transición entre la fértil Galilea y el abrasado desierto de Judá al sur. Abundan las montañas y colinas, los verdes y fecundos valles, donde crecen olivos, viñedos e higueras. La gente es mayoritariamente árabe, palestina, y se dedica a la agricultura, al pastoreo y la artesanía. Es la zona que Israel conquistó a Jordania en la guerra de 1967 y los ánimos no están aplacados.

El cielo era de un azul intenso y la temperatura más suave que en la depresión del Jordán, debido a la altitud de la región y a la apertura a las brisas mediterráneas.

## El pozo de Jacob

Descendemos del autobús junto al pozo de Jacob cercano a la ciudad de Siquén en un fértil valle que se abre entre el monte Garizim (888 m.) y el Ebal (940 m.). Esta tierra es sagrada y está cargada de historia y de recuerdos de los antiguos patriarcas y del pueblo hebreo.

Allí, a la entrada del valle, plantó su tienda, hace cuatro mil años, un nómada de setenta y cinco por nombre Abrahán. Venía acompañado de su mujer Sara y de su sobrino Lot, de sus esclavos y de los rebaños de camellos, vacas y ovejas, y procedía de Jarán, al norte. Allí había oído la voz del Señor: «Sal de tu tierra nativa y de la casa de tu padre y vete a la tierra que te mostraré». Abrahán atravesó el país cananeo «hasta el lugar sagrado de Siquén, hasta la encina de Moré». Dios le volvió a hablar: «A tu descendencia, le daré esta tierra» (Gn 12, 1-9).

También Jacob, su nieto, el padre de las doce tribus, «llegó sano y salvo a la ciudad de Siquén, en tierra de Canaan, procedente de Mesopotamia, con sus esposas Raquel y Lía y acampó frente a la ciudad y compró la parcela del campo, donde había desplegado su tienda, a los hijos de

Jamor por cien monedas» (Gn 33, 18-20). Allí Jacob excavó un pozo para su familia y para abrevar a sus rebaños.

Después de la liberación de Egipto, el gran caudillo Josué, en plena conquista de la tierra prometida, «reunió a las tribus de Israel en Siquén» (Js 24, 1) y renovó la alianza de fidelidad del pueblo a Dios (Jos 24, 1-28).

Ni olvidemos que por aquel valle pasaban José con María y Jesús, cuando subían año tras año con las caravanas de Nazaret a Jerusalén para celebrar la Pascua.

A pesar de todo, lo que nosotros buscábamos era el pozo de Jacob. Sobre su brocal se sentó Jesús fatigado del camino. Era el mediodía y se acercó una samaritana para sacar agua del pozo. Jesús le pidió de beber. Se abrió el coloquio y Jesús le hizo notar que aquel agua no quitaba la sed, pero que el agua que él había venido a darnos la apagaba para siempre, pues se convertía dentro de nosotros en un manantial que salta hasta la vida eterna. Todas las criaturas juntas, aunque son regalos divinos, no pueden satisfacer por su limitación y fugacidad nuestra sed íntima. Sólo Dios, sólo Jesús, que son el único Absoluto, pueden saciar la sed inmensa y profunda de nuestras almas. «Hechos para Dios, nuestro corazón está inquieto y desasosegado hasta que descanse en él» (S. Agustín) (2).

También junto al pozo de Jacob, Jesús reveló a aquella pobre mujer el secreto mesiánico: él era el Mesías, y le aclaró que para adorar y dar culto a Dios no era preciso acudir a un lugar concreto, ni a Jerusalén, ni al Garizim. Cualquier sitio es apto con tal de que la adoración y el culto fueran «en espíritu y en verdad». Todo el universo

---

(2) La insuficiencia de las criaturas quedó plasmada en el balance de su vida que hizo, momentos antes de morir, Abderramán III, el mayor califa de Córdoba: «He reinado más de cincuenta años, en victoria y en paz. Amado por mis súbditos, temido por mis enemigos y respetado por mis aliados. Riquezas y honores, poder y placeres, aguardaron mi llamamiento para acudir de inmediato. No existe terrena bendición que me haya sido esquiva. En esta situación he anotado diligentemente los días de pura y auténtica felicidad que he disfrutado: SUMAN CATORCE. Hombre, no cifres tus anhelos en el mundo terreno».

es un templo inundado de la presencia de Dios, especialmente las almas en gracia habitadas por el Espíritu Santo y, sobre todo, el mismo Jesús, en el que está presente Dios, pues lo es, y es el lugar privilegiado del encuentro de Dios con los hombres (Jn 4, 1-42).

Sobre el pozo de Jacob hay una iglesia incompleta. Sólo están levantadas la puerta principal de estilo románico, las paredes hasta los primeros ventanales bifóricos y el ábside. La rodea un huerto de olivos y de anhelantes cipreses cercado por una tapia. En la cripta hay una capilla abovedada de piedra en forma de cruz griega, cuyas paredes están adornadas con iconos y cuadros y de la techumbre penden lámparas de aceite.

Delante del altar está el pozo de Jacob de cuarenta y seis metros de profundidad tallado en la roca viva. Su boca es estrecha y se ensancha a medida que desciende hasta el fondo, que mide dos metros y medio de diámetro. Un monje ortodoxo da de beber del agua fresca y cristalina que saca del pozo con un cubo metálico. ¡Qué emoción da beber aquel agua que simbolizó al Espíritu Santo, ese torrente impetuoso de agua viva que mana de Cristo para que lo beban los que sedientos acuden a él! (Jn 7, 37-39).

No se puede dudar de la autenticidad del pozo de Jacob. Era ya venerado secularmente por los israelitas y los samaritanos y, además, en la región de Siquén no hay otro pozo en muchos kilómetros a la redonda. Los bizantinos edificaron allí un santuario en el siglo IV que, destruido probablemente por el califa Hakim, fue sustituido por los cruzados con una iglesia de tres naves, que a su vez fue arrasada en 1187 por Saladino. En el año 1860, el patriarcado greco-ortodoxo compró aquel terreno, donde con la ayuda económica del último zar de Rusia, Nicolás II, emprendieron la edificación de una iglesia monumental. En 1914 estalló la primera guerra mundial, cesó la ayuda y la iglesia quedó inacabada.

## Los samaritanos

Los samaritanos son una mezcolanza de razas que se originó cuando Sargón II, conquistador de Samaría (721 a.J.C.), transplantó colonos extranjeros provenientes de Jamat y Sefarvain, de Tamud y Madiam, de Babilonia y Kutá (2 Rey 17, 24-41) al reino del norte para suplir la población deportada. Nació una raza mestiza y también la religión de los samaritanos se paganizó, ya que, si bien era fundamentalmente hebrea, sufrió la influencia de los cultos paganos y de divinidades asirias (2 Rey 17, 29-34). Por ambas causas eran odiosos para los judíos que los miraron como herejes, legalmente impuros y extranjeros.

Al volver los judíos de la cautividad de Babilonia (538 d.J.C.), los samaritanos quisieron unirse a ellos y cooperar en la reconstrucción del Templo de Jerusalén, pero Zorobabel y Nehemías los rechazaron (Es. 4, 2). Esto agudizó la rivalidad entre ambos pueblos, que era, además, la continuación del antagonismo, anterior a la unidad bajo David, entre las tribus del norte y del sur y que se manifestó con la división a la muerte de Salomón. Los samaritanos rompieron con los judíos y construyeron en el 333 a.J.C. un templo yaveista en el monte Garizim, montaña santa y bendita para ellos, pues en ella ofreció Set sus sacrificios, Abrahán el de su hijo Isaac y estuvo sobre él la ciudad de Melquisedec, según sus tradiciones. Oficiaron en el nuevo templo sacerdotes de la familia de Aarón, expulsados también de Jerusalén (2 Mac 6, 2).

Los samaritanos no admitían como libros sagrados sino los del Pentateuco de Moisés. Sólo reconocían sus seiscientos trece mandamientos y rechazaban las tradiciones y comentarios orales, que tan apreciados serían por los fariseos. Esperaban un Mesías, al que llamaban *Ta' Eb*, «el que vuelve», que sería un segundo Moisés, aunque inferior al legislador, que como gran profeta enseñaría la verdadera doctrina. Sería sacerdote, rey temporal y conquistador.

Del desprecio, odio y enemistad entre ambos pueblos, nos han quedado testimonios en los libros sagrados. Ben Sirá, el autor del Eclesiástico, los denomina «el pueblo necio que mora en Siquen» (Ecl 50, 26); el evangelista Juan nos aclara que «los judíos no se tratan con los samaritanos» (Jn 4, 9); los judíos, para insultar a Jesús, le dijeron que «era un samaritano y que tenía un demonio» (Jn 8, 48); y Lucas nos relata cómo los samaritanos negaron la hospitalidad a Jesús y a los suyos «porque tenían intención de ir a Jerusalén» (Lc 9, 51-55).

Como dijimos, Juan Hircano (135-104 a.J.C.), rey de Jerusalén, destruyó el Templo de Garizim en el 128. Muchos samaritanos fueron matados bajo Pilato en el año 37 d.J.C. en el Garizim y, en la misma montaña, fueron asediados por Cereal, jefe de la V Legión macedónica, durante la primera rebelión contra Roma y once mil seiscientos de ellos fueron pasados a cuchillo el 15 de Julio del 67 d.J.C.

La comunidad samaritana subsiste hasta nuestros días, si bien en vías de extinción. Son unos cuatrocientos supervivientes de los que doscientos cuarenta viven en Naplus (3), la antigua Siquen, y ciento sesenta en Holón, junto a Tel Aviv. Durante dos mil quinientos años han vivido aislados, concentrados en sí mismos para conservar la pureza de la raza, por lo que sufren de enfermedades hereditarias debido a la endogamia, a los matrimonios entre consanguíneos. Sus caras son famélicas y sus ojos de tristes miradas. En 1982 sólo nacieron dos samaritanos.

En la sinagoga de Naplus, un sacerdote samaritano enseña, no sin orgullo, el Pentateuco samaritano, del que dicen que es el libro más antiguo del mundo y que lo recibieron de un descendiente de Aarón, aunque los rollos actuales son del s. IX o X. Está escrito en lengua hebrea y

(3) Es la ciudad principal de la actual Samaría, con sesenta mil habitantes, y fue fundada por Tito en el 72 d.J.C. con el nombre de *Flavia Neápolis*, del que procede el actual.

en caracteres hebreos antiguos, sin vocales ni acentos. Su texto es del siglo V a.J.C., y presenta más de seis mil variantes respecto al texto masorético.

Todos los años celebran, en lo alto del Garizim, las fiestas de Pascua, en que sacrifican el cordero en solemne ceremonia, de Pentecostés y de los Tabernáculos.

Jesús, el amigo de los marginados, con su habitual libertad de espíritu, rompiendo con todos los prejuicios sociales y legales, habló en público con la samaritana y se quedó dos días con los samaritanos, les expuso su doctrina y muchos creyeron que era el salvador del mundo (Jn 4, 39-42); puso al buen samaritano, en contraste con los sacerdotes y levitas de Jerusalén, como modelo de caridad (Lc 10, 25-37); ponderó la gratitud de aquel samaritano, el único de los diez leprosos curados, que había vuelto a darle las gracias (Lc 17, 11-19) y después de la resurrección, Jesús envió a los apóstoles a «ser testigos en Jerusalén, en toda Judea, en Samaría y hasta el último rincón de la tierra» (Hch 1, 8).

La iglesia primitiva, siguió el ejemplo y el mandato de Jesús. Felipe predicó a Cristo a los samaritanos, quienes le escucharon con atención, acogieron la buena nueva con alegría y espíritu, creyeron en el nombre de Jesucristo y se bautizaron hombres y mujeres (Hch 8, 4-13). También Pedro y Juan evangelizaron muchos pueblos samaritanos, les impusieron las manos y recibieron el Espíritu Santo (Hch 8,14-25; cfr. Hch 9,31). Como diría Pablo, en Cristo Jesús no hay judíos ni gentiles —ni samaritanos— ni hombres ni mujeres, ni esclavos ni libres, sino todos somos uno en Cristo. Ante Dios todos somos iguales e hijos suyos, cualquiera que sea la posición social o el color de la piel.

## Hacia Galilea

Al descender de la aireada Samaría a la depresión del Jordán, volvemos a sentir el calor abrasador. Ya en la carretera hacia el norte, se nos recuerda que por aquellas orillas del río, Naamán, general del ejército sirio, enfermo de lepra, se bañó siete veces en sus aguas por indicación del profeta Eliseo. Su carne quedó limpia como la de un niño (2 Rey 5, 1-19).

En nuestra marcha hacia Galilea, dejamos a la izquierda, al fondo de una llanura cubierta de mieses, las montañas de Gelboé, de 600 ms., malditas y peladas. En sus laderas murieron, a manos de filisteos, Saul el primer rey de Israel, y sus hijos Jonatán, Abinadab y Malquisna. Tragedia nacional que inspiró a David una elegía de dramáticos acentos: «¡Ay la flor de Israel, herida en las alturas! ¡Cómo cayeron los valientes! ¡Montes de Gelboe, altas mesetas, ni rocío ni lluvia caiga sobre vosotros!... ¡Cómo sufro por tí Jonatán, hermano mío! ¡Ay cómo te quería! Tu amor era para mí más maravilloso que el amor de las mujeres. ¡Cómo cayeron los valientes, los rayos de la guerra perecieron!» (1 Sam 31, 1-13. 32, 1-27).

Cruzamos la ciudad de *Bet-Sean*, la antigua población cananea de Beisan, en cuyo templo de Astarté los filisteos colocaron las armas de Saul y de sus hijos y sobre cuyas murallas empalaron sus cadáveres decapitados. Allí estuvieron colgados hasta que los más valientes de Yebees de Galaad los descolgaron de noche, los incineraron y enterraron sus huesos bajo el tamarindo de Yabés (1 Sam 37, 1-13).

Más adelante, en *Bet-Alfa*, hacemos un alto en el camino para admirar el bellísimo mosaico de la sinagoga del siglo IV, muy bien conservado y descubierto de modo fortuito en 1926. Tiene tres partes. En la superior está representada el arca de la alianza entre dos *menorahs*, los candelabros de siete brazos, utensilios de culto, aves y leones; en la intermedia, en un gran círculo, figuran los signos del zodíaco y en el centro una cuadriga de frente; y la inferior evoca el sacrificio de Isaac. El dibujo tiene unos trazos y una ingenuidad infantiles.

## El Kibutz Davrat

Antes de llegar a la llanura de Esdrelón nos detenemos en un *kibutz*, «colectividad, grupo», para reparar las fuerzas y visitarlo. Nos esperaba un judío mejicano, llamado Israel, de unos cuarenta y cinco años y padre de cinco hijos, quien nos enseñó y explicó en perfecto castellano el sentido y el funcionamiento de los *kitbutzim*.

En un lugar del kibutz están las viviendas familiares, pequeñas casitas, todas iguales, donde vivía sólo el matrimonio, con jardines y flores en sus entradas y sombreadas por grandes eucaliptos en cuyo ramaje cantaban los pajaritos. En otro sitio, un conjunto de edificaciones alberga los servicios comunes: comedores, salas de estar y de cultura, escuelas, enfermerías, refugios, dormitorios de los niños, lavanderías, etc. La parte central la ocupaban los campos de deporte y de juegos con sus columpios y toboganes, donde correteaban los jóvenes *«sabras»*, los nacidos en Israel (4). En la entrada del kibutz estaban el restaurante y tiendas de recuerdos, y como todo kibutz está rodeado de plantaciones con productos variados y en un rincón más alejado estaban los pabellones destinados a la ganadería.

Según íbamos recorriéndolo todo, Israel nos explicaba la filosofía de los kibutzim. Con ellos se pretende crear un nuevo tipo de vida en que lo que anime a todo sea el sentido de la comunidad, de la solidaridad, de la entrega mutua, motivado no por razones religiosas, sino por un ideal laico. En él todos son tratados igualitariamente. Cada uno trabaja según sus capacidades y recibe ayuda según sus necesidades. El trabajo lo organiza y distribuye un comité elegido temporalmente y trabajan todos, hombres y mujeres en el campo, las industrias, los servicios, la ganadería, si bien las mujeres dedican las tardes a sus hijos. Nadie co-

---

(4) *«Sabra»* es en hebreo «higos chumbos». Así como éstos son espinosos por fuera y dulces por dentro, el posible exterior hosco de estos jóvenes encubre su fortaleza y bondad.

bra salario alguno, todo es gratuito, y todos los beneficios son para la comunidad que luego les da también gratis la comida, el vestido, la asitencia médica, el cuidado de los ancianos, los estudios de los niños y de los jóvenes, incluidos los estudios universitarios, si son aptos y lo desean, las diversiones, etc. La propiedad privada está abolida en su interior, todo es de todos, aunque los kibutzim no son instituciones públicas.

Tal es la importancia de la comunidad que aun los niños recién nacidos no se crían con sus padres, sino en guarderías donde viven en común. Allí son cuidados por enfermeras y amamantados por sus madres. La experiencia de largos años, nos dijo Israel, les había enseñado que este alejamiento de sus padres era perjudicial para el desarrollo equilibrado de los niños y fuente de muchas molestias para la madre, por lo que habían decidido colectivamente ampliar las viviendas familiares, hasta entonces sólo para el matrimonio, para que los hijos vivieran con sus progenitores.

En el kibutz no había sinagoga alguna, ya que como tal es laico. La religión es considerada un asunto privado y el que lo desee acude a la sinagoga más próxima.

Los kibutzim fueron creados en 1909, sobre todo a lo largo de las fronteras por lo que su finalidad era también militar. Han sido sus gentes las que han transformado la tierra seca o pantanosa en fértiles extensiones a fuerza de grandes sacrificios. Israel hablaba con un cierto pesimismo del futuro de los kibutzim, ya que tenían muchas dificultades económicas para subsistir y los jóvenes preferían emigrar a las ciudades y aun al extranjero. La pertenencia a la comunidad es libre, si bien los jóvenes a quienes la comunidad había financiado su carrera universitaria debían, en compensación, trabajar en el kibutz al menos durante cinco años (5).

---

(5) En Israel hay doscientas sesenta y cuatro kibutzim con una extension media de quinientas hectáreas.

Al salir del kibutz Davrat, contemplamos unos monstruosos tanques de guerra que avanzaban por la carretera hacia el norte. Era el 12 de abril de 1982. Más tarde, ya en España, caimos en la cuenta de que estaban destinados a preparar la invasión de Líbano, decretada por Menahen Begín para el 6 de junio; la que llamaron «Operación Paz para Galilea», paradójicamente.

Comimos en el restaurante del kibutz. Ante nosotros se abría la verdeante llanura de Esdrelón y, en ella, se alzaba majestuoso el glorioso Tabor.

# NAZARET

## Nazaret, ayer y hoy

Atravesamos entre mieses, viñedos y olivares, como tantas veces lo haría Jesús, la verdeante llanura de Esdrelón y, después de cruzar Afula, la moderna ciudad judía, ascendemos a las montañas en que anida Nazaret a unos cuatrocientos metros sobre el nivel del mar. Al comenzar la ascensión, a la derecha, se alza el Monte de la Precipitación, uno de los puntos desde donde, según la tradición, los nazarenos quisieron despeñar a Jesús (Lc 4, 28-30). Es una montaña escarpada, rocosa, de claros estratos sinuosos, cubierta en parte de hierba y poblada por escasos árboles aislados. En sus proximidades pastaba un rebaño de ovejas y negras cabras.

A poco trecho se abre ante nuestros ojos sorprendidos Nazaret, la «flor de Galilea». Es un anfiteatro circundado de colinas por cuyas laderas ascienden hasta las cimas las casas en su mayoría de piedra con sus terrazas, cuya luminosa claridad se entremezcla con el verdor de los cipreses, naranjos, palmeras, almendros e higueras, que crecen en sus huertos y jardines. La vista panorámica es encantadora y produce en el ánimo una sensación de gozo y descanso. Aquí y allá se alzan campanarios y minaretes, hoteles y grandes conventos y destaca, entre todos, la Basílica de la Anunciación.

El Nazaret de hoy cuenta con 78.000 habitantes, de los que 30.000 son judíos, 25.000 musulmanes y 22.450 cristianos (1). Nazaret era el baluarte del cristianismo en Galilea, pero la composición de la población ha cambiado a raíz de la guerra de 1948, en que se refugiaron en ella centenares de familias musulmanas procedentes de los pueblos cercanos, Séforis, Mujeidel, Lubei y aun de Tiberíades y Haifa; y desde 1957, cuando los judíos comenzaron a asentarse en las colinas del NE. que dominan la ciudad. En ellas han fundado una ciudad industrial, la *Nazaret Ylit*, o Nazaret de Arriba. Los árabes, cristianos o musulmanes, habitan la parte baja, la antigua.

La ciudad actual no nos da una idea ni remota de lo que era el Nazaret en que se encarnó Jesús, dio sus primeros pasos, creció y jugó, oró y reflexionó viviendo en compañía de su madre María y de José el carpintero. Aquel Nazaret era una modesta aldea de montaña, apartada de las grandes vías de comunicación, que reposaba en el fondo de un valle, como en lo hondo de un nido. La componían, según los arqueólogos, una veintena de pequeñas casas cúbicas, construidas con bastas piedras, como las que se ven hoy en Cafarnaún. Estaban sobre una gruta o adosadas a ella, cubiertas con terrazas de tierra batida y tenían sus salidas para el humo, sus halacenas en la pared para colocar las lámparas y la cerámica y su hogar en el suelo, en el que se sentaban sus moradores y extendían esteras para el reposo nocturno.

Aunque habitado ininterrumpidamente desde el siglo XX a.J.C., Nazaret era un pueblecito tan insignificante que no lo nombraron ni una vez la Biblia ni el Talmud y fue ignorado por los geógrafos e historiadores, como Flavio Josefo. Aparece por primera vez en los Evangelios y

---

(1) Datos tomados de *«Cristianos en T.S.: Belén»* por el P. I. Peña en «Tierra Santa» mayo-junio 1984.

con mala reputación, pues Natanael se extrañó de que «de Nazaret pudiera salir algo bueno» (Jn 1,46) (2).

De las casas de los tiempos de Jesús, a diferencia de Cafarnaún, no queda absolutamente nada, ya que sus materiales de albañilería fueron utilizados para nuevas construcciones. Nazaret esconde, sin embargo, un gran tesoro en su seno. El antiguo poblado se elevaba en el fondo del valle entre dos torrentes al SE. y NO. sobre una pequeña colina de roca calcárea sedimentada, muy apta para excavar en ella.

Los arqueólogos con su paciente labor han sacado a la luz debajo de las edificaciones, en el subsuelo, espaciosas grutas y cuevas naturales, que eran dependencias subsidiarias de las casas, cisternas para recoger el agua de las lluvias, silos escalonados en forma de campana para conservar los productos del campo: trigo, cebada, frutas secas, recipientes para almacenar el vino y el aceite, lagares y piscinas para los *mikvaot*, los baños rituales.

Todas estas excavaciones demuestran que Nazaret estaba poblado por humildes agricultores y artesanos, que no pasarían mucho de los ciento cincuenta. Allí y entre ellos se encarnó la Palabra de Dios y vivió, escondido y oculto, Jesús de Nazaret. Ante esta realidad, uno no puede menos que exclamar con San Pablo:

«¡Oh abismo de la riqueza, de la sabiduría y del conocimiento de Dios! ¡Cuan insondables son sus deginios e inescrutables sus caminos! ¿Quién conoció la mente del Señor? ¿Quién fue su consejero?» (Rm 11, 33-34).

---

(2) Para hacernos una idea del Nazaret de Jesús nos sirve la actual Naim que no se visita pero se ve desde la carretera, al sur de la llanura de Esdrelón, al pie del monte *Givat Ha More* (Juec 7,1), de 515 metros, que separa Galilea de Samaría. A su izquierda una capilla recuerda la resurrección del hijo de la viuda (Lc 7, 11-17).

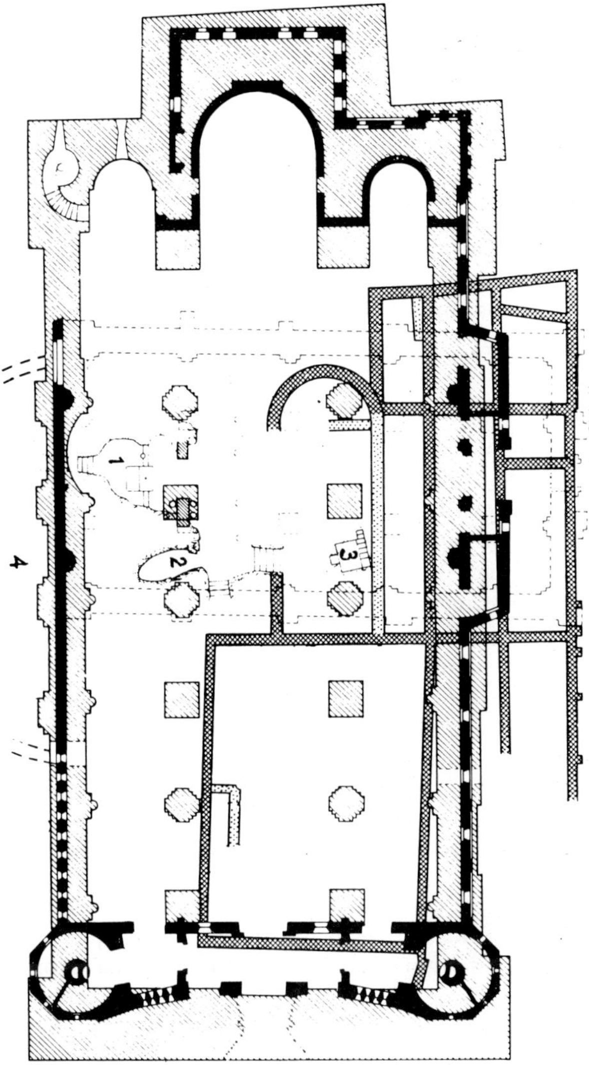


Sinagoga cristiana

Iglesia bizantina

Iglesia cruzada

Iglesia franciscana

Basílica moderna

1-Gruta de la Anunciación

2-Gruta de Conón

3-Pila bautismal

4-Población antigua

## BASILICA DE NAZARET

**Plano de las excavaciones de Nazaret (Tomado de «El mundo de la Biblia, 3» Edic. EDICEP, Valencia, 1984).**

## La Basílica

Ya en Nazaret, ascendemos hacia la Basílica de la Anunciación por la calle principal bordeada de tiendas de objetos religiosos y productos de la artesanía local. Es una iglesia monumental, inaugurada el 25 de abril de 1969, la más hermosa de Tierra Santa, edificada por los franciscanos entre los años 1960 y 1969 según los planos del arquitecto milanés Giovanni Muzio. Aislada del contorno por un muro de piedra de sillería, una gran puerta da acceso al patio.

La basílica es grandiosa y rectangular con una largura de 67,85 ms., 28,60 de ancho y una altura de 20 ms., sobre la que se eleva la cúpula octogonal coronada por una linterna que semeja un faro. Ante nuestros ojos se abre la amplia fachada de piedra blanca cruzada por franjas algo oscuras, que recuerdan a Santa Clara de Asís, o a la catedral de Siena. En la cima, bendice una imagen de Jesucristo, y en la parte superior, separadas por los huecos de la vidriera de la nave central, dos imágenes en bajorrelieve representan al Angel Gabriel que anuncia a María el misterio de la encarnación. Más abajo, figuran los cuatro evangelistas y, sobre las tres magníficas puertas de entrada se lee: «El Verbo se hizo carne y puso su tienda entre nosotros». Dos torres octogonales flanquean la fachada.

Penetramos en el interior. Está en penumbra entonada con la tenue luz de las bellísimas vidrieras que contrasta con la que derrama la cúpula sobre la zona próxima al presbiterio. Es de tres naves, de cemento sin recubrir, desnudo, y en sus paredes hay diez y siete paneles regalados por naciones del mundo cristiano, que representan en mosaico y con diversidad de estilos las Vírgenes patronas de cada una de ellas. Al acercarnos al altar, nuestras cabezas se levantan para admirar la cúpula de 57 ms. de altura y 18 de diámetro, que arroja un haz luminoso sobre el recinto.

Belén desde el Campo de los Pastores

Vista aérea del Herodium

Valle de Samaría

El pozo de Jacob
en Samaría

Vista panorámica de Nazaret

La Basílica

La gruta de la Anunciación

La gruta de la casa de la Sagrada Familia

En la pared del altar, un grandioso mosaico representa a la Iglesia una, santa, católica y apostólica. En su centro, Jesús, en pie con los brazos extendidos en actitud de enviar a sus apóstoles hasta los confines de la tierra y de abrazar a todo el mundo. A su derecha, sentada, la Virgen María, madre de la Iglesia, y a la izquierda, junto a él, Pedro. Más abajo, en diversos niveles, los miembros de la Iglesia triunfante y militante. En el ángulo derecho se distingue a Pío XII, Juan XXIII y Pablo VI. La capilla absidial de la derecha es la del Santísimo Sacramento, decorada con estilo picasiano, y la de la izquierda está consagrada a San Francisco de Asís y a los franciscanos que derramaron su sangre en la custodia de la Tierra Santa.

Pero lo más original es que el suelo central, adornado con una taracea de mármoles con escudos y las leyendas de los títulos que los Concilios dieron a María (3), justo bajo la cúpula, está horadado con un amplio «ojo de luz», por el que se divisa el tesoro de la Basílica: la gruta de la casa en que una humilde doncella llamada María se proclamó la esclava del Señor y, cubierta con la nube del Espíritu Santo, concibió virginalmente a Jesús.

Descendemos a esta cripta inferior y nos hallamos ante la gruta misma excavada en la piedra de la casa de María. En su centro hay un pequeño altar y en el suelo una estrella de mármol blanco con la inscripción «Verbum caro hic factum est». *Aquí*, en esta pobre gruta, el Verbo, la Palabra, la Segunda Persona de la Santísima Trinidad, se hizo carne. Caimos anonadados de rodillas, cerramos los ojos y asidos a la verja revivimos la sublimidad de aquel misterio divino de amor. Esta iglesia inferior está sumida en tinieblas, sólo iluminada por la luz que desciende desde la cúpula, que cual un lirio volcado simboliza al Espíritu, que se derrramó en las entrañas virginales de María.Allí, ante

(3) Tales son: Inmaculada Concepción, Virgen perpetua, Madre espiritual, Mediadora y Reina universal, Asumpta al cielo, Perfecta en la santidad.

la gruta, concelebramos el santo sacrificio. ¡Cómo impresiona palpar que a tus palabras Jesús se hace una cosa, pan y vino, allí donde se hizo hombre a las de María!.

## La autenticidad de la Gruta

¿Qué garantías hay de que esta sea la gruta de la casa de María? Las pruebas están allí. En el año 1620 el príncipe druso libanés Fakhr Ed-Din permitió a los PP. Franciscanos instalarse en Nazaret quienes un siglo después, en 1730, construyeron apresuradamente encima de la gruta una modesta iglesia, orientada de norte a sur, de 22 ms. de largo y 17 de ancho (4). Esa iglesia subsistió hasta 1954 en que fue demolida para edificar la actual. El P. Bagatti, franciscano, se propuso de 1955 a 1959 excavar toda aquella zona para extraerle sus tesoros encerrados.

Lo primero que descubrió fueron las ruinas de la basílica de los cruzados quienes en el siglo XII construyeron, en la dirección este a oeste, una grandiosa catedral de 75 ms. de largo y 30 de ancho, de tres naves acabadas en ábsides, que englobaba la gruta en su interior. Aún hoy en día se puede ver perfectamente, detrás de la gruta, el muro lateral izquierdo, así como las bases de los ábsides, sobre todo el del norte. Aquel hermosísimo templo respetado por Saladino en 1187 fue arrasado por el feroz sultán Baibars en 1263. De él nos quedan, además del muro y los ábsides, las bases de dos pilares en forma de cruz frente a la gruta, cabezas con barbas largas y seis bellísimos capiteles historiados.

---

(4) Hubieron de levantarla en seis meses, lo que duraba la peregrinación a La Meca, por lo que no hicieron excavación alguna. Esta iglesita fue visitada todos los días por Charles de Foucauld que durante tres años (1897-1900) maduraba allí su vocación como criado de las Clarisas, en cuya huerta vivía en una chabola. También estuvo en ella Napoleón Bonaparte (7 abril 1799).

Ahondando en las excavaciones, se encontraron los restos de una basílica bizantina edificada, delante de la gruta, hacia el 427. Tenía 19,50 ms. de largo y 8 de ancho, su suelo era de mosaicos, con un solo ábside y estaba precedida de un amplio atrio (20,50 m. por 16). A su lado, al sur, se erigía un monasterio.

Esa basílica, que escapó a las destrucciones de los persas en el 614 y de los árabes en el 638, fue destruida en 1009 por el califa El-Hakim. De ella han llegado a nuestros días los cimientos del ábside, —está inserto ahora en el ábside en que se sientan los sacerdotes concelebrantes a la izquierda del altar central— varias columnas y numerosos trozos de mosaicos, con cruces o sin ellas, de la basílica y del monasterio. También hallaron en su suelo, al suroeste, una piscina con escalones, un baptisterio, pero orientada en sentido ligeramente distinto al eje del ábside de la basílica bizantina.

Aunque se había llegado hasta el siglo V, el P. Bagatti no se dio por vencido. Hizo levantar los mosaicos que recubrían la nave central y el monasterio y excavó debajo de la basílica bizantina. Aparecieron los restos de una iglesia sinagogal del siglo III edificada por los judeo-cristianos descendientes de los parientes de Jesús.

Encontró muros y bases de columnas, cuyo diámetro indican que la iglesia-sinagoga era espaciosa, columnas destruidas, piezas de arco, capiteles tallados, mosaicos, entre ellos el llamado de la Corona, que representa la Cruz cósmica judeo-cristiana y la piscina bautismal. También salieron a la luz numerosas piedras recubiertas con una capa de yeso sobre el que había grabados *«graffiti»*, inscripciones, relacionados con Cristo y con María, de los que el más famoso es el que lleva la invocación *«XE MAPIA»* (Ave María) (5), que atestigua el culto mariano junto a la gruta en la época preconstantiniana, dos siglos antes del

(5) *XE* es contracción de *JAIRE*, que en griego significa «Salve».

Concilio de Efeso (431 d.J.C.) y un dibujo con la imagen de Juan el Bautista.

Pensemos que en Nazaret vivían los «hermanos» y «hermanas» de Jesús (6) y aun conocemos algunos de sus nombres: «Santiago, José, Judas, y Simón» (Mc 6,3). Aunque en vida rechazaron a Jesús (Mc 3, 21), después de la resurrección, creyeron en él. Santiago llegó a ser el primer obispo de la iglesia jerosolimitana y también Simón, otro de sus parientes. Estos familiares de María y de Jesús conocían muy bien, en aquella minúscula aldea, cuál había sido la casa de María y comenzaron a venerarla.

Esta tradición se conservó en los primeros siglos entre los descendientes de los «hermanos de Jesús», de cuya perseverancia en Nazaret hay vestigios hasta el 250 d.J.C. (7), y en la comunidad judeo-cristiana, que sobrevivió con gran vitalidad en Nazaret hasta el siglo V. En el siglo III construyeron, ante la gruta, la iglesia sinagogal cuyos restos habían aparecido bajo la bizantina.

Con razón Joseph Daoust afirma: «Entre los santos lugares, ninguno de ellos se presenta tan garantizado por una tradición ininterrumpida y milenaria y por los conmovedores vestigios que nos han dejado las sucesivas generaciones» (8).

Al salir de la basílica de la Anunciación, visitamos las excavaciones que se hallan al norte de la misma, adosadas

---

(6) En arameo hermanos significa también parientes, familiares, como en general en las lenguas orientales. Que no eran hermanos en nuestro sentido se deduce no sólo del hecho de que jamás los Evangelios los presentan como hijos de la Virgen María, lo que sólo hacen con Jesús, sino de que nos dan el nombre de la madre de varios de ellos: «Entre ellas (las mujeres que seguían a Jesús para atenderle en Galilea y que asistían a la muerte de Jesús) se encontraban María Magdalena, *María la madre de Santiago y José* y la madre de los hijos del Zebedeo» (Mt 27,56).

(7) El mártir S. Conón, ejecutado en Frigia bajo Decio hacia el 250, declaró en el proceso ser «originario de Nazaret en Galilea y miembro de la familia del Señor».

(8) «Nazaret. El sembrador sale a sembrar...» de *«El mundo de la Biblia (3)»* Valencia, 1984.

al muro izquierdo. Hay diversas grutas talladas en la roca pertenecientes a casas del tiempo de Jesús. En los suelos se ven piletas horadadas en la roca, la entrada de los silos, pesebres rocosos en la pared con agujeros en las aristas para atar las bestias, huecos en el suelo de dos a tres centímetros de profundidad y veinte de diámetro para fijar los cántaros de agua, una prensa de aceites, escaleras, pasadizos... Después fuimos al museo en el que contemplamos piedras con *«graffitis»* y, entre ellas, la célebre *«XE MAPIA»*, delicados capiteles de los cruzados y otros objetos. Todo hablaba de una vida de pobreza y austeridad. Allí estábamos cuando resonó en todo el valle la voz melódica y armoniosa del muecín, reforzada por altavoces, que desde el minarete de la cercana mezquita llamaba a la oración de la tarde.

## Iglesia de San José

Proseguimos hacia la iglesia de San José, situada al otro extremo del convento de los franciscanos. Es de estilo neorománico de tres naves y fue edificada en 1914 sobre los cimientos de la iglesia de los cruzados del siglo XII. Allí estaba, según la tradición, la casa de José a la que llevó a su esposa María, de unos catorce años (Mt 1, 24), y en la que vivieron con su hijo Jesús. Allí Jesús creció y se robusteció mientras aumentaba su sabiduría y gozaba del favor de Dios (Lc 2, 40.52), y vivió escondido y oculto durante treinta años. Una vez más recordamos que: «Mis pensamientos no son vuestros pensamientos, ni vuestros caminos son mis caminos. Así como el cielo está más alto que la tierra, así mis caminos son más altos que los vuestros, mis planes que los vuestros» (Is 55, 8-9).

En aquella pobre casita, la Palabra hecha hombre nos reveló el valor del retiro, la soledad, el silencio y la oración; la importancia de la obediencia, «y estuvo sujeto a ellos» (Lc 2, 51); santificó el trabajo manual y nos enseñó que la santidad no está en hacer cosas extraordinarias, sino en la fe y el amor que ponemos en lo ordinario y corriente.

Descendemos a la cripta de la iglesia. Es la gruta de la casa, con una elevación en el suelo que podría servir de mesa, bocas de silos, cuevas en las paredes, un baptisterio con siete escalones y el suelo de mosaicos, un canal de agua. Allí trabajó Jesús, oró con sus padres tres veces al día, como toda familia judía, a las horas de los sacrificios del Templo. De allí salió para acudir los sábados a la sinagoga, para alternar en la vida del pueblo, para subir cada año a Jerusalén por la Pascua y para trepar a las colinas, a la hoy llamada *Nebi Sain*, «la guardiana» (488 ms.), desde donde contemplaba toda la verde Galilea, el cercano Tabor, el monte Carmelo en sus atardeceres, el nevado Hermón y, hacia el oriente, el lago de Genesaret y el valle del Jordán.

## La Sinagoga

A continuación visitamos la cercana iglesia greco-ortodoxa de San Gabriel, donde, según la tradición ortodoxa, que se apoya en los apócrifos, el arcángel Gabriel se apareció a María, que había ido con su cántaro a la fuente. Ella temerosa huyó a su hogar y allí el ángel le anunció los deseos de Dios. La iglesia fue erigida en 1787 y encierra una gran riqueza ornamental en preciosos iconos, frescos de vivo colorido de estilo bizantino en sus paredes y bóvedas y no faltan las inevitables lámparas.

Dentro de la iglesia, a un nivel inferior en el fondo de una capilla, mana caudalosa y clara la única fuente del pueblo, que recogía el agua de las colinas. A la izquierda hay un pozo con un cántaro atado a una cadena para poder beber del mismo manantial, que tantas veces apagó la sed de Jesús (9). Alrededor del manantial se ven los muros de la iglesia construida por los cruzados en el siglo XII.

Volvemos sobre nuestros pasos y ascendemos a la sinagoga de Nazaret por la calle principal dividida por un canal central para recoger el agua de la lluvia. Es el zoco y en él se extienden los bazares llenos de toda clase de objetos religiosos, artesanales, vestidos, utensilios para la casa en plástico, metal y paja, verduras , frutas y confituras. Por ella hormiguean los buenos nazarenos, hombres con sus kefiyes, mujeres con vestidos de vivos colores veladas con pañuelos blancos y niños alegres y juguetones. Son árabes y se les ve sencillos y humildes, sonrientes y acogedores; tienen una gran fe y hospitalidad. No puedo olvidar el abrazo de un anciano a quien di de limosna seis *sekel*. Entre los niños había uno de unos once años, alegre y de grandes ojos negros, que me hizo pensar en Jesús. Le pedí que posara para fotografiarlo y una nube de niños me rodeó ofreciéndose, cuando vieron que le dí una moneda.

La *sinagoga* «asamblea» era el lugar en que se reunía la comunidad judía los sábados y festivos desde los tiempos de la destrucción del Templo (586 a.J.C.), durante la cautividad de Babilonia y, después del destierro, en la diáspora y en Israel. El culto se centraba en la palabra de Dios. Se recitaban salmos, se leía la Biblia en hebreo y en su traducción al arameo popular (el *«targum»*), la lengua hablada entonces por el pueblo judío, se comentaban las palabras de Dios y se terminaba con la bendición. Un día Jesús, que ya había iniciado su vida pública, volvió a su tierra, entró en la sinagoga y se puso en pie para leer las Escrituras. Le dieron el rollo de Isaías, lo abrió y leyó:

---

(9) Esta es la. fuente antigua. Hoy sus aguas son llevadas a una fuente pública en la carretera de Tiberíades. Ha sido reformada en 1967 y ha perdido su sabor popular. La llaman *Ain Sitti Mariam*, la fuente de la señora María.

«El Espíritu del Señor está sobre mí
porque me ha consagrado para llevar a los pobres
la buena noticia de la salvación;
me ha enviado a anunciar la libertad a los presos
y a dar vista a los ciegos,
a liberar a los oprimidos
y a proclamar un año
en que el Señor perdonará a su pueblo»
(Is 61, 1-2; cfr. 58,6)

Jesús devolvió el rollo, se sentó y ante la mirada expectante y atenta de los presentes dijo:

«Esta profecía se ha cumplido hoy mismo en vuestra presencia».

Con estas palabras Jesús proclamó implícitamente que él era el Mesías y anunció que la buena noticia de la salvación era su predilección por los pobres, su mensaje de liberación de los cautivos y oprimidos y de salud para los enfermos. La gente, extrañada e incrédula, se preguntaba: «¿No es éste el hijo de José, el carpintero? Su madre ¿no es María y acaso no viven aquí sus «hermanos» y «hermanas»?. Jesús ante tanta desconfianza añadió: «Os aseguro que ningún profeta es bien recibido en su propia casa». Al oirlo, los nazarenos se enfurecieron, echaron mano a Jesús y lo llevaron a un barranco de la montaña para despeñarlo. Jesús se escabulló y se fue (Lc 4, 16-30).

Entramos en la sinagoga, una sala rectangular abovedada de 10 ms. de largo por 9 de ancho, edificada según la tradición del siglo VI sobre aquella que tantas veces frecuentó Jesús desde niño y en la que tuvo lugar el dramático suceso. En aquella sinagoga, en pequeña escala, se dio un anticipo de lo que había de suceder a Jesús con su pueblo elegido: «Vino a los suyos y los suyos no le recibieron» (Jn 1, 11).

Eso hicieron ellos y ¿nosotros? Después de dos mil años ¿podemos decir que aceptamos y vivimos el verdadero mensaje de Jesús? ¿No nos hemos fabricado un Jesús a nuestra imagen y semejanza, que sirva a nuestro egoismo, intereses y comodidades? ¿No hemos rechazado el auténtico Jesús?

Dando vueltas a estos interrogantes, descendemos desde la sinagoga, que está en lo más alto del pueblo, que allí terminaba. Adios, Nazaret, ¡cuántos misterios y recuerdos guardas y escondes! (10). Era de noche. Sobre un cielo negro intenso centelleaban misteriosas las estrellas. En Nazaret, rodeada por las diminutas lucecitas de las casas esparcidas por las colinas, en lo alto, brillaba la luz del faro de la cúpula, simbolizando al que es «la luz de los hombres, que resplandece en las tinieblas y que las tinieblas no han podido sofocar» (Jn 1, 4-5).

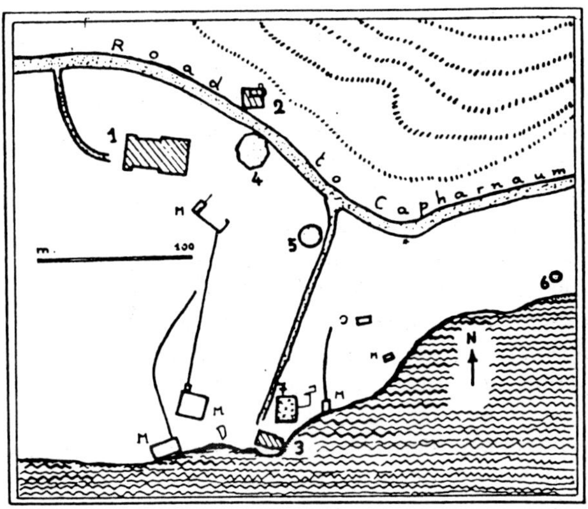


TABGA

1. Santuario de la multiplicación de los panes; 2. El antiguo santuario de las Bienaventuranzas; 3. Santuario del Primado; 4. Torre de agua bizantina; 5 y 6. Torre de agua circular del período bizantino; 7. Pequeño castillo cruzado; M. Diversos molinos de agua de época reciente.

---

(10) Nazaret procede de la raíz semita «n s r», que significa «guardar, esconder».

# ET-TABGA

## El Lago Tiberíades

Al atardecer llegamos a Tiberíades situada en una llanura entre la orilla occidental del lago de Genesaret, o mar de Galilea, y una suave montaña por cuyas laderas asciende la ciudad hasta desbordar su cima.

Nos hospedamos en el *Ron Beach Hotel;* sus habitaciones, a ras de tierra, están separadas del lago por una verde pradera. Sin pensarlo mucho, unos cuantos nos zambullimos en el lago. El agua está fría, es dulce y muy sutil por lo que, a diferencia del Mar Muerto, hay que estar agitando continuamente los brazos y los pies para no hundirse. El baño, entre el chapotar del oleaje en la ribera, nos relaja y tonifica del cansancio físico de la jornada y de los calores del día.

El lago tiene la forma de un arpa, por lo que en la antigüedad su nombre fue de *Kinneret*, derivado de *«Kinnor»*, que significa arpa (Num 34, 11; Dt 3, 17...). Su longitud de norte a sur es de veintiún kilómetros y su anchura máxima, de oriente a poniente, de doce. Es una depresión que retiene las aguas del Jordán; su superficie está a doscientos doce metros bajo el nivel del Mediterráneo y la profundidad oscila entre cuarenta y cincuenta metros. Es un mar rico en pesca y suele estar tranquilo, aunque son características sus tempestades, que se declaran de repente provocadas por los vientos huracanados del norte que vienen encajonados por la gran depresión o del oeste procedentes de la llanura de Genesaret. En media hora cambia el aspecto del lago y las olas pueden alcanzar los dos metros de altura.

En los tiempos de Jesús, sus orillas estaban muy pobladas y abundaban los cultivos de viñedos y olivares, por lo que su aspecto era más agradable que el actual.

A la mañana siguiente, me despertó el gorjeo de los pajarillos y el arrullo de las palomas, que saludaban alegres las primeras luces del amanecer. Salí a la pradera cubierta con el rocío de la aurora y contemplé extasiado el abrirse paso del sol sobre los altos del Golán, entre las nieblas del lago y las nubes a las que teñía de cálidos tintes dorados. Un rayo llegaba hasta nuestra orilla reverberando en las aguas y la luz del sol naciente entonaba toda la tranquila superficie del lago.

**Tiberíades**

Antes de emprender el camino hacia el norte, recorremos Tiberíades abierta al mar de Genesaret. Esta ciudad fue fundada por Herodes Antipas, el que se burló de Jesús en la pasión (Lc 23, 6-12), entre los años 18 y 22 d.J.C. y le dio su nombre en honor del emperador Tiberio. Tenía palacio real, templos destellantes de oro y mármoles, estadio, teatro y baños muy frecuentados por los generales romanos por los efectos terapéuticos de sus aguas termales.

Los judíos miraban mal a Tiberíades pues había sido edificada sobre una necrópolis, por lo que no la frecuentaban para no contaminarse. Nunca nos dicen los evangelios que Jesús la visitara. Sin embargo, debido a la gran atracción que ejercían sus baños calientes, se levantó luego la prohibición y la ciudad fue declarada legalmente pura.

En el año 70, después de la destrucción de Jerusalén, los judíos emigraron a Tiberíades que se transformó en un centro importante de la vida nacional judía y, sobre todo, de su espiritualidad. Residió en ella el Sanedrín y en el siglo II se instaló allí la famosa escuela rabínica de Judas el Santo, que en el siglo IV recopiló el *Talmud* Jerosolimitano. También en Tiberíades los masoretas establecieron el nuevo sistema de acentuación y de vocalización de las sagradas escrituras con los puntos vocálicos «tiberienses».

Cerca de las termas se ven las ruinas de una sinagoga del siglo IV con un suelo de mosaico muy bello, que representa también el arca de la alianza con los candelabros de siete brazos y los doce signos del Zodíaco. En las laderas de la montaña, entre cipreses, está la tumba de Maimónides, filósofo cordobés que acumuló grandes conocimientos de filosofía griega, medicina, astronomía y matemáticas (1). También se pueden visitar los sepulcros del rabí Yohanan Ben Zakkai, en cuyo entorno se reunió el pueblo judío después del 70, el del rabino Meirbaal-Haness, del siglo II, venerado por sus milagros y el del rabí Ben Akiba que apoyó a Bar Kojva en su rebelión contra los romanos.

Hoy Tiberíades, poblada por unos veinticinco mil judíos, es un lugar de descanso. Sus edificios son de dos o tres pisos con abundante arbolado y es muy estimada por el turismo invernal, ya que su clima, seco y tórrido en verano, es muy suave en el invierno. Todo el paisaje respira placidez y calma.

## Magdala

Partimos hacia el norte del lago por la carretera que lo bordea y a cuatro kilómetros dejamos a la derecha las ruinas de Magdala, ciudad que, según Flavio Josefo, tenía unos cuatro mil habitantes y más de doscientas embarca-

---

(1) Moisés ben Maimón, conocido como Maimónides, era un judío sefardí nacido en Córdoba en 1135. En 1160 se trasladó con su familia a Fez (Marruecos) huyendo del fanatismo islámico de los almohades, que habían conquistado España. En 1165 va a Tierra Santa y se establece en Egipto, en Fostat, el Viejo Cairo, donde fue médico de Saladino. Sus escritos filosóficos inspirados en Aristóteles influyeron mucho en el pensamiento judío, árabe y en el escolasticismo cristiano. Murió en El Cairo en el año 1204. Sus contemporáneos decían de él: «De Moisés (el legislador) a Moisés (el filósofo) no hay ninguno: médico, filósofo, teólogo».

ciones. Era un centro de pesca y de conservas en salazón. Magdala es célebre en el mundo entero por María Magdalena, que allí nació, de la que Jesús expulsó siete demonios y cuyo agradecimiento la impulsó a acompañar a Jesús en la vida pública (Lc 8, 2), a estar al pie de la cruz en el Calvario (Mt 27, 56), a asistir a su sepultura (Mt 27, 61) y, aun después de muerto, a apresurarse a ir al sepulcro para embalsamarlo (Mc 16,1), lo que le mereció ser la primera a la que se apareció Jesús resucitado (Jn 20, 11-18).

Recientes excavaciones en Magdala han sacado a la luz la plaza del poblado, una sinagoga antigua, un monasterio bizantino, restos del puerto, una calzada romana, sarcófagos de piedra, etc. (2)

Poco más adelante contemplamos a la izquierda el rocoso escarpado del monte Arbel, que como un vigía se erige a la entrada de la llanura de Genesaret. En las grutas inaccesibles de sus abruptas laderas se refugiaron y fortificaron los Macabeos en su lucha contra el seléucida Báquides (1 Mc 9, 2); los zelotas, que allí resistieron heróicamente en la revuelta contra Herodes del año 39 a.J.C. (Flavio Josefo, Guerras 1, 16) y el mismo Flavio Josefo, que se defendió en las entrañas de estas cavernas en la rebelión contra los romanos del 66 al 70 d.J.C.

A occidente se abre la fértil llanura de Genesaret, que el Talmud denomina «un paraíso en la tierra». Nosotros seguimos paralelos a la orilla del lago entre plantaciones de olivares y plataneros, campos de trigo y praderas esmaltadas de flores silvestres, y bosquecillos de eucaliptos. A la derecha hay una estación de bombeo de las aguas del lago, que alimenta la mayoría de los regadíos de Israel lle-

(2) En 1985, la superficie del Tiberíades descendió 10 ms. y dejó al descubierto, hundida en el lodo, entre Tabga y Magdala, en las orillas del kibutz Ginnosar, una barca de 8 ms. de largo por 3 de ancho del siglo I a. J.C., en perfecto estado. Sirve para imaginar la de Pedro,que usó Jesús.

vando sus dulces aguas hasta el desierto del Negev. Nos acercamos a Et-Tabga.

## Tabga

Tabga es una zona al noroeste del lago, allí donde su ribera se curva. Su nombre actual es corrupción del antiguo *Heptapegon*, que en griego significa «lugar de las siete fuentes», pues allí manaban numerosas aguas, que aún corren. Este lugar encierra en sus verdes laderas y en la orilla del lago tres recuerdos entrañables de la vida de Jesús: la multiplicación de los panes y de los peces, el sermón de las Bienaventuranzas en la montaña y la institución del primado de Pedro al borde del mar.

Ya Egeria, la audaz monja gallega, escribía en el siglo IV: «No lejos (de Cafarnaún) se ven como unos peldaños en la roca sobre los cuales estuvo el Señor. Allí mismo, junto al mar, hay un campo cubierto de hierba, con muchas palmeras entre las cuales nacen siete fuentes con agua abundante. En este campo dio de comer al pueblo con cinco panes y dos peces. La piedra sobre la cual puso el pan el Señor fue transformada en altar... Un poco más adelante, en el monte que está cerca, hay una gruta desde la cual, habiendo subido allí, pronunció el Señor las Bienaventuranzas» (3).

Los evangelios nos refieren que Jesús envió en misión a los doce apóstoles de dos en dos para que anunciaran el reino de Dios y la necesidad de la conversión, con potestad para expulsar a los demonios y curar a los enfermos (Mc 6, 6-13). Al reunirse de nuevo en Cafarnaún, todos le querían contar, emocionados, lo que habían hecho y enseñado. Jesús estaba cansado, pues eran tantos los que le se-

---

(3) Baldi D. «Enchiridion Locorum Sanctorum» n.º 412. Jerusalén, 1955.

guían a todas partes para que les enseñara y los curara que no le quedaba tiempo ni para comer.

Al ver a sus discípulos tan animosos les dijo: «vamos a descansar en un lugar tranquilo». Necesitaba reposar y gozar en la intimidad de la alegría de sus discípulos, en un sitio solitario. Embarcaron en el mar y se fueron hacia el oeste, a unos tres kilómetros de Cafarnaún. La gente observó a dónde se dirigían y, con otros que se les unieron en el camino, corrieron por la orilla y se les adelantaron. Cuando Jesús bajó de la barca vio desbaratados sus planes pero, lejos de contrariarse, se conmovió su corazón compasivo al ver a aquellas gentes que «vagaban como ovejas sin pastor» y que le buscaban a él. Olvidado de sí, aquel hombre para los demás, se puso a enseñarles muchas cosas y a curarlos.

Los discípulos, al ver que pasaban las horas en aquel despoblado, le dijeron a Jesús que los despidiera para que fueran a comprar comida en los caseríos y aldeas de los alrededores. Mas Jesús, siempre generoso y agradecido, multiplicó los cinco panes y los dos peces, que habían llevado para su sustento, y dio de comer a aquel gentío. Recogidos los restos despidió a la gente satisfecha y se fue al monte a orar (Mc 6, 30-46). Eran los dos amores de Jesús: su Padre y la gente sencilla.

El alma se llena de gozo y de frescura al contemplar aquellos lugares e imaginar el colorido de aquella multitud de hombres, mujeres y niños con sus vestidos rojos, azules, morados, blancos, sentados en grupos sobre la verde hierba. En el centro el buen Jesús con su túnica blanca ceñida a la cintura, su manto y su velo en la cabeza, bendecía los panes y los peces sentado en una roca y, como una fuente de vida, se los daba a los discípulos para que los repartieran entre la gente. Ayudaba a revivir la escena la luminosidad del día y el frescor de la brisa.

La zona de Tabga, en conformidad con los datos de los evangelios, está a la orilla del lago, es un lugar solitario no lejos de los pueblos habitados y sin restos de poblaciones de los tiempos de Jesús, como lo han demostrado las excavaciones. Ahora está cubierto de verdor con rocas que afloran a la superficie, pues en los siglos II y III fue una cantera de piedra calcárea. Después de la paz constantiniana del 313, los cristianos edificaron tres santuarios en los lugares en que la tradición, ininterrumpidamente transmitida por los judeo-cristianos de la cercana Cafarnaún, señalaban como aquellos en que se realizaron los hechos. Son los santuarios que visitó la virgen Egeria.

Cerca de la carretera a Cafarnaún, se ha reconstruido entre 1980 y 1982 la nueva iglesia de la Multiplicación. En el año 1932 los arqueólogos Mader y Schneider excavaron el lugar y descubrieron los restos de una basílica bizantina, precedida de un amplio atrio con un estanque circular, de mediados del siglo V. Tenía forma de cruz latina, dividida longitudinalmente en tres naves por columnas, y terminaba al este con un ásbide. Junto a la basílica había un monasterio. Debajo del altar se veía la piedra de la multiplicación en la que Jesús colocó los panes y los peces. Todo el pavimento de la basílica, así como las sacristías y el monasterio estaban cubiertos de mosaicos de formas geométricas y los de los intercolumnios y transeptos representaban profusamente la flora y la fauna del lugar: juncos, cañas, flores de loto, adelfas, nenúfares, arbustos y gansos, garzas, flamencos, cisnes, patos, perdices, palomas, pajaritos. Junto a la piedra está el famosísimo mosaico, del siglo V o VI, de los dos peces y un canastillo lleno de panes con cruces. La basílica bizantina fue destruída por los persas de Cosroes en el fatídico año 614.

En 1936 levantaron los mosaicos para restaurarlos y Gauer halló a un nivel más bajo el trazado casi completo de los cimientos de una iglesia del siglo IV de una sola nave (15,5 m. por 9,50). La piedra de la multiplicación quedaba en la parte oriental, entre el ábside y el altar. Es la iglesia de que nos habló Egeria y cuya vida no sobrepasó el medio siglo. Hoy está de nuevo cubierta por los mosaicos de la basílica, aunque algo de sus restos se puede ver por dos aberturas al norte y en el centro.

Al salir de la basílica, recorrimos sus alrededores. ¡Cuántas veces se reuniría Jesús en aquel mismo lugar para hablar a las grandes multitudes y para curarlos de sus enfermedades y dolencias! Era un sitio ideal para ello. En Cafarnaún no lo podía hacer por la estrechez de sus calles, tampoco, como es obvio en tierras cultivadas. Aquel sitio, por el contrario, era un descampado, sin cultivos, ancho y espacioso. A ello se unía la abundancia de agua necesaria para saciar la sed de la gente, el acceso por el mar lo que permitía acudir en barca de los pueblos de la ribera, la cercanía de Cafarnaún distante tres kilómetros y el ligero declive de la falda de la montaña terminada en una llanura con lo que las gentes podían ver y oir fácilmente a Jesús de todas partes. La proximidad, en Cafarnaún, Tiberíades, Magdala, de comunidades que creían en Jesús, los judeocristianos, que durante los tres primeros siglos del cristianismo mantuvieron viva e ininterrumpida la tradición de los hechos, da credibilidad a su autenticidad. En el siglo IV, después de la paz de Constantino (313 d.J.C.), los cristianos venidos de la gentilidad edificaron los tres templos bizantinos en los lugares venerados por los judeocristianos. ¡Cómo goza el alma discurriendo por aquellos parajes, testigos de la vida de Jesús! Se le siente; sólo falta verle.

## La capilla del Primado

A unos trescientos metros del santuario de la Multiplicación, en el camino hacia Cafarnaún se alza, sencilla, modesta y solitaria, una iglesita rectangular de una nave (12ms. por 6,45), construida en el año 1933 con oscuros bloques basálticos, cuyas junturas están blanqueadas. Rodeada de praderas esmaltadas de flores amarillas, de corpulentos eucaliptos y airosas palmeras, se eleva en la orilla misma del lago, cuyas aguas bañan la roca en que se asienta.

En el interior, también sencillo, corre ante el altar, de parte a parte, la cresta de una roca. Es la roca sagrada, que los peregrinos llamaban «la mesa del Señor», aquella sobre la que Jesús tenía preparado un buen rescoldo de brasas, con un pescado sobre ellas y pan, para rehacer las fuerzas de Simón Pedro, de Tomás el incrédulo, de Natanael el de Caná, de Juan y Santiago, los hijos del Zebedeo, y de dos discípulos, que habían intentado en vano pescar algo aquella noche. Esta misma roca se prolonga por la izquierda y desciende, ya en el exterior, hasta el mar. En su pendiente están tallados siete escalones, aquellos de que hablaba la virgen Egeria en el siglo IV: «No lejos (de Cafarnaún) se ven unos peldaños en la roca sobre los cuales estuvo el Señor...»

Delante de la fachada, desde el 2 de enero de 1983, hay un pequeño anfiteatro escalonado alrededor de un altar de piedra para celebrar la Eucaristía al aire libre en aquel lugar tan significado y a la izquierda, junto al lago, un grupo en bronce representa a Jesús que confiere a Pedro, postrado a sus pies, el primado de la Iglesia y le da su cayado. Cerca de la orilla, en el agua, hay seis bases de columnas en forma de corazones, que según el nivel del lago, que varía con las lluvias y el deshielo del Hermón, suelen estar totalmente cubiertas, sólo en parte o en seco. Se ignora con exactitud su finalidad.

La primera capilla fue construida en el siglo IV, otra en el V y de ella quedan aún algunos de sus muros y cimientos. Los cruzados edificaron su capilla y hacia el norte un pequeño castillo, cuyos restos se ven. La capilla fue destruida definitivamente en 1263. La actual fue edificada por los PP. franciscanos en 1933 sobre los cimientos de la antigua. La visitó el 5 de enero de 1964 el Papa Pablo VI (4).

Allí, a la orilla del lago, cuando amanecía, se presentó un día Jesús resucitado. Unos pescadores faenaban a unos cien metros de distancia y les preguntó si habían pescado algo. Ante su negativa, les mandó echar la red a la derecha de la barca, lo hicieron y la red se llenó de ciento cincuenta y tres grandes peces. Juan, el discípulo a quien tanto amaba Jesús, dijo a Pedro: «Es el Señor» y, al oirlo, Pedro impetuoso e impulsivo se lanzó al agua. Cuando los demás llegaron arrastrando la red, Jesús les dijo: «Acercaos y comed», tomó el pan en sus manos, se lo repartió y lo mismo hizo con los peces. Nadie preguntaba quién era, pues sabían que era el Señor. ¡Qué emoción da sentarse en aquella misma roca y reconstruir aquella escena en que Jesús resucitado, tan bueno y humano como en su vida mortal, preparó aquel desayuno a sus discípulos fatigados y se lo sirvió con sus divinas manos traspasadas! (Jn 21, 1-14).

Terminada la comida, sentados en la roca, Jesús preguntó a Pedro por tres veces si le amaba más que los demás. Pedro, escarmentado por la experiencia de su debilidad en la Pasión, contestaba humildemente: «Señor, tú sabes todas las cosas, tú sabes que te amo» y el buen Pastor le respondía: «Apacienta mis corderos, apacienta mis ovejas». Así Pedro reparó sus tres negaciones y Jesús le confirmó el primado entre los apóstoles, que le había prometido en Cesarea de Filipos (Mt 16, 13-20). También Jesús nos enseñó a todos su deseo de que el amor que le tengamos a él personalmente lo traduzcamos en amor, servicio y cuidado de aquellos que él ama: sus corderos, sus ovejas (Jn 21, 15-19).

---

(4) El 19 de abril de 1987, celebramos en Tabga la Vigilia Pascual. A la orilla del lago, en la oscuridad de la noche, encendimos el fuego de la Resurrección.

Sentados también nosotros en la roca y en los peldaños, escuchamos recogidos la lectura de estos sucesos narrados por Juan. Teníamos delante el lago tranquilo, el día era luminoso, soplaba una suave brisa y a nuestros pies chapoteaban las aguas. Posteriormente, nos descalzamos y entramos en la mar, poco profunda en la orilla, y pisamos los guijarros parecidos a aquellos que tantas veces tocarían las divinas plantas de Jesús, cuando, descalzas las sandalias, se acercaba y subía a una embarcación. Subimos a los seis corazones, que emergían del agua, y refrescamos nuestros rostros y brazos en las aguas del lago de Jesús.

Por allí, en varias ocasiones, al ver Jesús que la gente se agolpaba sobre él para oir la palabra de Dios, subió en una barca, rogó a Simón que le alejara un poco de tierra y sentado enseñaba a la muchedumbre desde la embarcación (Lc 5, 1-11). ¡Cuántas veces nos hablan los Evangelios de las orillas del lago! Todo está impregnado de la presencia de Jesús y el corazón se ensancha en su amor. Allí Jesús aún palpita y respira.

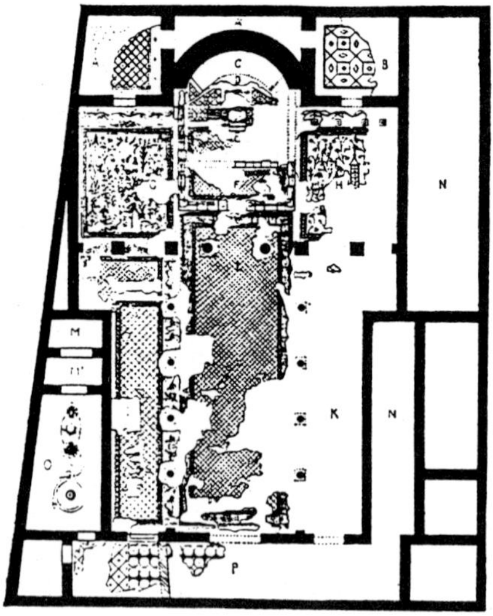


Basílica bizantina de la Multiplicación con restos de mosaicos.

# LA MONTAÑA DE LAS BIENAVENTURANZAS

## La capilla de las Bienaventuranzas

Desde la orilla del lago, donde vivimos un rato inolvidable, nos dirigimos hacia el lugar de las Bienaventuranzas. Atravesamos Tabga, en la que aún quedan señales de cuando, desde el siglo II hasta el IV, fue explotada como cantera y restos de los depósitos de agua y acueductos construidos por los monjes establecidos allí en el siglo V, que transformaron aquel rincón, abundante en aguas, en un florido vergel.

Ascendemos la suave pendiente y, al otro lado de la carretera de Cafarnaún, cerca de una torre-depósito de forma poligonal conocida por *Birket Ali edh-Dhaher*, está el emplazamiento del santuario bizantino, del siglo IV, del sermón de la Montaña. A él se refiere Egeria: «Un poco más adelante, en el monte que está cerca, hay una gruta desde la cual, habiendo subido allí, pronunció el Señor las Bienaventuranzas».

Allí está la gruta, llamada *Mugharet Ayub*, y, sobre ella, el P. Bagatti encontró en 1935 los restos de una iglesita de piedra basáltica de una sola nave (7,20 m. por 4,48), cubierta en parte con mosaicos, con su ábside, su atrio y un pequeño monasterio adosado a ella. Ese es el lugar en que, según la tradición de los judeo-cristianos fijada por los bizantinos, Jesús pronunció el famoso sermón.

Sin embargo, el santuario de las Bienaventuranzas ha sido edificado en lo alto de la colina, suave, mansa y humilde, que domina, a unos doscientos metros sobre el lago, toda la panorámica del mar de Galilea, el lago de Jesús. Ascendemos hasta la cumbre entre verdes campos cultivados y praderas florecidas de amarillo, en los que afloran rocas basálticas de origen volcánico.

Ya en la cima, rodeado de árboles corpulentos, eucaliptos, palmeras y jardines, se eleva el santuario nuevo de las Bienaventuranzas, abierto al cielo y al lago. En diversos rincones del jardín, bajo los árboles, celebraban la Eucaristía en mesas de piedra preparadas para ello grupos de peregrinos, franceses, americanos, japoneses, negros, símbolo de la universalidad del mensaje de Jesús. Cantaban en su lengua sus canciones.

El santuario de tonos grises y blancos, grácil, sencillo y elegante, fue edificado en el año 1938 según los planos del arquitecto Antonio Barluzzi y financiado por la Asociación Italiana por las Misiones. De planta octogonal está coronada por una cúpula y rodeada por un pórtico corrido sostenido por blancas columnas, con vistas al mar y a las laderas de las montañas. En su interior, preside un altar central del que brotan en el pavimiento torrentes de agua que simbolizan los ríos de la gracia que de él manan. Es posible contemplar el lago a través de unas ventanas apaisadas y las ocho vidrieras semiopacas del tambor llevan escritas las bienaventuranzas. Cuando llegamos, el templo estaba repleto de italianos, que celebraban la Acción de Gracias.

En vista de ello, nos dirigimos al jardín, elegimos un altar y concelebramos a la sombra de un árbol de extensas ramas y nudosas raíces. En el evangelio leímos y comentamos el sermón de Jesús (Mt 5 - 7; Lc 6, 17-46) para profundizar en su divino mensaje. También el alma se nos llenó de gozo, alegría y paz con el recuerdo, casi la presencia, de Jesús, en aquel rincón recogido y silencioso, sólo alterado por el trinar de los pájaros y el suave rumor de la brisa en el ramaje.

## Mirando al lago

Volvimos al pórtico del santuario para empaparnos de la panorámica del lago. El día era luminoso y claro y nuestros ojos atónitos se gozaban contemplando aquel paisaje bellísimo y dilatado, pintado con el azul del cielo, de las aguas y el verdor primaveral de las riberas. Nos quedamos hechizados ante aquella vista tan amplia y hermosa y recorrimos con la mirada aquellos lugares que fueron escenario de la mayor parte de la vida pública de Jesús.

A la izquierda Cafarnaún, Corazaín, la entrada del Jordán en el lago, Betsaida, patria de Pedro y Andrés, los altos del Golán, Gerasa, la Decápolis, el lago surcado de blancas velas y, a la derecha, Tiberíades, Magdala, el monte Arbel, los Cuernos de Hattín, la entrada de la llanura de Esdrelón por el Valle de las Palomas, Genesaret, Tabga. Allí apoyados en la barandilla del pórtico, dejamos vagar en silencio la imaginación evocando la figura de Jesús.

Por aquellos parajes acudían a Jesús las gentes venidas de todos los pueblos, aldeas y caseríos de Galilea y muchos procedentes de Judea, de Jerusalén, de Idumea, de la orilla oriental del Jordán y aun de la región de Tiro y Sidón (Mc 3, 7-10). Le buscaban imantados por la bondad que emanaba de su persona, deseosos de escuchar la palabra de Dios. Cuando lo encontraban, llenos de alegría se atropellaban unos a otros, se apiñaban a su alrededor, le oprimían y no le dejaban tiempo ni para comer (Mc 3, 20; 6,31).

Por aquellos poblados cercanos a Cafarnaún y los de toda Galilea: Nazaret, Naim, Caná, Jesús cumpliendo la misión a la que había sido enviado (Lc 4, 43) anunciaba la buena noticia del reino de Dios en las sinagogas, por los campos, las colinas y en la orilla del lago, y les decía: «El tiempo ha llegado, el reino de Dios ya está cerca. Convertíos y creed en el mensaje de salvación» (Mc 1, 14). Para que le entendieran, Jesús hablaba a aquel pueblo sencillo con parábolas y comparaciones concretas sacadas de la vida familiar y agrícola. La gente quedaba admirada de su doctrina, pues era una enseñanza nueva y llena de autoridad (Lc 4,32). La fama de Jesús se extendía por todas partes.

Por aquellos mismos lugares, las multitudes, cuando sabían dónde estaba Jesús, se apresuraban a llevarle en camillas a los enfermos paralíticos y se acercaban a él los ciegos, los sordos, los mudos, los cojos, lo mismo en pleno día que cuando se había puesto el sol (Mc 1, 32) y aquel Jesús amoroso los curaba a todos poniendo las manos sobre cada uno de ellos (Lc 4, 40) o dejándose tocar, como se lo suplicaban, al menos el borde del manto, pues salía de él una fuerza y cuantos le tocaban quedaban curados (Mc 6, 53-56; Lc 6, 19).

Por aquellas riberas, campiñas y colinas, que teníamos ante nosotros, Jesús amaba con los hechos y la doctrina a los más pobres y sencillos, a los marginados, a los enfermos y afligidos por la tristeza y la angustia, pero tuvo también otro amor preferencial: los pecadores, los publicanos, las prostitutas, la gente de mala reputación. «No necesitan médico, decía, los que están sanos, sino los enfermos... y yo no he venido a llamar a los buenos, sino a los pecadores para que se conviertan» (Mt 9, 9-13). ¡Con qué misericordia y bondad acogió y defendió a aquella pecadora pública que le besó los pies en casa del fariseo, se los bañó con sus lágrimas, se los secó con sus cabellos y los ungió con el perfume que llevaba en un frasco de alabastro: «Por tu fe has sido salvada. Vete en paz. Si ama mucho es porque se le han perdonado sus muchos pecados» (Lc 7, 36-41); o a la mujer sorprendida en flagrante adulterio: «¿Ninguno te ha condenado?... Tampoco yo te condeno. Vete y no vuelvas a pecar»! (Jn 8,1-11). Jesús miraba a los pecadores con los mismos ojos de amor, de misericordia y de perdón con que la Santísima Trinidad, allá en su eternidad, había contemplado al mundo empecatado. «Hay más alegría en el cielo por un pecador que se convierta que por noventa y nueve justos que no necesitan penitencia» (Lc 15, 1-7) repetía aquel que «había venido a buscar y salvar lo que estaba perdido» (Lc 19, 1-10), «pues el Padre celestial no quiere que se pierda ni uno solo de estos pequeños» (Mt 18, 12-14).

Es admirable el amor con que Jesús trató a todos, pero no llaman menos la atención, en cualquier página del Evangelio, la libertad de espíritu insobornable, el valor arriesgado y la intrepidez en la entrega con que Jesús procedió siempre en el ejercicio de su misión, brotados, a impulsos del Espíritu Santo, del amor y de la fidelidad inmensos que tuvo siempre a su Padre y a los hombres. Esta libertad soberana, mezclada siempre con la mansedumbre y el amor, la vivió lo mismo ante las supremas autoridades civiles y militares: Pilato, Herodes, que religiosas: Caifás, Anás, el Sanedrín, los saduceos, o los fariseos y doctores de la Ley, cuyo montaje resquebrajó al rebatir sus líneas básicas con frases lapidarias, cargadas de sabiduría: «No es el hombre para el sábado, sino el sábado para el hombre», «No mancha al hombre lo que entra por la boca, sino lo que sale del corazón», «No se pueden invalidar los mandatos de Dios con las tradiciones de los mayores». Esta misma actitud mantuvo aquel hombre libre ante los prejuicios y convencionalismos sociales, si se oponían al amor, como se ve en su trato con los samaritanos, las mujeres, los niños, los extranjeros.

Por aquellos parajes anduvo Jesús, aquel hombre que no tenía tiempo para comer y descansar, pero sí para retirarse a orar en los montes (1) y lugares solitarios preferentemente durante la noche (Lc 6, 12) y de madrugada, antes de la salida del sol (Mc 1, 35), para estar a solas con su Padre. ¡Quién le hubiera podido contemplar de cerca hablando con su Padre en las noches bajo aquel mismo cielo

(1) Sin duda que uno de los montes a los que Jesús se recogía a orar era este mismo en que estábamos, tan cerca de Cafarnaún y de Tabga. Marcos nos dice que Jesús, después de la multiplicación de los panes y de los peces, en Tabga, que está en las laderas, «se fue al monte a orar» (Mc 6, 47).

estrellado, o en los bellísimos amaneceres del lago! Su oración era filial, de alabanza, adoración y acción de gracias. La efusión de su Padre Dios y del Espíritu Santo le hacían clamar: ¡Abba! ¡Padre!, gemir de amor con suspiros inefables y conocer e identificarse con los misteriosos designios del que le había enviado.Una de sus exclamaciones llenas de amor y de alegría nos la han conservado los evangelios: «Padre, Señor del cielo y de la tierra, te doy gracias porque has ocultado todo esto a los sabios y entendidos y se lo has revelado a la gente sencilla. Sí, Padre, así lo has querido tú» (Mt 11,25; Lc 10, 21). El amor le transformaba, le animaba y fortalecía para cumplir su misión con entera libertad de espíritu.

El reloj no paraba y tuvimos que arrancarnos de aquel sitio maravilloso. Una última mirada al lago, a sus orillas, a las laderas de las montañas circundantes. Todo estaba teñido de una claridad y luminosidad únicas, como de quienes habían presenciado el resplandor del que es la Luz del mundo.

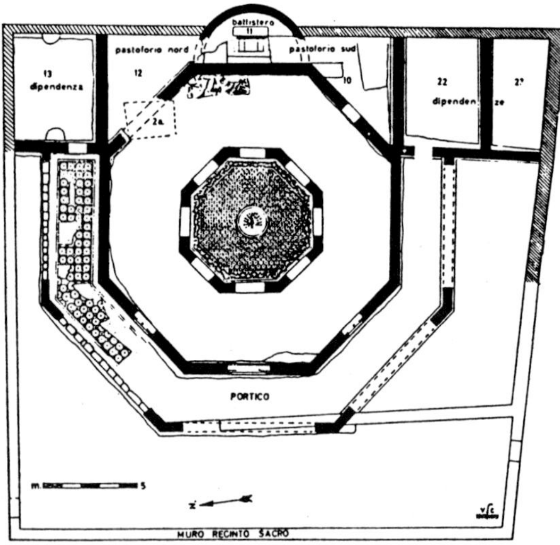


Basílica Bizantina sobre la casa de Pedro.

# CAFARNAUN

## El Cafarnaún de Jesús

Jesús, al comenzar la vida pública, «dejó Nazaret y vino a residir en Cafarnaún, junto al lago, en territorio de Zabulón y de Neftalí. Así se cumplió lo que había dicho el profeta Isaías (Is 8, 23; 9,1):

> País de Zabulón y país de Neftalí,
> camino del mar, al otro lado del Jordán,
> Galilea de los gentiles.
> El pueblo que caminaba en tinieblas
> vió una gran luz;
> a los que habitaban en tierra y sombra de muerte
> una luz les brilló»
>
> (Mt 4, 12-16)

Cafarnaún, de *Kfar Nahum* «la aldea de Nahum», fue para Jesús en su vida pública lo que Nazaret en la privada. Cambió el pueblecito de montaña, alejado de las vías de comunicación, del que, además, sus compatriotas lo habían de rechazar, pues «nadie es profeta en su patria», y se estableció en Cafarnaún. Lo eligió como centro y base de operaciones para enseñar la buena nueva en los alrededores, en Galilea, Jerusalén, Tiro y Sidón, y la Decápolis. A Cafarnaún, «a su ciudad» (Mt 9, 1), «a su casa» (Mc 2,1; 3,29), volvía después de sus campañas en que anunciaba el advenimiento del reino de Dios.

Cafarnaún, habitada desde el siglo II a.J.C., en tiempos de los reyes asmoneos, se asienta en un ligero declive entre la orilla del mar y las cercanas colinas al norte. Su situación es estratégica, a la vera del lago, en la orilla noroccidental del Tiberíades, a cuatro kilómetros de la desembocadura del Jordán, en un ramal de la *Vía Maris*, que unía Mesopotamia y Siria con Judea y Egipto, por lo que era lugar de tránsito obligado para judíos y extranjeros, en una zona muy poblada por pescadores y agricultores, gente sencilla y abierta, en quienes quería sembrar Jesús la semilla de su predicación y el ejemplo de su vida. Aunque Cafarnaún era una ciudad pequeña, nunca nombrada en el Antiguo Testamento, tenía una guarnición romana al mando de un alto oficial (Mt 8, 5-7) y un puesto de aduana (Mt 9, 9-13),ya que se hallaba cerca de la frontera entre la Galilea de Antipas y la Iturea de Filipo.

Las excavaciones realizadas en este siglo, de las que luego hablaremos, nos permiten reconstruir el Cafarnaún de los tiempos de Jesús. En los siglos IV y V d.J.C., época en que fueron levantadas la Sinagoga y la basílica bizantina, la zona edificada alcanzó una extensión de unos trescientos metros de este a oeste y de unos ciento cincuenta metros como máximo desde la orilla, al sur, hacia el norte en que había un cementerio, a unos doscientos metros de las ruinas de la sinagoga. Por lo tanto, aunque su territorio llegaba hasta Tabga, a tres kilómetros, su máxima extensión edificada en los tiempos de mayor esplendor cubría un área de cuatro hectáreas y media y tendría, calcula el P. Loffreda, a lo más unos mil ochocientos habitantes. Por ello, se puede asegurar que en tiempos de Jesús era un modesto poblado, con unos centenares de vecinos (1).

Cafarnaún,como se ve por sus ruinas, estaba bien trazado con calles más anchas que descendían de norte a sur,

---

(1) E. Loffreda: «Nuevos descubrimientos en Cafarnaún» en «Tierra Santa», mayo-junio 1984.

atravesadas por estrechas callejuelas, que delimitaban unas manzanas cuadriláteras, que los arqueólogos denominan «islas». Las casas, construidas con toscas y oscuras piedras de basalto, eran de un solo piso y no tenían terrazas, sino que estaban cubiertas con entramados de ramas cerrados con capas de juncos, paja y tierra.

Cada una de las manzanas estaba aislada por un muro con entradas comunes al interior, donde se apiñaban las casuchas, adosadas unas a otras, alrededor de pequeños patios comunitarios, en los que aún se ven restos de hornos circulares de tierra refractaria, pues con el buen tiempo cocinaban al aire libre, de escaleras de piedra para subir a los techos y de molinos para el grano y el aceite.

En aquel Cafarnaún de Jesús, bullía la gente llena de colorido: las mujeres con sus cántaros camino de la fuente, los niños que correteaban y jugaban por todas partes, los agricultores y pescadores con sus aperos, sus redes y aparejos, que volvían del campo y del mar con los frutos de sus trabajos, los soldados romanos y los judíos y extranjeros de paso. Entre ellos vivió Jesús, de rostro hermoso y quemado por el sol, vestido con su túnica ceñida y su manto, cubierta la cabeza con un turbante blanco y calzado con sandalias. Su porte digno y noble irradiaba amor, entrega y paz y sus miradas reflejaban la profundidad y el misterio, la bondad y compasión, la pena y tristeza de su alma.

## Las excavaciones

Cafarnaún, que nunca estuvo amurallada, se libró de las represalias de Tito en el 70 d.J.C. y de Adriano en el 135, alcanzó su esplendor en los siglos V y VI bajo los bizantinos y, conquistada por los árabes en el 665, comenzó su declive y quedó abandonada en el siglo X d. J.C.. Los edificios y las casas se fueron desmoronando y las ruinas quedaron cubiertas por la tierra. Su localización llegó a perderse y en el siglo XIX, nadie sabía dónde había estado. Sólo una tradición local conservó el recuerdo de unas ruinas junto a la orilla del mar, situadas en un lugar llamado *Tel-Hum*.

En el año 1894, los PP. Franciscanos compraron a los beduinos aquellos terrenos abandonados, desolados y tristes, cubiertos de maleza entre la que afloraban bases y trozos de columnas, frisos labrados, piedras de sillería. Según la tradición local era Cafarnaún.

La primera excavación arqueológica la llevaron a cabo, en el año 1905, los alemanes H. Kohl y C. Watzinguer en el área de la sinagoga, al norte. Fue seguida de otra en 1907 interrumpida por la guerra del 14. En 1921, el P. Orfali descubrió al sur, junto al lago, las ruinas de la basílica bizantina y edificios contíguos. La basílica tenía forma octogonal rodeada por un pórtico exterior corrido y en el interior había otro octógono en el centro. Parte de los pavimentos estaban cubiertos por mosaicos. El P. Orfali, de Nazaret, reconstruyó parcialmente la sinagoga, pero su meritísima labor quedó truncada por un accidente mortal automovilístico (1926).

Había de pasar casi medio siglo hasta que en 1968 los PP. Virgilio Corbo y Estanislao Loffreda, franciscanos, reemprendieron las excavaciones para celebrar el XIX Centenario de los martirios de Pedro y Pablo en Roma. Se dedicaron a la basílica bizantina. Removieron los mosaicos y el pavimento y exploraron los niveles inferiores, donde encontraron los muros de doce casuchas del tiempo de Jesús, con sus dos patios, agrupadas alrededor de una que estaba en el centro. Sobre aquellas casas, semejantes a las de las demás «islas», había sido edificada la basílica octogonal, hacia la mitad del siglo V. Las casitas fueron construidas, como lo dataron con la ayuda de las monedas y cerámicas: ollas, platos, ánforas y lámparas halladas, en el siglo II a.J.C. Como luego lo verían, era la «isla sagrada», donde estuvo la casa de Simón Pedro, la casa de Jesús.

Para excavar el octógono central de la basílica levantaron el mosaico del suelo, decorado con un pavo real en el centro, y encontraron una casa de siete metros por seis y medio. A diferencia de las demás casas circundantes se veía que ella sola había sido venerada como algo sagrado.

Los muros habían sido revocados a lo largo del tiempo con sucesivas capas de estuco con decoraciones geométricas y florales en colores, cruces y una barca con vela y remos. En ellas los primeros creyentes de origen judío y los peregrinos habían dejado escritos sus grafitos: ciento diez en griego, diez en arameo, nueve en siriaco, quince en hebreo y dos en latín. Aparece varias veces el nombre de Jesús con los títulos de Cristo, Señor, el Altísimo, Dios, alusiones a la Eucaristía y el monograma de Pedro en lengua latina, pero con caracteres griegos (2).

Igualmente el suelo de la casita había sido reparado y sobreelevado repetidas veces. Se encontraron hasta once niveles de pavimentos superpuestos, mezcla de cal y de guijarros basálticos, antes de llegar a la tierra virgen. Los últimos eran del siglo I, como lo prueba el hallazgo en estos estratos más profundos de una bandeja y fragmentos de lámparas de tipo herodiano. También apareció un anzuelo.

Era evidente que ya desde el siglo I aquella casa había sido objeto de veneración. La única explicación razonable era que se trataba de la casa de Pedro, en la que vivia Jesús, y que había sido transformada en un lugar de culto y de reuniones por los judeo-cristianos, los *minim* de la literatura rabínica.

De ella nos habló Egeria en el año 393 d.J.C., cuando escribía: «En Cafarnaún la casa del Príncipe de los Após-

---

(2) E. Loffreda: «Cafarnaún, La ciudad de Jesús», 1980. En este libro encontrará el lector abundantes fotografías, algunas aereas de Cafarnaún y de cada una de sus partes, cerámicas, monedas y piedras talladas, planos de conjunto y en detalle, planos asonométricos de las «islas», reproducciones de las inscripciones y dibujos de la casa-iglesia de Pedro, etc.

toles se ha convertido en iglesia. Pero se conservan todavía las paredes de la casa».

## Nuestra visita

Al acercarnos a Cafarnaún, divisamos un bosque de eucaliptos, que se extiende a lo largo de las orillas del lago. Descendemos del autobús a la sombra de aquel pequeño oasis y, por un paseo de palmeras, nos aproximamos a las ruinas. En un jardincito a la izquierda, en actitud de exultación y con los brazos en alto, se levanta una estatua en bronce de San Francisco de Asís.

Sólo estaban excavadas tres zonas, sin duda las principales: la «isla sagrada» al sur, junto al mar; la sinagoga, en parte restaurada, al norte; y en medio la llamada «isla II». Al este de la basílica y al norte de la sinagoga, estaban sólo iniciadas las excavaciones de nuevas «islas», o manzanas de viviendas. Lo ya excavado es una décima parte del total.

## La «isla sagrada»

A nuestros pies teníamos la «isla sagrada», en la que sobresalen del suelo los muros de los tres polígonos octogonales, concéntricos, de la basílica. Debajo de ellos, en el nivel inferior, se entrevén las paredes de basalto de las viviendas del tiempo de Jesús habitadas sin interrupción desde el siglo I a.J.C. hasta el siglo IV d.J.C., y dos patios. El octógono central estaba cubierto con planchas de uralita para defender la casa-iglesia de las inclemencias del calor, las lluvias y el frío (3).

---

(3) El 4 de noviembre de 1981, S.S. el Papa Juan Pablo II bendijo en Roma la primera piedra del Memorial, un pequeño santuario que se erigirá sobre la casa de Pedro a fin de potegerla de las inclemencias at-

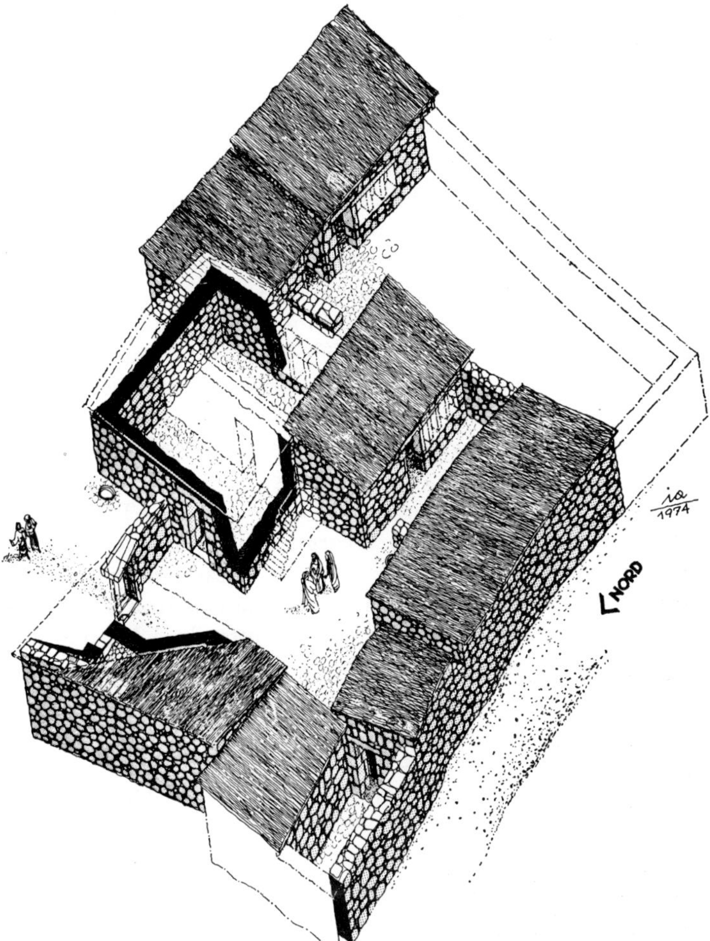


## LA ISLA SAGRADA

**Reconstrución de la Isla Sagrada a partir de las ruinas. En Medio la casa de Pedro. Del arquitecto Ildo Avetta. (Tomada de «Tierra Santa», marzo 1982. Jerusalén).**

En aquella casucha vivió Jesús. Impresiona pensar que en aquel ambiente de pobreza, de hacinamiento y de falta de higiene, residió durante más de dos años, el que «se hizo pobre por nosotros para hecernos ricos».

En ella tocó Jesús la mano de la suegra de Pedro, que yacía en la cama con fiebre muy alta y la sanó (Mc 1, 29-31). Allí devolvió la movilidad al paralítico, que introdujeron en la casa levantando un trozo de la techumbre, ante la imposibilidad de meterlo por la puerta cegada por el gentío (Mc 2, 1-12). En aquel mismo sitio, anunció Jesús su mensaje de salvación al pueblo sencillo, que se amontonaba en la casa, en los patios, en las callejas, para oírle y tocarle, acechado siempre por los fariseos y doctores de la Ley llegados de todas partes.

Allí también sanaba Jesús, al caer el sol, a numerosos enfermos y expulsaba a los demonios de los posesos (Mc 1, 32-34). Como había anunciado Isaías (53, 4): «Tomó sobre sí nuestras debilidades y cargó con nuestras enfermedades» (Mt 8, 19). Por allí, fuera de la casa, se quedaron María su madre y sus hermanos, que le enviaron a llamar y Jesús, al llegar a él el aviso, dijo mirando a los que le rodeaban: «Esos son mi madre y mis hermanos. Porque todo el que hace la voluntad de Dios, ése es mi hermano y mi hermana y mi madre» (Mc 3, 31-34; cfr. Mc 3, 20-21). ¡Qué de recuerdos de Jesús!

La «isla sagrada», en el siglo IV, fue aislada por un muro alto, que aún hoy se ve (30,65 m. por 27), con dos puertas al noroeste y al sudoeste. Se conserva el umbral de la puerta del nordeste, que introducía a los patios interiores y que, sin duda, fue pisado innumerables veces por los pies de Jesús.

---

mosféricas y facilitar a los peregrinos —más de trescientos mil al año— un lugar de oración donde poder ofrecer la eucaristía. Esta primera piedra ha sido extraída de las grutas vaticanas en las inmediaciones de la tumba de Pedro y fue colocada en la «isla sagrada» el 24 de enero de 1982. El arquitecto del Memorial es Ildo Avetta. El 29 de junio de 1990 se consagró el Memorial.

## La «isla II»

Al visitar la «isla II», junto a la «isla sagrada», observamos el trazado de las casas y los patios, perfectamente perceptibles, pues no fue construido nada encima. Las casas estaban edificadas con grandes cantos rodados de basalto oscuro, sin labrar, colocados uno encima de otros sin argamasa, y sus intersticios están rellenados con cantos y barro. Sólo están algo talladas las piedras de los umbrales y de las jambas de las puertas y las de las ventanas. Por supuesto, no tienen agua corriente, servicios higiénicos, ni desagües, ni la ciudad posee alcantarillado. Son pequeñas, de una sola pieza, en la que vivían y dormían todos los familiares en común en condiciones más molestas debido a los calores axfisiantes de Cafarnaún, a doscientos doce metros bajo el nivel del mar.

Los suelos de las casas y de los patios están cubiertos con piedras planas. En todas ellas se encontraron restos abundantes de cerámica doméstica y, en casi todas ellas, trozos de platos con la señal de la cruz. ¡Cuánta vida de familia, nacimientos y muertes, alegrías y penas, bullicios y silencios, abrigaron aquellos muros durante siglos! Ahora todo está quieto, callado, sin vida.

Estábamos en las calles de Cafarnaún, por las que Jesús vio a un hombre llamado Mateo, publicano, sentado en el despacho de recaudación de impuestos, y le dijo: «Ven conmigo» y él se levantó y se fue con él, dejándolo todo (Mc 2, 13-14). También por una de aquellas callejuelas, quedó curada al instante una mujer que padecía hemorragias hacía doce años, con sólo tocar el manto de Jesús, que se dirigía a la casa de Jairo, uno de los jefes de la sinagoga, a resucitar a su hija (Mc 5, 21-43).

Cuántas veces por aquellas calles, los niños, que intuyen quién les ama, seguirían a Jesús, le rodearían y él, viendo aquellas almitas limpias y sin prejuicios, abiertas y confiadas, sin malicia ni desengaños, reflejadas en sus alegres sonrisas y sus miradas inocentes, los estrechaba entre sus brazos y les bendecía poniendo las manos sobre ellos, al tiempo que decía a los discípulos, que los querían apartar: «Dejad que los niños vengan a mí y no se lo impidais, porque el reino de Dios es de los que son como ellos. Os aseguro que el que no recibe el reino de Dios como un niño, no entrará en él» (Mc 10, 13-16).

Por allí, Jesús curó a distancia al siervo de un oficial romano, que amaba al pueblo judío y había construido a sus expensas una sinagoga. Cuando el oficial se enteró de que Jesús venía a su casa, envió a sus amigos a que le dijeran: «Señor, no te molestes. Yo no soy digno de que entres en mi casa, pero dí una palabra y mi siervo quedará curado». Jesús quedó admirado de su gran fe (Lc 7, 1-10).

También devolvió Jesús en Cafarnaún la vista a dos ciegos, que le seguían clamando: «Ten compasión de nosotros, Hijo de David» (Mt 9, 27-31); y en una de sus casas quedó curado el hijo de un oficial de la corte de Herodes Antipas por la acción de Jesús desde Caná, donde se encontraba de vuelta de Judea a su ciudad (Jn 4, 46-54).

En Cafarnaún todo evoca a Jesús, a aquel Hijo del hombre enviado para amar y hacer el bien, perdonar y devolver bien por mal y vivir para los demás, olvidado de sí.

## La sinagoga

La sinagoga está al norte de la «isla II», edificada sobre una plataforma elevada sostenida por un muro de contención. Destaca de las ruinas circundantes no sólo por su monumentalidad, alguien la ha comparado a «un gigante solitario rodeado de pigmeos», sino también por la blancura de sus grandes bloques de piedra calcárea. Ascendemos a ella por una escalinata. Era una sala espaciosa (24,40 m. de largo por 18,65 ms. ancho), con sus paredes revocadas y pintadas, orientada de norte a sur, mirando a

Jerusalén, dividida en tres naves por columnas y el suelo estaba pavimentado con gruesas losas..

Actualmente están restaurados el muro norte y la magnífica columnata correspondiente, con su arquitrave, sus frisos y parte del muro de la izquierda, en el que se ven adosados bancos corridos de piedra a doble nivel. En las naves, sobre las bases se alzan algunas columnas truncadas, coronadas muchas de ellas con preciosos capiteles corintios. En el lienzo sur han sido restauradas las tres puertas de entrada con dinteles bellamente tallados, entre las que por dentro estaba la *tebah*, el armario en que se conservaban los rollos de la Ley y, a mano derecha, se levantaba la *bamah* o púlpito para el *hazzan* o cantor de la Ley (4).

Aunque se supuso, por motivos estilísticos, que había sido construida entre el siglo I y el III, las veinticuatromil monedas y trozos de cerámica hallados debajo de la sinagoga demuestran que fue erigida entre finales del siglo IV d.J.C. y la mitad del siglo V, tal vez sobre la antigua sinagoga levantada por el centurión y que tanto frecuentó Jesús, aunque es posible que ésta siga aún enterrada bajo tierra, en otro lugar. ¿Quién la construyó? No se sabe. ¿Sería Juliano el Apóstata (361-363) para favorecer a los judíos frente a los cristianos? ¿Fueron los *minim*, los judíos que creyeron en Jesús?

En el lado oriental de la sinagoga, están las ruinas, también semirestauradas, de la *Bet Midrash*, la escuela talmúdica para los niños, del siglo V. Era un patio porticado, cerrado por un muro, en el que se abrían cinco puer-

(4) La sinagoga ha llegado deteriorada no sólo por la acción de los elementos, sino por la de los hombres. En tiempo de los árabes, utilizaron sus piedras para construir sus casas —se ha encontrado, en el oeste, el umbral de una casa hecho con una piedra labrada de la sinagoga— y, lo que es más lamentable, posteriormente se utilizaron sus piedras calcáreas para la obtención de cal. También han sido descubiertos dos hornos utilizados para ello.

tas, y en parte cubierto con una techumbre sostenida por columnas dóricas.

En la sinagoga del centurión, a la que Jesús acudía a enseñar los días festivos, curó Jesús un sábado a un hombre poseído por un espíritu impuro (Mc 1, 21-28) y, otro sábado, a uno que tenía la mano atrofiada (Mt 12, 1-8). El pueblo se admiraba de la autoridad con que Jesús enseñaba y de sus hechos y su fama se extendía, desde Cafarnaún, por todos los alrededores, pero los fariseos y los partidarios de Herodes, llenos de furor, se reunieron para estudiar el modo de matar a Jesús.

Pero fue, sobre todo, en la sinagoga de Cafarnaún, donde Jesús prometió la eucaristía: «Yo soy el pan de vida. El que viene a mí jamás tendrá hambre, el que cree en mí jamás tendrá sed... Yo soy el pan de vida que ha bajado del cielo, el que coma de este pan vivirá para siempre. El pan que yo voy a dar es mi carne y lo doy para que el mundo tenga vida... Si no comeis la carne del Hijo del hombre y no bebeis su sangre, no tendréis vida en vosotros. El que coma mi carne y beba mi sangre, tiene vida eterna y yo le resucitaré en el último día. Mi carne es verdadera comida y mi sangre es verdadera bebida. El que come mi carne y bebe mi sangre, vive en mí y yo en él. Así como el Padre que me ha enviado posee la vida y yo vivo esa vida, así también el que me coma vivirá mi vida» (Jn 6, 23-71). En la eucaristía recibimos la misma vida divina que Jesús vive recibida del Padre. ¡Misterio incomprensible de amor, sólo asequible al que tiene fe! Así responde Jesús al desamor de los hombres.

Abandonamos la sinagoga impresionados por su belleza y estos recuerdos y nos dirigimos hacia la orilla del lago. Por el camino, bajo el arbolado y entre rosales, admiramos los capiteles y enormes piedras bellamente talladas procedentes de la sinagoga y colocadas unas sobre otras en los bordes de los caminos. Los motivos ornamentales son típicamente judíos: la *menora* o candelabro de siete brazos, el Arca de la Alianza, la estrella de David, el pentagrama o sello de Salomón, palmeras, ramos de olivo, racimos de uva y de dátiles, rosas y guirnaldas, granadas, ánforas de aceite, etc., aunque no faltan algunos de origen pagano, como águilas sosteniendo una guirnalda, leones, un caballo marino, genios alados, que, por ello, están semiborrados. También se ven sobre el suelo enormes molinos para moler los cereales, una gran prensa de aceite, así como vasijas, todos ellos de piedra basáltica.

## La incredulidad

A pesar de la predilección de Jesús y de que allí brilló, como en ningún otro lugar, aquella gran luz anunciada por el profeta Isaías, los habitantes de Cafarnaún no comprendieron a Jesús, no creyeron en él, no correspondieron a tanto amor. Estaban ilusionados y obsesionados por la espera impaciente de un Mesías que liberara a Israel del odioso yugo romano, conquistara toda la tierra y la sometiera a Jerusalén, desde donde gobernaría el universo entero con sabiduría, justicia y equidad, y a donde subirían todas las naciones de la tierra a rendir culto a Yavé.

Hacia el fin de su actividad mesiánica en Galilea, Jesús se lamentó con amargura y tristeza: «Y tú, Cafarnaún, ¿crees que vas a ser encumbrada hasta el cielo? ¡Hasta el abismo serás precipitada! Porque Sodoma no habría sido destruida si en ella se hubieran realizado los milagros que se han hecho en tí. Por eso digo que, en el día del jucio, Sodoma será tratada con más clemencia que tú» (Mt 11, 23-24) (5).

Jesús había sido ya rechazado de Nazaret, su patria, donde había vivido treinta años. Tampoco los de Cafar-

---

(5) Jesús también se dolió por la suerte de Corazaín y de Betsaida, más ingratas que Tiro y Sidón, ciudades paganas. Las ruinas de Corazaín han sido identificadas; no así las de Betsaida, patria de Pedro, de Andrés y de Felipe, cuya localización se desconoce aún.

naún creyeron en él. Subiría a Jerusalén. Allí sería condenado a muerte por el Sanedrín, los saduceos, los doctores de la Ley y los fariseos, traicionado por uno de los suyos, negado tres veces por Pedro y abandonado por todos. «Vino a los suyos y los suyos no le recibieron» (Jn 1, 11). ¡Qué soledad tuvo que sufrir a lo largo de su vida el corazón de Jesús, por más que estuviera siempre rodeado de multitudes! Era la misión de Jesús, que fiel y obediente a los misteriosos designios de su Padre, debía regar con su sangre la verdad que había predicado y las semillas de amor, liberación y paz que había sembrado. «El grano de trigo debía morir para dar mucho fruto» (Jn 12, 23).

## A la orilla del lago

Los últimos minutos en Cafarnaún los pasamos a la vera del lago. Sentados en su verde orilla, a la sombra de los eucaliptus que estallaban con los cantos de los pájaros, nos dejamos impregnar por la belleza y luminosidad del lago, que se extendía tranquilo, plateado y azul, ante nuestra mirada.

En aquella misma orilla, tan cercana a su casa, echó Pedro el anzuelo al agua por precepto de Jesús y, en el primer pez que pescó, halló la moneda en la boca para pagar el impuesto del Templo por los dos (Mt 17, 24-27). También allí mismo, desembarcó Jesús tantas veces, cuando volvía a Cafarnaún después de sus salidas apostólicas (Mt 9, 1) y aún estaba en la orilla, cuando se arrodilló a sus pies el jefe de la sinagoga angustiado por su hija moribunda (Mc 5, 21). Por aquellas orillas vió Jesús a dos hermanos, Simón y Andrés, que echaban sus redes en el agua, los llamó y ellos, dejándolo todo, se fueron con él, que les prometió ser pescadores de hombres; y lo mismo hicieron, magnetizados por Jesús, Santiago y su hermano Juan, los hijos del Zebedeo, que reparaban las redes en la barca con su padre y los jornaleros (Mc 1, 16-19).

Empapados en todos estos recuerdos nos despedimos de Cafarnaún, en espera de la llegada de la embarcación para atravesar el mar.

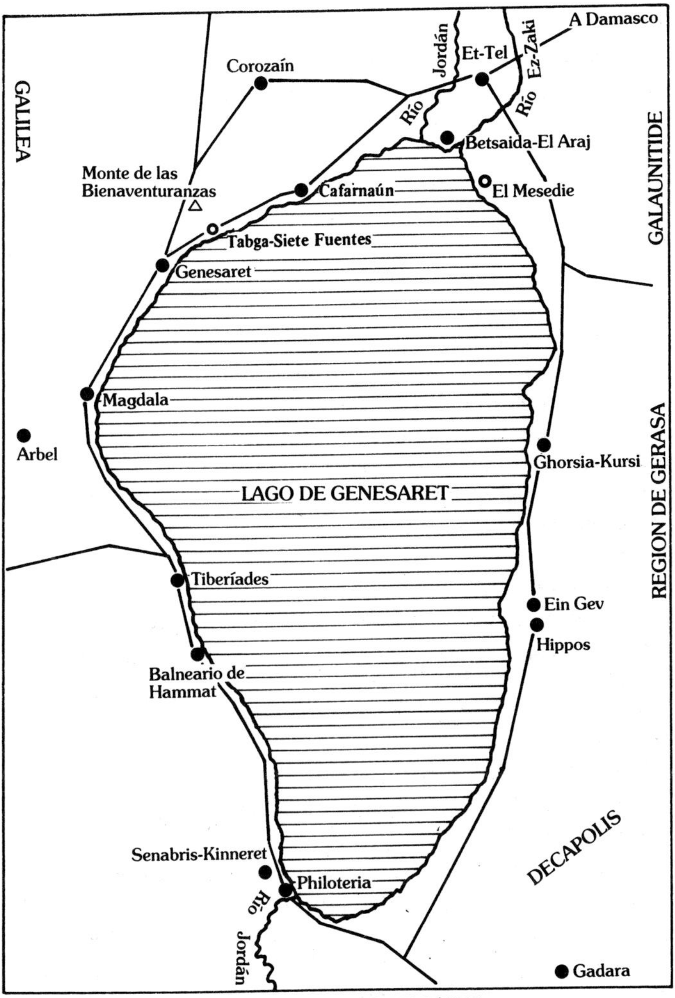


EL LAGO EN TIEMPO DE JESUS

# EL LAGO, EL TABOR Y CANA

## La travesía del lago

Vimos cómo se acercaba la embarcación de turismo y, al atracar en el puertecito de Cafarnaún, nos reunimos en el muelle y subimos a ella. Tenía dos pisos y todos los peregrinos, más de cincuenta, nos colocamos en el de arriba para contemplar mejor la redondez azulada del lago y sus verdeantes orillas. La mar, azul y plateada, estaba tranquila como una balsa de aceite. Llévabamos caras de alegría y satisfacción y nuestras almas se dilataron con la brisa, la luminosidad y la hermosura del paisaje. En el mástil de popa ondeaban las banderas israelí y la española.

Según nos adentrábamos en el lago de ciento setenta kilómetros cuadrados de superficie, se ampliaba nuestro campo de visión. Al norte quedaban la ladera de Tabga, la montaña de las Bienaventuranzas cubierta de flores amarillas y de viñedos, Cafarnaún oculto tras el bosquecillo de eucaliptus y, a su derecha, resaltaba sobre el verde de las colinas la iglesia greco-ortodoxa de blancas paredes y cúpulas rojas, que se reflejaban en las aguas del lago.

La vista del norte es amplia y horizontal y sus colinas suaves, mansas y humildes, como aquel Jesús que allí desarrolló gran parte de su vida pública. Todo respira placidez, sencillez, serenidad y paz. Sólo en el fondo destaca sobre el cielo el imponente macizo nevado del Hermón (2.888 ms.). Al este, en contraste, se alzan altivos y amenazantes los altos del Golán (1), conquistados por Israel a Siria en la «guerra de los seis días» de 1967. Dominan la tierra de los gerasenos donde Jesús curó al endemoniado (Mc 5, 20), y la Decápolis, cubiertas hoy de platanares y naranjales, entre los que se diseminan los *kibutzim*. Al occidente, se percibían con nitidez los Cuernos de Hattim (2), el monte Arbel que se alarga hacia el mediodía formando el muro de la depresión del Jordán, y Tiberíades a la orilla del mar.

La bruma tenue que flotaba sobre el lago nos impedía percibir las riberas del sur. Con la brisa fresca, la luz radiante y el paisaje, nos invadió una sensación íntima de bienestar y de alegría y rompimos a cantar a coro esos cantares de sabor marino, que siempre entonamos en las excursiones. Nos dirigíamos a Ein Gev, al oeste del lago, donde comeríamos. Cruzaban el lago embarcaciones a motor y lanchitas de pescadores movidas a remo o impulsadas por el viento que hinchaba sus blancas velas

Hacia la mitad del recorrido, pararon los motores para escuchar, allí mismo en el lago, una serie de episodios de la vida de Jesús. Por allí tuvo lugar la pesca milagrosa (Lc

---

(1) El Golán ha sido anexionado definitivamente por el Parlamento Israelita. La parte ocupada tiene una extensión de sesenta kilómetros de larga y veintidós de ancha, mil doscientos cincuenta kilómetros cuadrados. En 1982 había en esta área veintinueve aglomeraciones judías, con seis mil personas, cuatro pueblos drusos y uno alauita, que suman catorce mil habitantes. En los cuatro años siguientes iban a ser asentados veinte mil judíos más y creadas seis nuevas aglomeraciones.

(2) Los Cuernos de Hattim son una colina de trescientos ochenta y un metros en cuyos extremos destacan dos crestas gemelas, que semejan cuernos. En 1187 Saladino conquistó Tiberíades y las orillas del lago. Los cruzados, que acampaban en Séforis, al norte de Nazaret, marcharon a su encuentro, mandados por Guy de Lusignan. Llegaron agotados por los veinte kilómetros de marcha, el viento tórrido del este, la sed y el peso de sus armaduras. Atravesaron el desfiladero de Arbel y los musulmanes dieron fuego a los rastrojos secos. El humo dificultó la marcha de los cruzados. Tras una desigual batalla, el ejército cristiano fue derrotado. Murieron veinte mil y treinta mil fueron hechos prisioneros. Era el 4 de junio de 1187. Así terminó el reino latino de Jerusalén. Algo sobrevivó durante siete años, en San Juan de Acre.

5, 11), el caminar sobre las aguas (Mc 6, 45-52) y la tempestad calmada (Mc 4, 31-41).

## Ein Gev

Contemplamos el azul y el verdor del paisaje y embriagados de recuerdos y de aquel aire puro, llegamos al desembarcadero de *Ein Gev*. Es un *kibutz* oculto entre árboles corpulentos y rodeado de tierras cultivadas con esmero, entre la orilla del mar y una colina aislada, en cuya cima estuvo *Hippos* o *Susita*, una de las diez ciudades de la Decápolis, que asemeja el lomo de un caballo y de ahí su nombre. Comimos en el restaurante y nos sirvieron el plato obligado: «el pez de San Pedro» (3), así llamado por el que pescó Pedro para pagar el tributo del Templo.

Visitamos el kibutz. Una judía mejicana, de nombre Beti, nos lo enseñó y nos explicó su funcionamiento. En general, todo era semejante al kibutz *Davrat* de la llanura de Genesaret, frente al Tabor, camino de Nazaret. Como algo característico, había junto a la entrada una empalizada con una torre de vigilancia en el centro, que les recordaba los años anteriores a 1967 en que estaban expuestos a los frecuentes ataques sirios; los refugios para resguardarse de sus cañonazos desde las alturas del Golán; y que hacía ya tiempo, habían añadido a las casas una habitación a fin de que los hijos pasaran las noches con sus padres.

## El Jordán

Después de la visita de Ein Gev, rodeamos en autobús la orilla sur del lago y atravesamos, por primera vez, el

---

(3) El «pez de San Pedro» es el *cromis paterfamilias*, de unos veinte centímetros de longitud, color vivo y carne sabrosa. El macho lleva durante varias semanas los huevos en incubación en la cavidad bucal. Por esta razón es amplia y capaz de contener en su interior una moneda.

Jordán inferior. En esa zona, la izquierda del Jordán es Israel. El Jordán no es frontera entre Jordania e Israel hasta la desembocadura del Yarmuk, el mayor de sus afluentes, en la orilla izquierda. Aquí comienza, y se extiende hasta el Mar Muerto, la zona militarizada. Toda esta región es una vega llana y amplia, profusamente regada y cubierta de kibutzim, arboledas, frutales, y ubérrimas plantaciones, que recuerdan a la huerta murciana (4).

Siguiendo nuestro camino llegamos a *Iardenit*, en el Jordán. En un remanso del río, sombreado por eucaliptus, han construido un anfiteatro para acoger a los peregrinos. Los escalones más bajos se abren a unas explanadas de cemento cubiertas por las aguas y delimitadas por unas cadenas y una verja frente a la corriente profunda.

Cuando llegamos, estaba en el plano inferior un grupo de unas treinta y tres personas ancianas. Todos, ellos y ellas, vestían túnicas blanquísimas, tenían los pies desnudos, y sostenían en las manos un crucifijo de madera de olivo. Tres popes de rito ortodoxo, uno de ellos revestido con bellos ornamentos rojo y oro, presidían la ceremonia. Recitaban oraciones sobre ellos, les asperjaban con las aguas del Jordán y cantaban. Esas mismas túnicas largas les servirán de mortaja para la sepultura y en sus manos pondrán esos crucifijos en espera de la resurrección. Emocionaba ver aquella fe sencilla y profunda.

Al terminar su ceremonia nos descalzamos y descendimos hasta las aguas. Allí hicimos un simulacro de bautismo derramando el agua sobre las cabezas de los peregrinos y renovamos las promesas del bautismo, nuestro compromiso a la santidad y al apostolado, con aquel rito sagrado en el que Jesús, más al sur, fue bautizado por Juan.

---

(4) Allí verdea el kibutz *Degania*, «la madre de las granjas colectivas» que, fundado en 1909, fue el pionero de esta experiencia tan original.

## El Tabor

Desde el fondo de la depresión del Jordán ascendimos a la llanura de Esdrelón. Los bordes de la carretera florecen con arbustos, flores silvestres, cardos morados, adelfas y buganvillas. Aprovechamos cada revuelta de la serpenteante carretera para dirigir una mirada panorámica al lago de Jesús. Ya en la llanura divisamos a lo lejos el Tabor. Es una montaña solitaria y majestuosa, una cúpula redondeada, de quinientos ochenta y ocho metros sobre la planicie circundante, cubierta de arbolado y de verdor. Parece un altar.

El Tabor fue citado frecuentemente por el Antiguo Testamento. Fijaba el límite de los territorios de Isacar, Zabulón y Neftalí (Jos 19, 12.22.24); sobre él invitaban Isacar y Zabulón a los pueblos para ofrecer sacrificios legítimos (Dt 33, 18-19), aunque el profeta Oseas lo recusó, cuando se convirtió en un lugar de cultos idolátricos (Os 5,1). El salmo 88 empareja al Tabor con el Hermón para que aclamen el nombre del Señor (Sal 88, 13) y Jeremías comparaba a Nabucodonosor, que sobresalía entre sus soldados, con el Tabor (Jr 46, 18).

Pero el suceso más relevante fue el de Barac, que por órdenes de la profetisa Débora, que gobernaba a Israel en tiempos de los jueces, concentró sobre su cumbre a diez mil soldados de Neftalí y de Zabulón. Cuando lo supo Sísara, general de los ejércitos de Yabín, rey cananeo que oprimió a Israel durante veinte años, movilizó sus novecientos carros de hierro y toda su infantería y avanzó hacia el torrente Quisón, al pie de la serranía del Carmelo. Débora dio a Barac la orden de bajar del Tabor con sus hombres y todo el ejército cananeo fue pasado a filo de espada. Israel gozó de paz durante cuarenta años (Juec 4-5).

Al atravesar la llanura observábamos escenas y realidades que nos evocaban a Jesús y sus parábolas. Las mieses ondulantes de trigo de las que los discípulos de Jesús arrancaron las espigas, pues no tenían nada para comer, y que a Jesús le entristecían viéndolas maduras y cuán pocos eran los segadores; aquellos campos y praderas cuajadas de florecillas rojas, amarillas, lilas, blancas, vestidas por el Padre del cielo; los olivos, bajo los cuales tantas noches durmió Jesús echado en el suelo sobre el manto, pues, si «las zorras tenían madrigueras el Hijo del hombre no tenía donde reclinar su cabeza»; los palestinos, ellos y ellas, que, cubiertas sus cabezas con sus velos, limpiaban los cultivos de la cizaña y de las malas hierbas; los campos pedregosos y cruzados de senderos en los que el sembrador esparció las semillas; los rebaños de ovejas custodiados por su pastor; los viñedos de cuyos troncos brotaban los sarmientos de verdes hojas; los árboles con sus frutos buenos y malos.¡Cuántas veces cruzaría Jesús aquella llanura y contemplarían sus ojos aquel mismo paisaje!

Paramos en Daburiya, un humilde pueblecito palestino en la falda occidental del monte. Nos acosó una nube de niños y de adultos ofreciéndonos rosarios, tallas de Jesús en troncos de olivos, postales, collares, etc. Nos colocamos en una larga fila en espera de que nos llegara el turno para subir a la cumbre. Los taxis de siete plazas suben y bajan ininterrumpidamente. La ladera es muy pendiente y una docena de curvas en herradura impresionantes conducen a la cima. Aunque los simpáticos chóferes conducen con gran destreza, no se le va a uno el miedo del cuerpo.

La cumbre es una explanada alargada de mil doscientos metros de oriente a occidente y cuatrocientos de ancho, plantada de arbolado. Al atravesar la «Puerta del Viento», restos de una fortaleza árabe del siglo XIII, comienza una avenida recta flanqueada de cipreses que conduce a la basílica de la Transfiguración. Según una tradición constante desde Orígenes, San Cirilo de Jerusalén, San Epifanio y San Jerónimo, nos encontrábamos en aquel «monte alto» de que nos hablaron los sinópticos.

En el siglo IV, los bizantinos edificaron en la cima tres santuarios en honor de Jesús, Moisés y Elías y en recuerdo de las tres tiendas que Pedro deseó plantar allí. Estaban custodiadas por un monasterio hasta que todo fue arrasado por la conquista musulmana (a. 638). Los cruzados, en el siglo XII, erigieron una basílica sobre las ruinas bizantinas, atendida por los cuidados de los monjes benedictinos.El terrible Baibars asoló la basílica y la abadía en 1263. Los PP. Franciscanos se establecieron en el Tabor en 1631 y sólo en 1921, casi tres siglos después, se comenzó la actual basílica sobre las ruinas bizantinas y cruzadas, que fue inaugurada en 1924.

## La basílica

El camino que conduce a la basílica está bordeado de piedras de sillería de las antiguas construcciones alegradas con olivos, pinos, pitas y geranios. A la izquierda, duermen las ruinas de la abadía benedictina, entre las que se perciben claramente la sala capitular, la capilla con su altar y su ábside, el refectorio y otras dependencias. Cuatro cipreses se lanzan a lo alto.

La basílica es de estilo romano-siríaco del siglo V, y fue diseñada por el arquitecto italiano A. Barluzzi. Atravesamos el arco que une las dos torres de la fachada y penetramos en el interior. Es muy bella, capaz y luminosa. Tiene tres naves separadas por pilastras y robustas vigas sostienen la bóveda.

El altar mayor está elevado sobre la cripta, que descansa en la cima del monte, y resplandece en el ábside el mosaico de la transfiguración. Sobre un fondo de oro vivísimo destaca en medio, sobre una nube, la figura transfigurada de Jesús. Su rostro, que mira al cielo, resplandece como el sol, tiene los brazos en alto y las vestiduras blanquean como la nieve. A sus lados, Moisés y Elías conversan con él de lo que está a punto de ocurrir en Jerusalén. En tierra entre la vegetación, Pedro, Santiago y Juan contemplan extasiados a Jesús. Pedro, con los brazos abiertos,

El lago de Genesaret. Al fondo el monte Arbel
y los cuernos de Hattin

Capilla del Primado en Tabga

La colina de las Bienaventuranzas

La capilla de las Bienaventuranzas

Amanecer en el lago

Vista aérea de Cafarnaún

Basílica del Tabor.
(El monte en la portada)

La tumba de los
Patriarcas en Hebrón.

Santa Catalina; a la derecha el Sinaí.

Vista del monasterio

Las murallas de Santa Catalina

Las columnas de Salomón

le dice: «Maestro, ¡qué bien se está aquí! Hagamos tres tiendas en este lugar: una para tí, otra para Moisés y otra para Elías». El deseo de Pedro se esfumó, cuando una nube los cubrió con su sombra y de ella salió una voz: «Este es mi hijo amado, mi elegido, en quien me complazco. Escuchadle». Jesús, mientras bajaban del monte, les ordenó que no contaran lo que habían visto hasta que hubiera resucitado. Ellos, que no entendían nada, discutían qué sería aquello de «resucitar» (Mc 9, 2-10).

Por la escalinata de la izquierda bajamos a la nave y descendimos a la cripta, una capilla abovedada. La base de los muros es de piedra de sillería del tiempo de los bizantinos y el altar central es de los cruzados. Debajo de él está el altar de los cananeos, que allí rendían culto a Baal, dios de la fertilidad, contra el que clamaba Oseas (Os 5, 1) en el siglo VIII a. d.C.

En el fondo una vidriera ostenta dos pavos reales, símbolo de la inmortalidad. Pero lo más llamativo son cuatro grupos de ángeles, representados en los mosaicos de las paredes, en actitud de adoración. El primero tiene a sus pies al niño Jesús reclinado sobre unas pajas en Belén; en el segundo, el ángel del centro sostiene en sus manos el pan y el cáliz de la Eucaristía y sus pies pisan espigas de trigo y racimos de uva; en el tercero, hay en el suelo un cordero degollado sobre un libro; y en el cuarto un sepulcro vacío. Todo ello simboliza las cuatro transformaciones o transfiguraciones profundas de Jesús: vaciado de su divinidad se encarnó en un infante desvalido y pobre, se hizo una cosa en la Eucaristía para estar con nosotros y darnos su vida, murió crucificado por nuestros pecados para liberarnos y resucitó y fue glorificado para interceder a la derecha del Padre.

## La llanura de Esdrelón

Al salir de la basílica, recorremos las ruinas que por todos los lados la rodean. Restos de abadías, de basílicas, de fortalezas, de murallas y fortificaciones. Trepamos por sus muros y contemplamos fascinados la belleza inigualable de la llanura de Esdrelón, la más amplia de Israel. Limitada al norte por las montañas de Galilea y por las de Samaría al sur, tiene la forma de un triángulo isósceles, cuya base es de treinta kilómetros aproximadamente y sus lados veintidós. Desde los tiempos antiguos ha sido por su fertilidad el granero del país. Flavio Josefo la describe como un paraíso semitropical en que la primavera dura todo el año y el *Talmud* la califica de «un paraíso en la tierra».

La visión es maravillosa. Al sur tras el arbolado de la cumbre se ven los montes de Gelboe, las montañas de Samaría, el pueblecito de Naim bajo el Pequeño Hermón; al oeste Nazaret aflorando de la montaña y, a lo lejos, la cordillera del Carmelo sobre el mar y sobre la explanada del Tabor el monasterio de los griego-ortodoxos de San Elías, cercano a la gruta de Melquisedec, rey de Salem, contemporáneo de Abrahán; al norte las montañas de la Alta Galilea, Caná, Safed y el blanco Hermón; y al oeste las casas de Tiberíades, la depresión del Jordán y los altos de Golán y de Jordania.

La llanura misma es un tapiz parecido a un mosaico moderno por la variedad de formas de las parcelas y de sus coloridos: amarillentos, verdes, rojizos, ocres. Sobre ella se esparcen los kibutzim, albercas y piscifactorías. Penachos de blancas nubes, impulsadas por los vientos mediterráneos, recorrían el cielo azul y sombreaban intermitentemente la llanura. ¡Qué paz y qué gozo embriagan el alma al dejarse empapar por aquel paisaje tan bello, tan dilatado y silencioso! Sí, como deseaba Pedro, es para plantar una tienda y quedarse allí.

Hoy todo este inmenso valle respira quietud, silencio y reposo. En otros tiempos, al estar cruzado por la *«Via Maris»* desde el lago de Tiberíades hasta el desfiladero de Megido, era el paso obligado tanto de las pacíficas y pintorescas caravanas de mercaderes, como de los grandes y ruidosos ejércitos.

Por allí avanzaron los ejércitos de todos los antiguos imperios, con sus «carros de combate veloces como un huracán, sus caballos feroces como panteras, y sus jinetes como raudas águilas sobre su presa, entre el son de la trompeta , el alarido de la guerra y el resoplar y relinchar de los corceles». Los faraones de Egipto, las huestes de Josué en la conquista de la tierra prometida, Sargón II de Asiria, Senaquerib y Nabucodonosor de Babilonia, Ciro el persa, Alejandro Magno, Pompeyo, Vespasiano, Tito, todos cruzaron Esdrelón con sus amenzantes tropas. Ahora todo es hermosura empapada de calma, de paz y de silencio.

Bajamos del Tabor por la carretera serpenteante de la ladera occidental. Nuestro susto fue aún mayor que a la subida. No sólo porque en cada curva nos asomábamos al precipicio, sino también porque el chofer, un árabe de faz cetrina y poblados bigotes, al sentir nuestro miedo, se dedicó a hacer alardes de su habilidad: soltaba el volante y juntaba sus manos en actitud de súplica, se volvía hacia nosotros sonriente, nos enseñaba la variedad de monedas de países extranjeros, mientras marchábamos a toda velocidad.

Al llegar a Daburiya, salimos del taxi y respiramos tranquilos. En aquel pueblecito sanó Jesús al joven epiléptico (Mc 9, 14-29). Atravesamos de nuevo la llanura de Esdrelón tan bella, con sus mares de mieses que «aclaman y cantan», sus verdes viñedos sobre la tierra roja, sus prados, rebaños y florecillas silvestres, sus naranjales y olivares. Nos dirigíamos a Caná de Galilea.

## Caná

Caná está en la ruta de Nazaret a Tiberíades, a unos ocho kilómetros de la primera (5). Era la patria de Natanael, por sobrenombre Bartolomé, el hijo de Tolomai (Jn 21, 2) y debe su fama universal a que en ella Jesús, a una insinuación de su madre María, hizo su primer milagro, al transformar el agua en vino.

Al acercarnos a Caná, vimos una aldea típicamente oriental, recostada en la ladera de una suave colina situada en medio de un valle rodeado de altas montañas. Abundan en ella los cipreses, los olivos, captus, granados e higueras. No hay viñedos. La vista era aún más bella al estar iluminada por la luz entonada, clara y serena, del atardecer. Viven en Caná unos diez mil árabes, de los que siete mil seiscientos setenta son musulmanes y dos mil trescientos treinta cristianos: greco-ortodoxos, greco-melquitas y latinos (católicos).

A la entrada, al borde del camino, sigue manando la fuente de la aldea, sombreada por un semicírculo de cipreses, de la que tomaron el agua para llenar las seis tinajas de piedra, de unos cien litros, destinadas a los ritos purificatorios. Por una calleja empedrada, entre muros de piedra, ascendemos la colina. Dejamos a la izquierda la iglesia greco-ortodoxa, custodiada por altos y afilados cipreses, en cuyo interior se muestran dos grandes tinajas, y llegamos a la iglesia de los PP. Franciscanos.

Fue construida en 1879 y es una copia en pequeña escala de la catedral de Salzburgo, con sus dos torres gemelas y su cúpula roja. Ante el pórtico, se formaron en fila los matrimonios por orden de edad y entraron bajo los acordes de una marcha nupcial, que entonamos los demás.

---

(5) En tiempos de Jesús, Caná era mayor que Nazaret, por lo que Natanael, a lo que se añade la emulación de los pueblos vecinos, lo despreció (Jn 1, 45-46). Hoy Nazaret supera a Caná, no sólo por su población, siete veces mayor, sino porque en él residen los centros administrativos.

Ante el altar mayor, que preside un lienzo de las bodas de Caná, renovaron sus promesas de fidelidad. Después leímos el pasaje de Juan (Jn 2, 1-11) y reflexionamos sobre él.

En Caná vemos que Jesús no era un asceta ansioso, como los esenios de Qumrán o el mismo Juan el bautista, de la soledad y del retiro del desierto. Jesús vivió siempre mezclado con la gente sencilla y participó de las sanas alegrías de la vida. También nos llenó de gozo la figura de María, que con su intuición y compasión femeninas, cayó en la cuenta de la escasez del vino y acudió solícita y confiada a su hijo.

¿Qué quiso significar Jesús con esta su primera señal o milagro? Que él era el enviado de Dios, que había «reservado lo mejor para la última hora»; que él era la única bebida que podía saciar la sed del hombre y solucionar sus problemas íntimos; que él transformaría el pan y el vino en su carne y su sangre para la vida de la humanidad; que la ley de Moisés, el agua, no podía salvar, sino sólo la ley del amor enseñada por él.

Descendimos a la cripta. En medio de ella, protegida por una verja, hay un cántaro antiguo de piedra en recuerdo de los que llenaron de agua por indicación de Jesús. En el altar, un cuadro representa a Jesús junto a María bendiciendo las tinajas. A sus lados, dos puertas dan acceso a unas estancias y en la de la izquierda hay varias ánforas de arcilla de diversos tamaños.

Ya desde Eusebio (a. 340) la tradición fijaba esta aldea como la Caná del primer milagro. Las excavaciones han reforzado esta tradición (6). La actual iglesia está construida sobre las ruinas de la de los cruzados del siglo XII, mucho mayor, y ésta estaba edificada sobre los restos de la de los bizantinos (s. V). A niveles aún más bajos se descu-

---

(6) Hay otra aldea, *Khirbet Qana*, a quince kilómetros al norte de Nazaret, que reclama ser el lugar del milagro.

brieron restos de una antigua iglesia de tipo sinagogal levantada, sin duda, por los judeo-cristianos de los primeros tiempos en la casa del milagro. Han salido a la luz pavimentos de mosaicos con inscripciones en hebreo del siglo III o IV (7). Junto a la entrada de la cripta, hay en el suelo una que dice: «En este lugar había ánforas de agua».

Al salir del templo, nos dirigimos a una tienda de recuerdos, donde nos invitaron a beber vino. Las botellas llevaban la etiqueta «Vino de Caná», aunque allí no se cultiva. Era sabroso. No puedo olvidar a unas niñitas de unos tres años, vestidas con sus túnicas de colores, sus ojos negros, su pelo moreno y sus caritas sucias. Se acercaron a nosotros llenas de confianza y nos miraban y hablaban con mucha alegría. Las acariciamos y recordamos a Jesús. Los niños son iguales en todos los lugares de la tierra. Aún están como salieron de las manos de Dios.

Los rayos del crepúsculo estallaban detrás de las nubes doradas en un cielo incendiado. Tomamos el camino del lago. A la izquierda, sobre uno de los montes más elevados de la Alta Galilea (840 ms.), se divisaba Safed (8), a la que sin duda se refería Jesús, cuando dijo: «No puede ocultarse una ciudad situada en lo alto de una montaña» (Mt 5, 14). Llegamos a Tiberíades y, después de cenar en el hotel, nos reunimos en la pradera, junto a la orilla del

---

(7) Una de las inscripciones dice: «Sea honrado el recuerdo de José, hijo de Talhum, hijo de Buta, y de sus hijos que han hecho este mosaico. Que sea por eso motivo de bendición. Amén».

(8) Flavio Josefo levantó una fortaleza en Safed para defenderse de los romanos en el 66 d.J.C. Después de la destrucción del Templo, el 70 d.J.C., Safed fue refugio de las familias sacerdotales. Alcanzó su máximo esplendor en los siglos XVII y XVIII con la llegada de muchos judíos y cabalistas procedentes de España y de la Europa oriental. Se creó una escuela notable de rabinos y la ciudad se convirtió en sede de la mística judía. Es una ciudad pintoresca, de siete mil habitantes, por su emplazamiento y sus típicas callejuelas. Está muy frecuentada por artistas y pintores, que han hecho de ella un centro cultural. Se pueden visitar las ruinas de la ciudadela cruzada y sus numerosas sinagogas.

lago. Era la última noche en Galilea. ¡Qué nostalgia! Allí bajo el fulgor de las estrellas, que nos hablaban desde el oscuro cielo, estuvimos hasta muy entrada la noche. Sólo se oía el oleaje del lago.

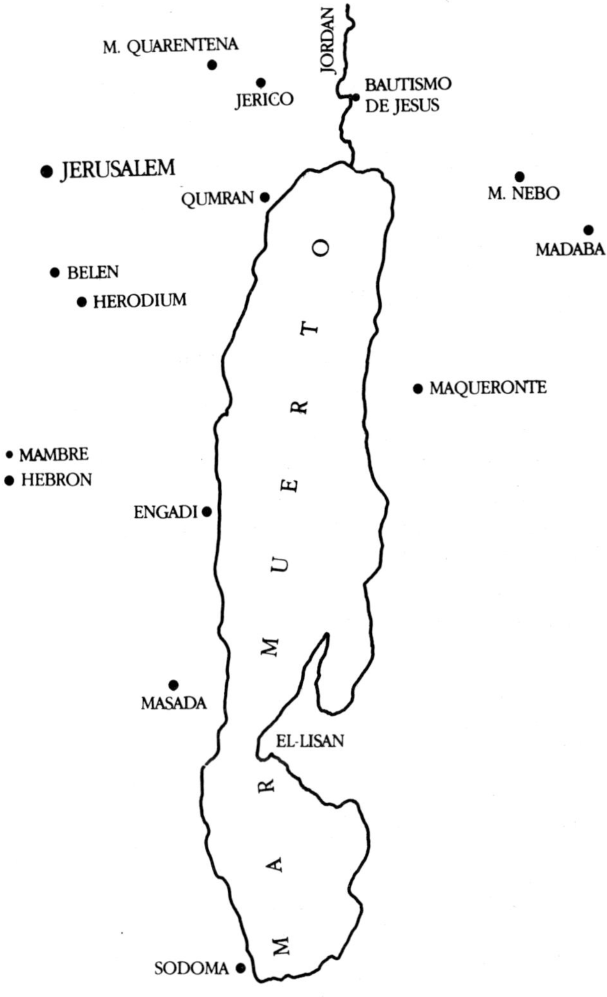

# DE TIBERIADES A TEL AVIV

Era el día de la partida. Una vez más nos despertaron el bullicio de los pájaros y el susurro de las palomas. Contemplamos hechizados el nacer del día en el lago Genesaret. El cielo estaba despejado y la luz era límpida y clara. Llegaba hasta nosotros el rojo reverberar del sol en las aguas. Después de desayunar en la terraza del hotel, salimos para Haifa.

Atravesamos Galilea, no por la llanura de Esdrelón, sino por las colinas pedregosas, casi deshabitadas, rojizas y verdes por las praderas, viñedos y olivares, de la Alta Galilea. A la izquierda queda Séforis, cuyas ruinas reposan en la cumbre de una colina. Según la tradición, allí estuvo el hogar de Joaquín y Ana, en que nació María, la madre de Jesús. Al fin divisamos las azules aguas del Mediterráneo y, en el fondo, el monte Carmelo y la bahía de Haifa (1).

## Haifa

Haifa es una ciudad muy bella situada entre el monte Carmelo, por cuyas laderas remonta hasta desbordar su

---

(1) En otra ocasión, atravesamos la llanura de Esdrelón y por el desfiladero de Megido, en la cordillera del Carmelo, salimos a Sarón. Megido, ciudad antiquísima de cuatro mil años situada a la entrada del paso, es hoy un *tel* en el que se encierran las ruinas de viente ciudades superpuestas. Megido era la llave de la «*Via Maris*». Ciudad cananea en el año 2000, fue conquistada por los hicsos en el siglo XVIII, por el faraón Tumosis en 1478 a.J.C. y por Salomón que la fortificó (I Rey 4, 12; 9, 15; 10, 26). Entre los descubrimientos destacan los establos de Salomón para sus caballos y carros de guerra y el sistema hidráulico para proveer de agua a la ciudad.

cima y asomarse a la llanura de Sarón, y la bahía que lleva su nombre. Aún a principios del siglo XX, en 1905, era una pequeña ciudad de diez mil habitantes. Hoy ha llegado a ser una ciudad pujante, la más hermosa de Israel y la tercera en población, después de Tel-Aviv y Jerusalén. Cuenta con un cuarto de millón de habitantes, y sumados los de Haifa Rabatit en sus cercanías, forma un conglomerado de cuatrocientos cincuenta mil, en su mayoría judíos. Es el centro de la industria pesada, textil y química y su puerto es el principal del país.

Cuando en 1898 la visitó Teodoro Herzl, el fundador del sionismo, pronosticó que la ciudad crecería y se convertiría en un centro industrial. Ello atrajo a miles de emigrantes judíos. Tres han sido los factores determinantes de su desarrollo: la construcción del ferrocarril en 1905, que la unió con el interior, la del gran puerto moderno en 1933, el mejor de Oriente, que la abre al mundo, y la de la refinería de petróleo en 1934. Durante el mandato británico (1917-1948), fue el centro de la inmigración ilegal de judíos. Es voz común en Israel que: «En Jerusalén se ora, en Tel Aviv se divierten y en Haifa se trabaja».

Atravesamos la ciudad, de trazado moderno, nada oriental, y ascendemos serpenteando por la ladera al monte Carmelo, el objetivo religioso de nuestra visita.

## El Carmelo

El Carmelo es una cordillera de veinticinco kilómetros de largo y seis a ocho de ancho con una altura máxima de quinientos cuarenta metros. Abundan en sus entrañas las grutas naturales. Avanza hasta el mar desde las montañas de Samaría y separa las llanuras de Esdrelón y la de Sarón, unidas por el desfiladero de Megido. Su nombre procede del hebreo *Karm-El*, «la viña de Dios» y en la antigüedad estuvo cubierto de viñedos. Isaías ensalza «el esplendor del Carmelo» (Is 35, 2) y el Cantar de los Cantares pondera «la cabeza —de la amada— que se yergue como el Carmelo» (Cant 7, 6).

Lo que le dio más renombre en la antigüedad, fue la estancia en una de sus grutas del profeta Elías. En defensa del monoteismo, retó a los cuatrocientos cincuenta profetas de Baal, a quienes amparaba el impío Ajab, rey de Israel, influenciado por su esposa, la fenicia Jezabel. El rayo venido del cielo, en presencia de todo Israel, aclaró quién era el único Dios verdadero. Elías pasó a cuchillo a todos los falsos profetas en las riberas del torrente Quisón, que corre en la ladera del monte. Después huyó de las iras de la pérfida Jezabel.

Desde la cima del Carmelo se contempla una vista panorámica amplísima y maravillosa. Al oeste, el inmenso y azulado mar Mediterráneo, que se pierde en el horizonte, y la fértil llanura de Sarón. Debajo Haifa, con sus calles bien trazadas, su moderno puerto en el que sobresale el silo de Dagón y, en la ladera, brilla entre jardines y agudos cipreses, una cúpula dorada. Enfrente se abre la tranquila bahía con sus playas, San Juan de Acre *(Akka, Tolemaida)* y, a la derecha, la llanura de Esdrelón.

El monte Carmelo es conocido en el mundo entero, porque en él nació la gloriosa Orden Carmelitana, que tanta gloria había de dar a Dios y a la Iglesia por su espiritualidad y sus místicos. A finales del siglo XII, un grupo de cruzados, deseosos de imitar la vida eremítica del profeta Elías, se establecieron en las grutas de las estribaciones del Carmelo. Hacia los años 1206-1214, San Brocardo, superior de dichos solitarios, solicita y obtiene de San Alberto, obispo de Jerusalén, una regla de vida religiosa (2). Construyeron una capilla y un convento en el *wadi Es-Siah*, cerca de la fuente de Elías, a siete kilómetros al sur de Haifa. Al caer San Juan de Acre en 1291 en poder del

---

(2) En el monte Carmelo vivió San Simón Stok, a quien la Virgen entregó el escapulario del Carmen, de tanta devoción popular.

sultán Malik el-Ashraf, los carmelitas abandonaron Tierra Santa.

En 1631, el Ven. P. Próspero Garaizábal, carmelita descalzo, volvió al monte Carmelo y levantó un peqeño convento, cerca de donde ahora está el faro, y allí permanecieron hasta 1767, pero pronto se instalaron en el actual monasterio, que alberga en su interior la gruta del profeta Elías. En 1799, los carmelitas fueron arrojados por los turcos y el convento fue destruido en 1821 por orden del *Pashá* de Acre. En 1836 se inauguró la iglesia actual, que el Papa Gregorio XVI elevó a la categoría de Basílica Menor con el título de *Stella maris*.

Entramos en ella con el gozo de visitar en el lugar de origen a la Virgen del Carmen, patrona de los marineros, y a la que tanta fe y devoción hemos tenido, inculcadas por nuestras madres, desde la niñez. Tiene la forma de cruz griega. El altar mayor está elevado, pues debajo de él se halla la gruta de San Elías, que blande una espada de fuego. La Virgen con el niño en sus rodillas está sentada en su trono y de su mano derecha pende el escapulario. La talla es muy hermosa, de cedro policromado, obra de Caraventa (1820). La cúpula está decorada con escenas alusivas a Elías, David, Ezequiel, Daniel, Sagrada Familia, los Evangelistas y santos de la Orden Carmelitana. Las vidrieras representan episodios de la vida del profeta Elías.

En el altar mayor, a los pies de la Virgen del Carmen, concelebramos la Eucaristía amenizada con cánticos. ¡Cuánto pedimos en las preces y en el santo sacrificio por toda la humanidad que navega hacia Dios por el mar proceloso de la Historia, por los seres más queridos, por la Orden Carmelitana (3), por los marinos del mundo entero para que los proteja en su arriesgada y sacrificada vida!

---

(3) La Orden carmelitana, cuya peculiaridad es la pastoral de la espiritualidad, tiene una rama masculina con tres mil cuatrocientos miembros en cuatrocientas sesenta y nueve casas repartidas en los cinco continentes. La rama femenina cuenta con más de trece mil monjas, distribui-

Al salir de la basílica, fuimos a comprar los últimos recuerdos del viaje y conocimos al H. Pablo, que nos encantó por su simpatía y amabilidad. Ante el monasterio, se eleva una pequeña pirámide con la inscripción: *Ceciderunt fortes in bello*, «Cayeron los fuertes en la guerra». Es un homenaje a los dos mil soldados franceses que, al mando de Napoleón Bonaparte, fueron heridos en el asedio de San Juan de Acre en 1799. Hospitalizados en el monasterio, murieron asesinados por los turcos en la retirada de las tropas napoleónicas.

A la derecha, en la explanada, se alza entre palmeras el monumento a la Inmaculada Concepción, regalo de Chile. Antes de abandonar aquel lugar de ensueño, fuimos al mirador para extasiarnos ante aquel paisaje tan bello y dilatado. Las naves cruzaban la mar y las gaviotas planeaban sostenidas por la suave brisa. Una blanca nube nos recordó aquella que, en tiempos de Elías, anunció el fin de la sequía que asolaba al país (I Rey 18, 41-46).

## Los Bahais

Descendimos de la montaña y visitamos el centro de los *bajais*, que desde la ladera domina la ciudad. Los jardines bajais, de estilo persa, son únicos. Abundan los árboles exóticos, las verdes praderas, las flores bellísimas y variadas, todo ello adornado con candelabros, águilas, ánforas de mármol y de bronce, pavos reales. Proliferan los esbeltos y agudos cipreses. Todo es delicado, exquisito, primoroso, de un gusto muy refinado.

A través de los jardines, que tanto nos deleitan, caminamos hacia el mausoleo de la cúpula dorada, edificado de 1948 a 1953. En este santuario bajai reposan los restos de

---

das en ochocientos treinta y cinco monasterios y presentes en setenta y siete naciones, cuya misión es orar e inmolarse con la Iglesia y por la Iglesia en la vida contemplativa.

Mizra Ali Mohamed, por sobrenombre el *Bab* «la puerta», que declaró su misión en 1844 y fue ejecutado en 1850, a los treinta y un años de edad, en Tabriz (Persia). Sus restos fueron traidos clandestinamente a Palestina y enterrados en 1909 en Haifa. Junto a él descansa también Abdul Baha, hijo de *Baha Alla* «el esplendor de Dios», cuyos restos mortales están sepultados en la cercana Acre, donde murió prisionero en 1892, después de cuarenta años de destierro.

Nos descalzamos y entramos en el mausoleo. Allí están las dos tumbas en medio de ricos tapices, lujosas arañas y velos de seda. El ambiente es de silencio, misterio y distinción.

No lejos de este santuario bajai, se alza en un lugar elevado otro edificio de estilo neoclásico y de piedra blanca, terminado en 1957. Son los Archivos Internacionales de la religión bajai y encierra un museo privado, reliquias y material histórico. Su techumbre está cubierta de verdes azulejos.

La religión bajai fue fundada en Persia en el siglo XIX, como una reacción contra el fanatismo islámico y la corrupción de costumbres. Cuenta en el mundo con dos millones de adeptos y tiene en Haifa el centro de sus peregrinaciones. Se proclama una religión universal, independiente —no es una secta del islamismo— progresiva, abierta, no cerrada ya. Defiende la existencia de un solo Dios Padre Omnipotente, del que procede el mundo eterno, que educa a los hombres por medio de los profetas, que han aparecido a lo largo de la Historia: Moisés, Zoroastro, Buda, Cristo, Mahoma, en la actualidad Baha Alla, y los que Dios suscite para guiar a los hombres hasta el fin de los siglos, a fin de adaptar la religión básica, sus principios y leyes fudamentales,a las necesidades del momento.

Predica la revelación continuada , la unidad de todas las religiones,la necesidad de la oración, el amor fraterno, la igualdad de derechos y de oportunidades de todos los hombres y mujeres de cualquier raza, la tolerancia religiosa, la cortesía en las relaciones sociales, la amistad y la concordia entre todos. No tiene sacerdotes, ni ceremonias cultuales. Defiende la educación obligatoria para todos, la monogamia y la existencia de una lengua auxiliar de uso universal para fomentar la unión de todos los hombres.

Antes de abandonar el santuario bajai, recorremos de nuevo los jardines gozando con la contemplación de su belleza inigualable.

## La llanura de Sarón

Dejamos Haifa y penetramos en la llanura de Sarón. Se extiende desde el monte Carmelo hasta Jafa-Tel Aviv a lo largo de la costa occidental de Israel. Su longitud es de casi cien kilómetros y su anchura fluctua entre los ocho kilómetros al norte y los treinta, pues se ensancha a medida que se extiende hacia el sur.

Situada entre las playas y dunas arenosas del litoral mediterráneo y las montañas centrales de Samaría y Efrain es un vergel, un inmenso mar de verdor esmeradamante cultivado. En ella abundan las plantaciones de naranjos, limoneros, pomelos, toda clase de árboles frutales , trigo, viñedos, jardines y cipreses. Su fertilidad y esplendor fue proclamada por la Biblia (Is 33, 9; 35, 2; I Cro 27, 29; Cant 2, 1) y se debe al ardiente sol, a las lluvias que procedentes del oeste mediterráneo descargan antes de que las frene el macizo central y a la riqueza en agua de su subsuelo, aprovechada mediante los más modernos sistemas de regadío.

La *«Via Maris»*, que procedía de Mesopotamia y penetraba en Sarón por el paso de Megido, la atravesaba en su camino hacia Egipto. También hoy es ésta la carretera más frecuentada de Israel, ya que esta región es la más poblada del país (500 hab. por km. cuadrado)

Avanzamos junto a las playas, tristes porque todo se acaba y, a la vez, gozando del verdor de la llanura y del azul intenso del mar. A la derecha, sobre los arenales, se lanzan al cielo doce afiladas estelas, que evocan a las doce tribus de Israel. Llegamos a Cesarea Marítima a unos treinta y ocho kilómetros de Haifa.

## Cesarea del Mar

Cesarea, hoy llamada *Qasariya*, era en sus orígenes una pequeña ciudad comercial de los fenicios, llamada la *Torre de Estratón*. Augusto la cedió a Herodes el Grande, quien eligió aquel lugar para construir una ciudad fastuosa, enteramente nueva. Herodes la llamó Cesarea en honor del emperador Cesar Augusto. En plena llanura de Sarón, a la orilla del Mediterráneo, fue una de las ciudades más bellas y magníficas de su época y su puerto superó en importancia al de Jafa.

El trazado de la ciudad era cuadricular y en el cruce de sus dos avenidas principales se abría el foro con edificios monumentales, entre los que sobresalían el templo dedicado a César Augusto y el palacio real. Una larga avenida flanqueada de columnas conducía al teatro, al sur, abierto a los aires marinos. El hipódromo, de doscientos treinta metros de longitud, podía acoger a veinte mil espectadores. Un acueducto, que aún emerge de las arenas, conducía el agua dulce desde los manantiales al pie del Carmelo hasta Cesarea. Las mareas y las corrientes marinas removían el alcantarillado construido bajo el suelo de la ciudad. Como el litoral era arenoso, se construyó un puerto artificial de cuarenta metros de profundidad.

Desde la destitución de Arquelao, el hijo de Herodes, como rey de Judea en el año 6 d.J.C., Cesarea fue elegida por su magnificencia y su suave clima litoral abierto a las brisas marinas como residencia oficial de los procuradores romanos. Sólo en las grandes solemnidades judías subían a Jerusalén para prevenir o reprimir posibles revueltas. Por espacio de quinientos años, Cesarea fue la capital de la provincia romana.

Evangelizada por el diácono Felipe (Hch 8, 4; 21, 8-9), en Cesarea, Pedro bautizó al centurión romano Cornelio, por sobrenombre «El Itálico», hombre religioso, que junto con su familia rendía culto al Dios verdadero, ayudaba con limosnas a los judíos pobres y oraba contínuamente a Dios (Hech 10, 1-48). Pablo estuvo repetidas veces en Cesarea: al volver del primer viaje (Hch 18, 30), en una de sus subidas a Jerusalén (Hch 21, 8-16) y, finalmente, durante dos años en prisión preventiva hasta que apeló al César (Hch 23, 23; 27, 2).

Fue la cuna de la primera rebelión judía contra Roma (66-70 d.J.C.), que condujo a la guerra y culminó con la destrucción de Jerusalén, el incendio del Templo por Tito y la toma de Masada. Vespasiano fue proclamado emperador en ella.

Cesarea del Mar fue un foco floreciente del cristianismo y de su expansión. En ella se celebró en el año 195 d.J.C. el Concilio de Cesarea, que fijó el domingo para celebrar la pascua. En los siglos III y IV brilló como gran centro intelectual cristiano, con figuras como Orígenes (185-253) y Eusebio de Cesarea (263?-340), el primer historiador de la Iglesia.

En el año 640, cayó en poder de los musulmanes. Tomada por los cruzados en 1101 fue reconstruida y fortificada. Arrasada por Baibars en 1263, quedó abandonada y desapareció sepultada por las arenas. En 1940 unos pescadores la descubrieron.

Visitamos sus impresionantes ruinas romanas, bizantinas y cruzadas. El anfiteatro romano excavado en 1961, que se utiliza actualmente para conciertos y representaciones teatrales (4), las calles bizantinas, las robustas murallas

---

(4) En 1956 se encontró una piedra tallada con los nombres de Tiberio y de Poncio Pilato, del que no había otras noticias sino las proporcionadas por el Nuevo Testamento.

de San Luis (1252) con fosos de diez metros de ancho y diez o quince de altura muy bien conservadas y las ruinas de la catedral cruzada. Hoy Cesarea es una localidad turística muy popular, famosa por sus bellas playas.

## Tel Aviv — Jafa

Proseguimos nuestro camino hacia el sur, siempre junto a las playas. Llegamos a *Tel Aviv*, «la colina de la primavera», fundada en 1909 por unos pocos judíos de Jafa. Hoy es la ciudad más populosa de Israel con su cerca de medio millón de habitantes. Es una ciudad moderna, cosmopolita, de corte occidental. Fue la capital de Israel hasta 1948, en que la capitalidad se trasladó a Jerusalén, al constituirse el nuevo Estado. Sin embargo, Tel Aviv continúa siendo la capital cultural, comercial e industrial del país, totalmente judía. Un centro de negocios y de diversiones. En 1950 se fusionó con Jafa formando un solo municipio. Atravesamos la ciudad de norte a sur, en busca de nuestra meta: Jafa.

La ciudad de Jafa tiene, según la leyenda judía, un origen posdiluviano, pues la fundaría Jafet, el hijo de Noé en el año 4000 a.J.C. En realidad fue fundada por los fenicios en el 1600 a.J.C. Es mencionada en la lista de las ciudades capturadas por Tumosis III de Egipto (1483-1450 a.J.C.) y en las cartas de El-Amarna (1376-1350 a.J.C.). Edificada sobre un promontorio rocoso de poca altura, se adentra en el mar y forma al norte una pequeña bahía.

En la Biblia figura por primera vez en tiempos de la conquista de Josué, que la atribuyó a la tribu de Dan, que no llegó a conquistarla (Jos 19, 46). En tiempos de Salomón fueron desembarcados en Jafa (Joppe) los cedros del Líbano que le enviaba Juram, el rey de Tiro, para la construcción del primer Templo (2 Cro 2, 15; 1 Rey 5, 22-26) y nuevamente, después del destierro de Babilonia, en tiempos de Zorobabel, para el segundo (Esd 3,7). Sí fue conquistada por Simón Macabeo, que abrió paso a las islas del mar (1 Mac 12, 33; 14, 5). En Jafa se embarcó el profeta Jonás para Tarsis, cuando huía del mandato de ir a Nínive para anunciarle su próxima destrucción (Jon 1, 3).

Jafa fue también un punto de partida para la difusión del cristianismo. Pedro resucitó allí a una mujer creyente llamada *Tabita*, «gacela», que se dedicaba por entero a hacer buenas obras y a socorrer a los necesitados (Hch 9, 36-43). En Jafa oraba Pedro, a eso del mediodía en la terraza de Simón el curtidor, cuando tuvo una visión en que se le reveló la universalidad del Evangelio, que debía ser predicado sin distinción a judíos y gentiles, sin necesidad de guardar la ley de Moisés ni circuncidarse (Hch 10, 9-48). A continuación partió Pedro para Cesarea a fin de bautizar al centurión Cornelio y a su familia, gentiles.

Jafa recuperó, a la caida de Cesarea, su importancia como puerto de mar. Allí desembarcaban los peregrinos desde los tiempos de los cruzados hasta este siglo en que el puerto de Haifa le ha arrebatado la primacía. En la actualidad, aunque anexionada a Tel Aviv, su población es de ciento cincuenta mil habitantes judíos, menos unos catorce mil árabes (diez mil musulmanes y cuatro mil cristianos).

Fuimos a la iglesia de San Pedro, de los PP. Franciscanos, edificada en 1654 en lo alto del promontorio. Recuerda la estancia del apóstol. Desde la terraza del convento contemplamos una vista bellísima sobre el Mediterráneo, la bahía y Tel Aviv con sus playas y embarcaderos, sus hoteles y rascacielos. En el mar sobresalen unos tres metros de las aguas las rocas de Andrómeda (5), donde los

(5) Según la mitología griega, Andrómeda, hija de Cefeo, rey de Etiopía y de Casiopea, fue encadenada a estas rocas por su padre para ser devorada por un monstruo marino, a fin de calmar la ira de Poseidón, que azotaba el reino azuzado por los celos de las Nereidas por la belleza de Casiopea. El héroe Perseo, que montaba a Pegaso, mató al monstruo sirviéndose de la cabeza de Medusa, libertó a Andrómeda y se desposó con ella.

primitivos habitantes ofrecían sus hijas más hermosas al dios del mar.

La moderna Jafa está construida sobre la antiquísima, por lo que las excavaciones no pueden realizarse. Sin embargo, en los años 1955-57, G. Kaplán realizó en la explanada cercana a la iglesia de San Pedro algunas excavaciones que han quedado, bajo el nivel del suelo, al descubierto. Apoyados en la barandilla examinamos aquellas ruinas cananeas, fenicias, helénicas, romanas y bizantinas, testigos mudos de su antigüedad. Visitamos, a continuación, el Barrio de los Artistas junto a la orilla del mar, muy típico por sus callejas estrechas, escalonadas, entrecruzadas y sus galerías de exposiciones.

Aquella noche subimos a Jerusalén para comenzar al día siguiente nuestra peregrinación al Sinaí.

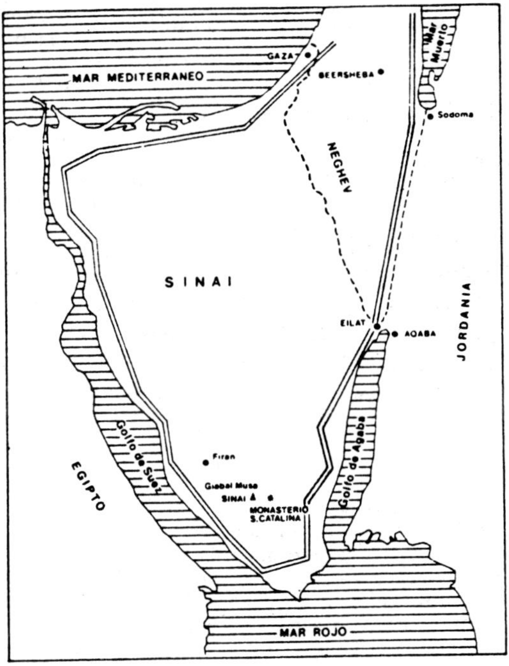

# HEBRON

## De Jerusalén a Hebrón

Salimos de Jerusalén rumbo al sur. En las anchas cimas de las montañas y colinas que rodean la capital, se han multiplicado los barrios residenciales. Bloques de viviendas de cuatro o seis pisos de piedra blanca y dorada, entre abundante arbolado, se extienden en todas direcciones alrededor de Jerusalén, lo que hace la vida más humana por la desconcentración y el contacto con la naturaleza.

A las puertas de Belén vemos el sepulcro de Raquel, la esposa preferida de Jacob, muerta allí al dar a luz a Benjamín. Yace sola lejos de sus familiares y de su esposo, que descansan en la gruta de Macpela. En compensación, el pueblo siente por ella una devoción especial. Mujeres y hassidim entraban y salían de orar ante su tumba. Atravesamos Belén, recostada en soleadas colinas y tomamos el camino de Hebrón.

Más adelante, dejamos a la izquierda *Ain Dhirve*, donde aún brota la fuente en que el diácono Felipe anunció la buena nueva y bautizó al eunuco, administrador general del tesoro de la reina de Etiopía (Hch 8, 26-40).

El horizonte se dilata a medida que las colinas y valles se van haciendo más suaves y ondulados, cubiertos de hierba y de rocas y con poco arbolado. Con frecuencia sus laderas están cruzadas por bancales de piedras doradas, levantadas hace siglos por el hombre para evitar la erosión y aumentar la superficie cultivable. En ellos crecen árboles sueltos, higueras, olivos, almendros, granados, altivos cipreses y, por el suelo, matorrales y alegres florecillas silvestres, lilas, blancas, amarillas, rojas.

Abundan los viñedos (1) cuyas cepas, tumbadas y apoyadas en un montoncito de piedras, extenderán por el suelo sus sarmientos, sus hojas y sus pámpanos. La tierra es roja y cercada de tapias. Todo parece un cuadro de Benjamín Palencia. La región está poco poblada. Al acercanos a Hebrón, blancas casitas salpican el paisaje. Mujeres y hombres palestinos con largas túnicas y sus cabezas cubiertas con velos y kefiyes pastorean sus rebaños o trabajan la tierra con arados romanos.

## Hebrón

A unos treinta y siete kilómetros de Jerusalén, en el camino de Beer-Seba, se asienta Hebrón, sobre movedizas colinas, a unos 1020 metros sobre el nivel del mar. Es uno de los poblados más antiguos de Israel. Había sido fundado, según la Biblia, en el siglo XVII a. J.C., «siete años antes que Tanis de Egipto» (Num 13, 22). En su larga historia no ha sido abandonado, por lo que se le considera la ciudad no amurallada más antigua del mundo. Es la *Kiryat Arbá* de la Escritura, «la ciudad de los cuatro». Los árabes la llaman *Al Jalil er-Rahman* «la loma del amigo», por Abrahán el gran amigo de Dios. Actualmente cuenta con una población de sesenta mil habitantes.

En Hebrón nació Isaac, el hijo de la promesa, y en él murieron y fueron sepultados Sara y Abrahán. Aquí reinó David siete años y medio sobre Judá y allí le aclamaron rey de todo Israel los representantes de las tribus del norte (2 Rey 5, 1-5). Fue capital del reino unido hasta que Da-

---

(1) Los viñedos de Hebrón son famosos por sus buenos vinos. Allí cerca está el *Valle de Eskol* «del racimo», en el que los exploradores de Israel cortaron un sarmiento con un racimo de uva, que transportaron con una pértiga entre dos.(Num 13, 20-24).

vid conquistó Jerusalén a los jebuseos en el año mil. En Hebrón vino al mundo Absalón y se rebeló contra su padre (2 Sam 15, 10). Durante la cautividad de Babilonia cayó en manos de los edomitas y fue reconquistada por los Macabeos.

Visitamos en primer lugar el sitio en que crecía el encinar de Mambré. En él Abrahán, sentado a la puerta de su tienda en lo más caluroso del verano, recibió la visita de tres personajes. Los acogió con la proverbial hospitalidad y les obsequió con tortas de harina hechas por su esposa Sara, un becerro de la vacada y leche cuajada. Al terminar la comida, le preguntaron por su mujer, que estaba dentro de su tienda, y le aseguraron que de ella tendría un hijo del que nacería un pueblo numeroso más que las estrellas del cielo y las arenas de las playas marinas, que su descendencia poseería aquella tierra por la que ahora nomadeaba y que en ella serían benditas todas las naciones de la tierra (Gen 15, 1-21).Abrahán creyó a la palabra de Dios, porque para El nada es imposible, a pesar de que ambos esposos tenían cerca de cien años y Sara había sido estéril.

Es un recinto amplio rectangular (75 m. por 50), abierto al cielo, aislado por Herodes con grandes bloques que forman muros de unos dos o tres metros. Fue destruído durante la primera rebelión judía (66-70) y restaurado por Adriano, quien profanó el lugar al levantar en su interior un altar y una estatua en honor a Mercurio. Quería borrar todo vestigio judío. Constantino, a instancias de su suegra Eutropia, que había visitado el lugar, edificó una grandiosa basílica dedicada a la Santísima Trinidad en memoria de los tres visitantes del patriarca. Destruída por los persas en el 614, sus ruinas pasaron desapercibidas para los cruzados y han sido excavadas en este siglo.Hoy se conserva el muro circundante. En el ángulo del suroeste hay un pozo y no crecen las encinas ni los terebintos. Sólo hay un árbol seco. Casi la mitad del recinto está cubierto de ruinas de edificios antiguos, entre los que se perciben diversas dependencias, suelos enlosados, bellas piedras de sillería, el ábside de la basílica, piedras talladas y trozos de columnas.

Dios probó la fe de Abrahán en otra ocasión y vió que era inquebrantable. Le pidió que le ofreciera en holocausto, en el país de Moria, a Isaac, el hijo de la promesa. Si lo sacrificaba, ¿cómo podría proceder de él un pueblo inmenso? Abrahán esperó contra toda esperanza, Dios es todopoderoso, y en el momento en que levantó el brazo para inmolarlo, un ángel se lo detuvo y Yavé le reiteró su promesa (Gen 22, 1-18).

Estos recuerdos tan antiguos de nuestros orígenes —los hijos de la fe somos los hijos de la promesa— hacían que sintiéramos piedad y emoción al revivir la gracia del don precioso de la fe.

Sentado sobre las ruinas reflexioné que gracias a la fe conocemos con seguridad la solución de tantos problemas fundamentales que las ciencias no pueden ni plantearse y cuya respuesta apenas vislumbra la filosofía. Por la fe sabemos con certeza qué somos, cuál es nuestro primer origen y nuestro último fin, de dónde venimos y a dónde vamos y cuál es el sentido de la vida, del trabajo, del dolor y de la muerte. Sólo por la fe podemos entrar en contacto con el misterio de Dios, penetrar en la naturaleza y en la esencia de ese Dios invisible que es amor y padre, compasivo y misericordioso, incondicional y siempre fiel, y en sus designios: hemos sido creados por amor y para una eternidad dichosa y, puestos en el camino de nuestra perdición por nuestros pecados, Dios no nos abandonó, sino que se nos dio en la encarnación del Verbo y en la vida, pasión, muerte y resurrección de su Hijo Jesús, a fin de salvarnos, hacernos hijos suyos y conducirnos a la eterna bienaventuranza.

Afianzados en la fe no nos encontramos solos en el universo como seres absurdos, limitados, con ansias infinitas y destinados a la nada. Nos sentimos acompañados y amados de Dios, de quien nos fiamos cuando nos revela estas verdades básicas que ni los sentidos ni nuestra inteligencia por sí solos pueden ver ni comprender. Allí se me avivaron el sentimiento de la gratuidad de la fe y los deseos de fortalecer y de defender este precioso tesoro por el que prestamos el homenaje del entendimiento y de la voluntad al que es invisible, cuya naturaleza supera infinitamente nuestra capacidad y cuyos designios son inescrutables.

## La tumba de los Patriarcas

El pueblo se extiende de norte a sur y, por sus callejuelas de casas bajas de piedra blanca, nos acercamos a la tumba de los Patriarcas. Cuando Sara murió a los cientoveintiseis años, Abrahán compró a Efrón, el hitita, el campo y la cueva de Macpela por cuatrocientos siclos de plata. Al morir Abrahán en buena ancianidad, sus hijos Isaac e Ismael lo sepultaron en la misma caverna (Gen 23, 1-20; 25, 7-11), donde también fueron colocados los restos de Isaac y Rebeca, de Jacob, traídos de Egipto, y los de su esposa Lía. Sólo falta Raquel.

Sobre esta cueva de Macpela, Herodes el Grande, para ganarse a los judíos, levantó un gigantesco monumento funerario (50 m. de largo por 34 de ancho), que se conserva después de dos mil años. Admiramos sus altos muros ciegos, de unos trece metros de altura, edificados con bloques ciclópeos, como los del Muro de las Lamentaciones o los de la Torre Hípicus de la ciudadela de David. Es un edificio impresionante construído sobre la roca. Tiene aires de fortaleza y semeja un gran silo moderno. Está coronado de añadiduras bizantinas, cruzadas, y dos minaretes musulmanes ponen una nota de elegancia en aquel pesado y macizo edificio.

El monumento herodiano fue deteriorado por Adriano en 135 d.J.C., transformado en iglesia por los bizantinos en el siglo V y los musulmanes la convirtieron en mezquita en el siglo VII. Los cruzados construyeron en su interior el templo de San Abrahán en el XII y, desde 1187, año de la conquista de Saladino, ha sido mezquita hasta hoy. Los musulmanes le llaman *Haram al Jalil*, «el recinto del amigo». Ellos hicieron prosperar a Hebrón, que es una de sus cuatro ciudades santas, junto con la Meca, Medina y Jerusalén.

Una amplia escalinata conduce entre olivos a la entrada del recinto amurallado. En su interior hay una gran mezquita, obra fundamentalmente de los cruzados y diversas dependencias intercomunicadas. En la parte central, una primera estancia encierra dos túmulos del siglo XVIII, de forma exagonal, cubiertos con paños verdes y púrpura bordados en oro. Corresponden a las tumbas subterráneas de Abrahán y de Sara. Por en medio de ellos se accede a la iglesia de San Abrahán, edificada por los cruzados. Los mamelucos le dieron un aire más islámico decorándola con azulejos, frisos caligráficos, mosaicos geométricos multicolores y un *mihrab* o nicho de oración.

A su derecha se levanta el *minbar*, «el púlpito», regalo de Saladino. Detrás de los pilares hay dos mausoleos más modestos, el de Rebeca a la izquierda y el de Isaac a la derecha. Son del siglo XIV. La gran nave cruzada es ojival y la ilumina una vidriera de los artesanos de Hebrón. En la parte occidental del *haram* se alzan los túmulos de Jacob y de Lía. Detrás del cenotafio de Isaac, una losa recubre la entrada en la gruta de Macpela clausurada por los cruzados con pesados cierres de hierro. La caverna está rodeada de misterio y el Islam prohibe la entrada en aquel lugar sagrado (2).

En el año 1967, Hebrón fue ocupado por las tropas de Dayán y una de las salas del recinto fue convertida en si-

---

(2) Nos consta que a lo largo de los siglos penetraron en ella un monje cruzado en el siglo XII, un oficial inglés en 1917, que desconocía la significación del lugar y una niña de doce años en 1967, que no supo decir lo que había visto.

nagoga. También para los judíos —Abrahán es el padre de la fe de las tres religiones monoteistas— Hebrón es una ciudad santa con Jerusalén, Tiberíades y Safed.

Al salir del recinto recorrimos los zocos, entre cuya multitud de objetos abundaban las piezas de alfarería artesana y los de artículos de vidrio soplado, especialidades en que es famosa la ciudad.

## El desierto del Neguev

Proseguimos nuestro camino y penetramos en el desierto del Neguev, que recorreremos durante horas y horas. El paisaje se hace aún más llano y despoblado y el horizonte se amplía. La tierra es árida, rocosa, dura y de color ocre. Aparecen las tiendas de los beduinos aisladas o en pequeños poblados. Pasamos de largo por *Beer-Seba*, la capital del Neguev y antiguo límite meridional del reino de Israel, que se extendía «desde Dan hasta Beer-Seba». Es hoy una ciudad floreciente, casi íntegramente judía, con cerca de ciento diez mil habitantes, en su mayoría inmigrantes. Son famosos los mercados de los beduinos todos los jueves.

Paramos en el kibutz *Sede Boker* para visitar la modesta casa donde David Ben Gurión, el padre del moderno Estado israelí, vivió desde 1953. La casita está llena de recuerdos suyos y de su esposa Paula y llama la atención la sencillez del mobiliario. En ella Ben Gurión planeó el futuro desarrollo agrícola e industrial de la región. Comimos bajo los árboles no lejos de las tumbas gemelas de los dos esposos.

Seguimos nuestro viaje por el desierto del Tsin, árido y estepario. Para aliviar su monotonía, subimos a un cerro sobre el que reposan las ruinas de la ciudad nabatea de *Avdat*, cuyo nombre deriva del rey Abdat II, contemporáneo de Herodes el Grande (3). Sus hermosas murallas encierran calles empedradas, edificios derribados del mercado, casas romanas, un fuerte, los restos de iglesias y de un convento de bizantinos, baños, aljibes y lagares.

Nos vamos habituando al desierto y gustando de él. Una de las viajeras dice: «Me encanta el desierto. Me hace entrar dentro de mí, y pensar. Como no ves nada que te distraiga o entretenga...» Por tercera vez nos detenemos en *Mispé-Ramón* para contemplar, desde el borde de la carretera, el gigantesco cráter de un volcán apagado. El sol cae todo el día implacable sobre los resecos, sedientos y ligeramente accidentados paisajes. Por fin, divisamos el mar Rojo, el golfo de Acaba, en cuyas azules aguas se reflejaban las rojas montañas graníticas de Jordania. A media tarde llegamos a Eilat.

(3) Los nabateos fueron una nación de comerciantes, cuya capital era *Petra*, «la ciudad color de rosa», hoy en Jordania. Sus comienzos datan del siglo III a.J.C. y con los años aumentaron su poder y controlaron las rutas de las caravanas. Ejercieron su mayor influencia entre el siglo II a.J.C. y el comienzo del II de nuestra era. En el 106, el emperador Trajano transformó aquel imperio en una provincia romana. Tuvieron su cultura propia y su arquitectura y artesanía características. Parece que se convirtieron al cristianismo y fueron absorbidos por el régimen de Bizancio.

# EL SINAI

Al día siguiente salimos de Eilat de mañanita hacia la península del Sinaí, de forma triangular y treinta y cinco mil kilómetros cuadrados de extensión. A nuestra izquierda, el mar de un azul intenso está movido y sus olas coronadas de espuma se deshacen en las playas pedregosas. En un cuarto de hora llegamos a *Taba*, la frontera egipcio-israelí.

Cumplidos los prolijos y enojosos requisitos aduaneros, proseguimos nuestro viaje. Cercana a la costa está la isla del Coral, también llamada del Faraón y de Saladino, en la que se alza una formidable fortaleza cruzada del siglo XII. A nuestra derecha se levantan acantilados escarpados de granito rojo y en el suelo crecen escasos matorrales. Hacemos un alto en *Centa*, donde curioseamos papiros muy bellos elaborados artesanalmente por el mismo vendedor. A la altura de *Nubeibat*, dejamos el mar y nos adentramos hacia el occidente por el *wadi Watir*.

## El desierto del Sinaí

El desierto del Sinaí, no es el de Judá de montañas y colinas bajas, ocres, sedimentadas y de formas redondeadas, es un mar agitado de montañas graníticas altísimas, impresionantes, multicolores, cortadas a pico, atravesadas por profundas torrenteras. Es un inmenso caos geológico de macizos y picachos majestuosos, inaccesibles, en carne viva, que ocupa toda la punta sur de la península y surgió del fondo de la tierra por la confluencia de los continentes africanos y asiáticos. En su conjunto es una zona de una belleza fascinante, atractiva, indomable.

En alas de la imaginación uno se retrotrae en varios cientos de millones de años para reconstruir aquel cataclismo en que las moles y masas rocosas de granito, derretidas e hirvientes, surgieron con fragor telúrico, del fondo de las profundidades de la tierra y fueron enfriándose y petrificándose en sus fantásticas formas y coloridos actuales.

Uno se siente seducido por la belleza de aquellos grandiosos acantilados y cordilleras que se suceden en diversas perspectivas con sus variados colores naturales, rojos, verdes, violáceos, amarillos, grises, oscuros, según sean las substancias químicas que prevalecen en su constitución. Si un pintor copiara aquella riqueza de coloridos que, además, van matizándose con el curso del sol, sobre todo al atardecer, pensaríamos que su cuadro era un paisaje de ficción.

Más adelante, comienza otra región de montañas más bajas, estratificadas, que flanquean amplias y silenciosas llanuras de arena muy fina. Las montañas y las rocas aisladas han sufrido la erosión de los fríos nocturnos, de los vientos arenosos y de los cálidos días y presentan conjuntos de formas cuasi humanas, que simulan frisos y jeroglíficos egipcios. El paisaje es abierto, dilatado, horizontal, inundado de un ardiente sol, aunque a veces atravesamos hondos desfiladeros.

Las llanuras están «resecas, agostadas, sin agua», sólo llueve en los inviernos unos cincuenta milímetros por metro cuadrado al año. La vegetación es muy escasa, algunas pequeñas matas, arbustos y sobresalen las acacias del desierto, con cuya madera Moisés hizo el Arca de la Alianza (Ex 25, 10). Tienen una altura de unos tres metros y sus ramas, extendidas en forma de parasol, ofrecen sombra a los pastores beduinos y a sus rebaños, y madera para el fuego. Las raíces tienen tres veces la altura del árbol, se hunden en la tierra en busca de aguas subterráneas y alcanzan la longitud de diez metros., Sus hojas son muy finas y pequeñas y están protegidas con punzantes y largas espinas del mordisqueo de los camellos y de las cabras.

En algunos recodos y torrenteras se ven casitas de beduinos junto a algún oasis vivificado por una fuente perenne. Allí cultivan productos agrícolas y aprovechan los pastos estacionales para el pastoreo. Las altas palmeras, además del frescor de su sombra, les proporcionan hermosas flores y sabrosos dátiles. Los beduinos en el Sinaí son unos seis mil y, a diferencia de los del desierto de Judá, que aún nomadean, viven asentados en casitas que, a veces, recuerdan las chabolas de nuestros suburbios, o son de mampostería.

Hacemos un alto en el camino en plena llanura arenosa para contemplar en una roca rojiza y aislada unas inscripciones de los mercaderes navateos, que transitaron por aquellos caminos dos siglos antes y después de nuestra era. Estamos recorriendo una de las rutas más antiguas de la humanidad, desde los tiempos de las primeras dinastías faraónicas. En ella se hallan dispersas inscripciones de hace varios miles de años, algunas aún no descifradas, egipcias, presinaíticas, navateas, cristianas, miles de grafitos y dibujos caprichosos y ruinas de templos a la diosa *Hator*, señora de la turquesa, cuyas minas, así como las de cobre y malaquita, explotaban en la zona central las primeras dinastías egipcias.

Un beduino, con su hija de unos doce años con la cabeza y la carita tapada y su hermanito de seis años, descansaban a la sombra de la peña. En el suelo, con piedras había delimitado sus dominios en aquella tierra de nadie. Intentamos fotografiar a la niña, pero en vano, pues se cubría la cara con el velo y se daba la vuelta. Le dí unos alimentos y caramelos y sonrió agradecida.

Durante todo el día tuvimos contactos con los beduinos. ¡Qué impresión tan honda me produjeron su vida en el desierto y el contraste con la nuestra! Ellos sin prisas habitan en aquellos parajes abiertos, solitarios, silenciosos y nosotros en estas ciudades superpobladas, agitadas, agresivas, contaminadas por el ruido, la polución y las noticias terribles de los medios de comunicación. Ellos, perdidos entre la tierra desnuda y el cielo, viven con la mayor austeridad en lo tocante a la vivienda, la alimentación y el vestido, y nosotros arrastrados por la corriente impetuosa del consumismo, abundamos en todo, aun lo más sofisticado, y necesitamos satisfacer de inmediato todos nuestros caprichos y antojos tan artificiales.

En compensación, si nosotros estamos vertidos al exterior y sin vida personal íntima, inquietos y vacíos, materializados y dominados por el egoísmo, ellos viven una vida interior profunda, un gran desasimiento de las criaturas, unido a su tradicional hospitalidad, una apertura a lo trascendente, a lo infinito, a lo divino, de que les hablan aquellas llanuras inmensas, aquellos macizos altísimos, aquellos cielos azules o estrellados. Se explica que no quieran cambiar su modo de vida. ¡Cómo me impactó el palpar esta realidad del desierto! Me resonaban aquellas palabras de Jesús: «no te pido, Padre, que los saques del mundo, sino que los protejas del mal».

En medio de nuestra civilización occidental, como hombres y como cristianos, nos hemos de empeñar en hacer nuestros altos en el camino, en producir el silencio en nuestras almas, en usar de los bienes creados con moderación como regalos de las manos creadoras de Dios, como destellos de su divinidad y de su hermosura y como primicias del cielo, en vivir conscientes, dueños de nosotros mismos y libres, y en estar abiertos a Dios, a Jesucristo y a la generosa entrega a los demás. Los beduinos me dejaron un recuerdo imborrable. ¡Se necesita tan poco de lo de aquí abajo para ser feliz!

Al fin, divisamos en el horizonte el *Djebel Katrín*, «el monte de Santa Catalina», de 2.642 metros, el más alto de la región, detrás del cual se alza el *Djebel Musa*, «el monte de Moisés», de 2.285 metros, sobre cuya cima Dios conversó con él y le entregó las tablas de los diez mandamientos. Penetramos en la amplia y dilatada llanura de *el-Rahab*, donde acampó el pueblo hebreo.

En lo alto de un cerro, a la izquierda, hay una capilla dedicada al recuerdo de Aarón. Allí, aquel pueblo de dura cerviz y de espíritu infiel al Señor adoró al becerro de oro, mientras Moisés estaba en la montaña. A la sombra de los picachos graníticos que flanquean la llanura, se extienden las casitas de los beduinos. Son de piedras de granito, rojas, blancas y grises, y los muros se alzan un metro y medio del suelo. Las cubren con altas carpas, blancas o negras, según quieran defenderse del calor o del frío. Una tapia delimita un jardín y un huertecito y el verdor de sus árboles contrasta con el rojizo fondo granítico. En sus alrededores, pastan camellos, ovejas y cabras.

Al final de la llanura, en lo hondo de un desfiladero, entre altísimas montañas rocosas, la de la derecha es el Sinaí, crecen el arbolado y los altos cipreses del oasis, que oculta el monasterio de Santa Catalina. Cerca de él, en el torrente, florece un huerto con viejos olivos, manzanos, altas palmeras, almendros y eucaliptos. Las murallas altas y doradas rodean el antiguo monasterio. A su puerta unos beduinos jóvenes y niños nos ofrecen los servicios de sus camellos enjaezados.

## Un poco de historia.

Desde el siglo III y IV, aquellos parajes fueron poblados por cristianos, que acudían a aquel lugar solitario, cargado de reminiscencias bíblicas, en busca de la soledad y del silencio favorables a su santificación y a sus deseos de apagar la sed de Dios. También les inclinaba a ello la necesidad de huir de las persecuciones de la Roma pagana y de las discusiones bizantinas. Vivían solos en cavernas, en suma pobreza y austeridad, dedicados a la oración y los días festivos se reunían alrededor de la zarza ardiente.

Allí estuvo nuestra audaz Egeria, quien en el año 382 d.J.C., nos dejó constancia en su Itinerario de que los eremitas eran numerosos en la región y de que acogían generosamente a los peregrinos. «Está en un paraje, escribe, donde hay numerosas ermitas y una iglesia en el extremo del valle. Delante de la iglesia hay un jardín muy bello, con agua excelente y abundante: en ese jardín se encuentra la zarza. Se ve allí mismo el lugar donde estuvo Moisés cuando Dios le dijo: 'Desata la correa de tu sandalia». Egeria subió a la cumbre del Sinaí, donde encontró «una iglesia pequeña y graciosa».

Una tradición posterior nos asegura que Santa Elena, la madre del emperador Constantino, mandó edificar una pequeña iglesia cerca del emplazamiento tradicional de la zarza incombustible y una torre para refugio de los anacoretas hostigados, a veces, por los beduinos aún paganos. La iglesia fue llamada de la *«Madre de Dios»*, pues la zarza, que ardía sin quemarse, simbolizaba a María, que fue madre sin menoscabo de su virginidad.

Más tarde, los eremitas sufrieron persecuciones, incluso hasta el martirio, por parte de los beduinos nómadas y acudieron al emperador Justiniano (525-565), quien ordenó al arquitecto Etiene Ailisios la construcción, en el 557, de un monasterio-fortaleza y la erección en su interior de una basílica, que han perdurado hasta nuestros días. Los altos muros incluían las primeras edificaciones de Santa Elena. Puso, además, el emperador a doscientas familias al servicio de los monjes, cuyos descendientes continúan hoy su misión y se les denomina los *djebeliyes*, «los montañeros».

En el año 565-66, se colocó en el ábside de la basílica un magnífico mosaico de la Transfiguración de Jesús en el Tabor, en el que conversa con Moisés y con Elías, tan vinculados con el Sinaí. Moisés estuvo allí cuarenta años al servicio de su suegro Jetró, el madianita, cuando huyó de la justicia egipcia (Ex 2, 11-22) y con el pueblo liberado de la esclavitud del faraón, y Elías cuando se alejaba de la ira de Jezabel (1 Rey 19, 15). El monasterio-fortaleza fue denominado oficialmente de la «Transfiguración de Cristo Salvador».

El eremitismo se fue transformando con los siglos en semianacoreta al estilo de las lauras palestinas y surgió, dentro del recinto amurallado, un gran monasterio donde vivían y alababan a Dios monjes venidos de todo el mundo. Se fue formando la rica biblioteca del monasterio en varias lenguas y, desde el siglo VI, una colección de iconos única en el mundo.

Al final de este período, Dios donó al monasterio el cuerpo de Santa Catalina, nacida en Alejandría en el 296 y martirizada en los comienzos del siglo IV. Su cuerpo fue descubierto en la cima del monte que hoy lleva su nombre, a donde, según la leyenda, había sido trasladado por los ángeles. Fue colocado en un sarcófgao de oro. Por ello el monasterio se llama de Santa Catalina.

Con la conquista musulmana, el monasterio gozó de la protección de Mahoma y de sus autoridades, si bien andando el tiempo, los monjes fueron molestados por los sultanes y los beduinos convertidos al islamismo. Para aplacar sus ánimos, en el año 1381, se transformó en mezquita un local dentro del recinto amurallado.

Con la toma de la Tierra Santa por los cruzados, acudieron numerosos peregrinos europeos y el monasterio tuvo unos siglos de renovación y de esplendor desde 1099 hasta el 1270. Después de tres siglos difíciles con los mamelucos, el sultán Solimán I, conquista Palestina y Egipto en el 1517 y las autoridades turcas respetaron los derechos del monasterio. Gozó también de la protección de los príncipes cristianos y ha sido un foco de actividades religiosas, espirituales y culturales, aun fuera de sus fronteras. En el año 1966, el monasterio celebró el mil cuatrocientos aniversario de su fundación.

## Visita al Monasterio

Entramos en el monasterio por una puerta lateral pequeña, cerrada con un portón de hierro. Nos lo abre un beduino provisto de una larga llave. Atravesamos un estrecho pasillo en zig-zag, cerrado con otro portón, y salimos a un patio del monasterio. Por unas callejuelas, pues los edificios y dependencias al estar dentro de un recinto limitado están apiñados, nos acercamos a la basílica. Se alzan al cielo su fachada, su esbelta torre y el minarete de la mezquita.

La basílica, comenzada en el 542 y terminada en nueve años, es toda de piedra de sillería de granito. La puerta de la entrada principal es de madera de cedros del Líbano y en sus paneles se ven tallados pájaros, animales, flores y hojas. ¡Tiene mil cuatrocientos años!. Sobre ella se puede leer: «Esta es la puerta del Señor: los justos entrarán por ella» (Sal 117, 20). En el frontón un fresco representa la transfiguración en el Tabor. La puerta del nártex es del siglo XII, de los cruzados.

El templo de Justiniano tiene la forma de las basílicas bizantinas. Es de tres naves divididas por doce columnas monolíticas de granito pintadas de blanco, una por cada mes del año. En lo alto de cada una cuelgan sendos iconos representando los santos del mes. El ábside y el altar están ocultos por un precioso iconostasio del siglo XVII resplandeciente de oro y ornamentado con antiguos iconos. Apenas los podemos entrever desde el fondo de la nave por la multitud de lámparas metálicas, algunas muy grandes. El artesonado es del siglo XVIII y tiene medallones de Jesús Pantocrator, de la Virgen con el niño y de San Juan Bautista. Todas las paredes de las naves laterales y capillas están decoradas con valiosos iconos de tipo bizantino, a excepción de uno de Santa Catalina, junto a la puerta, regalo de España.

Atravesamos la nave central. Detrás del iconostasio está el sarcófago de oro de Santa Catalina, que sólo encierra su cabeza y un brazo, pues el resto del cuerpo vino a parar a las catedrales europeas en momentos de penuria de los monjes. En lo alto del ábside, se ve el famoso mosaico del siglo VI de la Transfiguración. Detrás del altar mayor visitamos la capilla de la zarza ardiente en la que entramos descalzos recordando el mandato de Dios a Moisés «Quítate las sandalias de los pies, pues este lugar es santo» (Ex 3, 5). El altar de esta capilla se levanta sobre las raíces de la zarza que Moisés vió arder sin consumirse. La zarza crece a unos metros, a donde ha sido transplantada y es el único ejemplar de su especie en la península del Sinaí.

Al salir de la basílica, nos detenemos en el nártex para admirar preciosos manuscritos miniados, muestra de su rica biblioteca, entre los que está el facsímil del *Codex Sinaiticus* (1) y un conjunto de bellísimos y delicados iconos que desde el siglo VI forman parte de la colección de más de dos mil, herencia espiritual, histórica y artística inestimable.

Rodeamos la basílica por la izquierda y llegamos al pozo de Moisés, donde defendió a las siete hijas de Jetró molestadas por unos pastores. El guía saca agua y bebemos de ella. Avanzamos por un estrecho callejón, en el que un monje varea una alfombra, que va a parar al sitio donde crece la zarza ardiente. En el fondo, está el antiguo comedor de los cruzados de bóveda gótica, cuyos arcos y

---

(1) La biblioteca de Santa Catalina es una de las más famosas del mundo por sus preciosos y raros manuscritos en diversas lenguas, pergaminos y libros impresos. Su joya era el *Codex Sinaiticus*, del 346 escrito en caracteres unciales en piel fina de gacela. Contiene la Biblia griega de los LXX con casi todo el Antiguo Testamento y el Nuevo completo, además del Pastor Hermes y la Epístola de Bernabé. Fue hallado en 1860 por el alemán Tischendorf, quien se lo ofreció al Zar de Rusia que lo depositó en la Biblioteca Imperial de San Petesburgo. Las autoridades soviéticas necesitadas de dinero lo vendieron en 1935 por 100.000 libras esterlinas al Reino Unido. Hoy está en el *British Museum*. A pesar de esta pérdida irreparable, la Biblioteca sinaítica conserva aún el *Codex Sirsin*, la más antigua traducción de la Biblia al siríaco que depende de un texto griego del siglo II; un palimpsesto siríaco del siglo IV, 2.289 manuscritos en griego , 580 en árabe y 276 en siríaco.

piedras fueron decorados con símbolos e inscripciones por aquellos caballeros. Las paredes están cubiertas de bellos frescos y el centro está ocupado por una mesa alargada traída de Corfú en el siglo XVIII, tallada con figuras de ángeles y flores de estilo barroco.

Salimos del monasterio-fortaleza y nos dan un rato de tiempo libre, que cada uno aprovecha a su gusto. Sentados a la sombra de los eucaliptos tomamos unas galletas para engañar el estómago. Al verlo, nos rodean los niños beduinos sin pedirnos nada, y participan con nosotros. Después subí solo por la ladera de los macizos que se alzan frente a la fachada del monasterio y me volví para contemplarlo.

Tenía debajo la vista entera de aquella fortaleza. Las altas murallas de más de dos metros de espesor rodean un espacio rectangular (72 m. por 63) y están construidas con granito del Sinaí. Su altura varía entre los nueve metros y los dieciocho según la topografía del suelo, pues están edificadas en una pendiente. Dentro de ellas sobresalía la torre de la basílica, el minarete y los tejados de las diversas dependencias y, en el fondo, más alto, las galerías y celdas monacales. En el centro de la fachada de las murallas hay una torre ancha junto a la cual, a la derecha, está tapiada la entrada primitiva. Sobre ella se ve una canalización para verter aceite hirviente en caso de asedio y una caseta desde la que, en épocas de persecución, bajaban y subían con cuerdas a las personas y los alimentos. En el ángulo de la izquierda se yergue una torre redonda.

## El Sinaí

Detrás del monasterio, se levanta al cielo el Sinaí (2), un macizo colosal de constitución granítica, de superficies

(2) El nombre Sinaí procede, según algunos, de la raíz semita *sin*, que significa «diente, picacho», y, al parecer de otros, deriba de *Sin*, la diosa Luna adorada por los habitantes prehistóricos del desierto. A la cima del Sinaí se puede subir por una escalinata de 4.300 escalones.

atormentadas de un color grisáceo y anaranjado, surcado por profundas hondonadas y coronado de fantásticas agujas y picos. Aunque su altura sobre el nivel del mar es de 2.285 metros, sobre el valle es de sólo 715. Está aislado de los demás picachos y domina la llanura de *el-Rahab*, que se abría a nuestra derecha. Solo y anonadado ante tanta grandiosidad reflexioné sobre los sucesos que allí ocurrieron.

En aquella llanura, el pueblo de Israel ratificó su alianza con Yavé. El los protegería como a su pueblo elegido y ellos guardarían sus mandamientos. Al poco tiempo, aquel pueblo de corazón inconstante fue infiel a la alianza y adoró el becerro de oro.

¿Qué haría Dios? No abandonó a su pueblo, fue fiel a su amor. Amor que nacía no del compromiso de la alianza, sino que brotaba abundante y caudaloso de su misma esencia. Por eso, aun rota la alianza, siguió manando el amor. Amor que se nos manifestó en su plenitud en su Hijo Jesucristo, que vino «no para condenar al mundo, sino para salvarlo», «para salvar lo que estaba perdido», «no a los justos, sino a los pecadores»; quien nos plasmó la actitud del Padre y la suya en las parábolas del hijo pródigo y del buen pastor y que recibió siempre con tanto amor a los pecadores, uno de sus amores preferenciales. La reacción de Dios no fue la del castigo, sino la de la entrega generosa de su Hijo para que diera su vida por los pecadores. Triunfó el amor, la compasión, la misericordia.

Me abismé en la hondura y la profundidad del amor divino y brotaron en mi alma sentimientos de confianza y de abandono. Saqué el Nuevo Testamento y busqué la primera carta de Juan: «Nosotros hemos conocido y creído en el amor que Dios nos tiene. Dios es amor y el que permanece en el amor de Dios, permanece en Dios y Dios en él. En esto está la perfecta caridad de Dios con nosotros que nos da confianza para el día del juicio. En el amor no hay temor. El amor perfecto elimina el temor, porque el temor piensa en el castigo y el que teme es que aún no ha logrado la perfección en el amor. Amemos, pues, a Dios ya que El nos amó primero» (1 Ju 4, 16-19). Sí, «no hemos recibido el espíritu de servidumbre para obrar todavía por temor, sino que hemos recibido el espíritu de adopción de hijos en virtud del cual clamamos ¡Abba! Padre (Rm 8, 14-15).

Con el alma esponjada me puse en pie y alcé mis ojos a las cimas del Sinaí. Allí Yavé, en medio de la tempestad y de los relámpagos entregó a Moisés las tablas de la Ley. Enseguida me pregunté: ¿sigue en vigor el decálogo tal como lo recibió Moisés? ¿Son los diez mandamientos la base de nuestra religiosidad? No. La buena nueva abolió el precepto del sábado y la prohibición mosaica de representar a Dios en imágenes. Es verdad que el Evangelio englobó y transformó en profundidad todo lo que hay de permanente en el decálogo, pero éste no contiene las bienventuranzas, ni el sermón de la montaña, ni el amor a los enemigos. El evangelio supera a la ley natural.

Los diez mandamientos fueron asumidos, ampliados y sublimados por el mandamiento nuevo de Jesús: «amaos los unos a los otros como yo os he amado», que promulgó en el cenáculo, después de haber lavado los pies a sus discípulos, o en las mansas y verdeantes colinas de Galilea. El cristiano sólo tiene un mandamiento, el del amor, que sublima el espíritu de los diez: no matar, no robar, no mentir, no adulterar, pues «el que ama no hace daño al prójimo» (Rm 13, 10). El que ama sólo puede hacer el bien. El amor, además , no tiene límites, es mucho más exigente que la Ley.

Bajé de aquellas alturas graníticas y me reuní con los compañeros. Nos llevaron a una tienda de beduinos donde, sentados en el suelo en colchonetas, comimos algunas legumbres, carne, leche cuajada, dátiles, mantequilla, queso y miel, productos de sus rebaños y de los oasis del desierto.

Hacia las cuatro de la tarde emprendimos la vuelta a Eilat. En todo el día nos acompañó como guía una figura alta y delgada, de hermoso rostro tostado por el sol, cabellera revuelta y los ojos serenos y profundos. Vestía un chaleco de lana marrón que parecía una arpillera. Su figura era la de un profeta de Israel. Al despedirnos nos dijo: «Espero que vuelvan al Sinaí. Yo he vivido año y medio con los beduinos. Siempre que vuelvo encuentro en ellos motivos de reflexión, experimento nuevos sentimientos y percibo nuevas luces». Sus palabras confirmaron mis impresiones. Al atardecer llegamos al hotel *Lagoona* junto a las playas del mar Rojo en Eilat.

## El desierto de Arabá

Al día siguiente visitamos a primera hora el famoso acuario de Eilat. En los estanques nadan tiburones, tortugas gigantes y casi se confunden con el suelo enormes rayas. Recorremos los diversos edificios deleitándonos con la contemplación de los peces tropicales. Pero lo más original del acuario es un batiscafo fijo por el que se desciende hasta las profundidades del mar Rojo. Crecen los corales, las algas, las medusas y los peces se mueven en su ambiente natural. ¡Qué variedad increíble de formas y qué coloridos los de aquellos peces! El agua es de un azul claro intenso, que recuerda la Gruta Azul de Capri.

Abandonamos Eilat y nos dirigimos al desierto de Arabá. Al principio crecen pinares, palmeras, eucaliptos, adelfas y flores, pero poco a poco va dominando la sequedad del desierto. Se extiende entre el golfo de Acaba y el Mar Muerto y es la prolongación de la depresión del Jordán. Es mucho menos accidentado que el del Sinaí, pero más que el de Neguev. Se suceden los paisajes llanos con escasos matorrales y acacias y zonas de montañas y colinas multicolores.

Torcemos a occidente para adentrarnos en el valle de *Timna* y visitar las columnas de Salomón, un grupo de riscos rojizos, a los que la erosión ha dado la forma de gigantescas columnas (3). Ascendemos por una escalera tallada en la pendiente granítica, atravesamos un paso natural y contemplamos en la pared de la roca grabados egipcios con miles de inscripciones en honor a la diosa Hator representada en una escultura monumental. A los pies del alcantilado, en la llanura arenosa, hay un templo cananeo con hornacinas en la pared, pilastras y objetos de piedra.

Proseguimos hacia el norte. Hay plantaciones de palmeras, kiwis y mangos en terrenos ganados al desierto. A la derecha queda la reserva natural de *Hai Bar*, donde vagan animales salvajes que vivían en las épocas bíblicas: antílopes, ibices, cabras montesas, asnos salvajes, gacelas, avestruces y fauna nocturna, lobos, hienas, zorros y linces del desierto. Menudean los kibutzim que rompen la aridez del paisaje. Al mediodía comimos en un *mosav*, una granja cooperativa.

A primeras horas de la tarde reemprendemos la marcha bajo un sol abrasador. La zona se hace menos llana y aparecen grandes montañas ocres y macizos aislados. La región es rica en minerales y hay algunas industrias. Atravesamos los lugares en que se hundieron las ciudades de Sodoma y Gomorra (Gen 19, 1-29). A la izquierda, cerca de la carretera, se alza una peñasco puntiagudo al que llaman, «la mujer de Lot». En las orillas del Mar Muerto, al ser las aguas tan salinas y poco profundas, se han formado rocas de sal solidificada que semejan olas blancas y columnas en medio del mar azul.

Bordeamos el Mar Muerto, entre su ribera occidental y los altos acantilados rojizos de la depresión. Dejamos a un lado y otro la impresionante fortaleza natural de Masada, el kibutz de Engadí, las ruinas de Qumrán, el oasis de Je-

---

(3) Se les llama así por la proximidad de las minas de cobre que explotó este rey, aunque ya los egipcios las utilizaron desde el siglo XX a. J.C.

ricó y subimos a Jerusalén por el desierto de Judá salpicado de tiendas y rebaños de beduinos. Nos despedimos de Jerusalén y al anochecer bajamos a Tel-Aviv. Era nuestra última noche en Tierra Santa.

# EL REGRESO

Una vez en el aeropuerto de Ben Gurión, nos pusimos a cumplir los requisitos policiales. No nos hicieron abrir las maletas, pero sí nos formularon unas preguntas rutinarias: ¿Tiene algo que declarar? ¿Quién ha hecho las maletas? ¿Han estado, después de cerradas, todo el tiempo con Ud.? ¿Se las ha confiado a otro? ¿Le han dado paquetes? Cumplidos los trámites, aguardamos en la sala de espera a que fuéramos llamados.

El avión era de la Compañía israelí *El'Al*. Despegamos y miramos con nostalgia, por última vez, la tierra de Jesús. Sobrevolamos Jafa a baja altura distinguiendo perfectamente la bahía de Tel Aviv, la iglesia de San Pedro, el barrio de los artistas y las rocas de Andrómeda.

Los cielos estaban sin una nube, por lo que el viaje fue interesante al poder contemplar, como en un mapa en relieve, todos los accidentes geográficos de la costa norte del *Mare Nostrum*: la isla de Creta, los perfiles de la península del Peloponeso y de Acaya, el estrecho de Mesina, la bahía de Nápoles, Cerdeña y las Baleares. Por fin entramos en España y, a las cinco horas justas, aterrizamos en Barajas. ¡Cómo emociona el recorrer en tan poco tiempo Israel, Grecia e Italia, en que están hundidas las raíces de la cultura europea inconcebible sin los vigorosos influjos del judaismo y cristianismo y de las civilizaciones helénica y romana!

Volvíamos felices con el corazón rebosante de Jesús, de tantos recuerdos suyos, agradecidos a Dios Padre por una gracia tan grande y con el propósito, movidos por el Espíritu Santo, de comunicar a los demás nuestra alegría. ¡Habíamos visitado Tierra Santa, la tierra santificada por la presencia de Jesús!

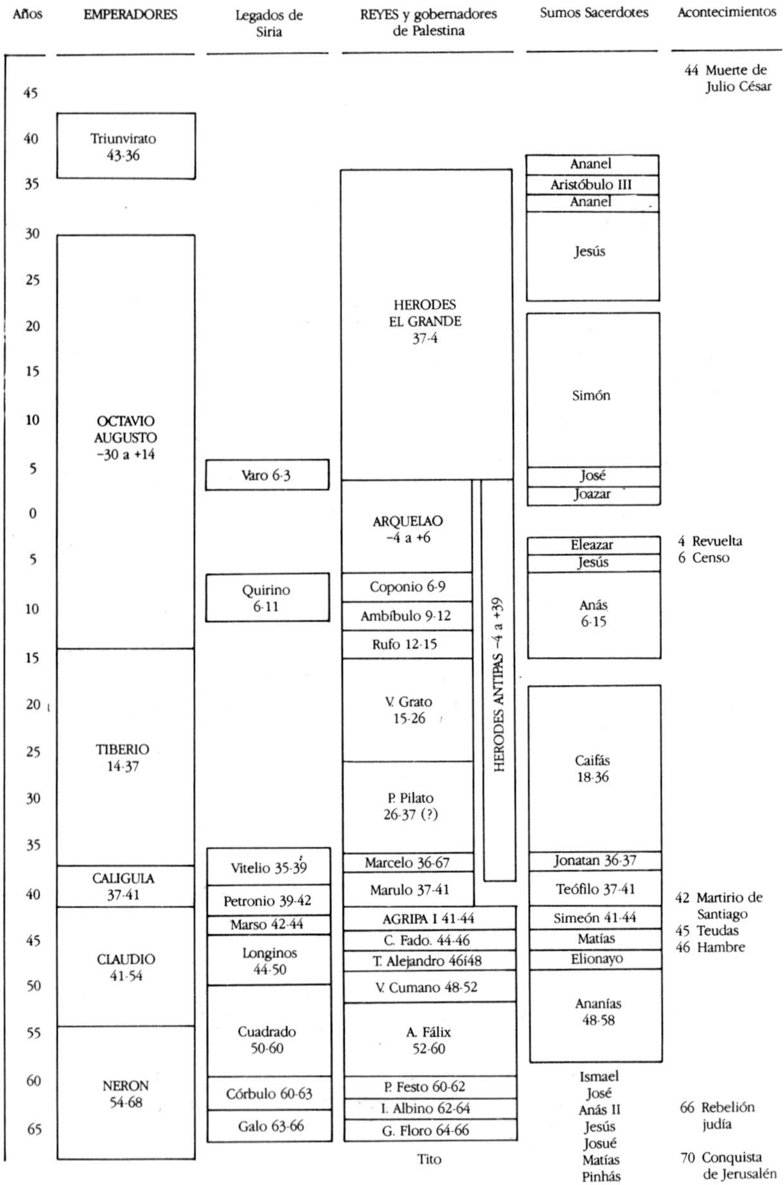

Años
EMPERADORES
Legados de Siria
REYES y gobernadores de Palestina
Sumos Sacerdotes
Acontecimientos
45
40
35
30
25
20
15
10
5
0
5
10
15
20
25
30
35
40
45
50
55
60
65
Triunvirato 43-36
OCTAVIO AUGUSTO −30 a +14
TIBERIO 14-37
CALIGULA 37-41
CLAUDIO 41-54
NERON 54-68
Varo 6-3
Quirino 6-11
Vitelio 35-39
Petronio 39-42
Marso 42-44
Longinos 44-50
Cuadrado 50-60
Córbulo 60-63
Galo 63-66
HERODES EL GRANDE 37-4
ARQUELAO −4 a +6
HERODES ANTIPAS −4 a +39
Coponio 6-9
Ambíbulo 9-12
Rufo 12-15
V. Grato 15-26
P. Pilato 26-37 (?)
Marcelo 36-67
Marulo 37-41
AGRIPA I 41-44
C. Fado. 44-46
T. Alejandro 46í48
V. Cumano 48-52
A. Fálix 52-60
P. Festo 60-62
I. Albino 62-64
G. Floro 64-66
Tito
Ananel
Aristóbulo III
Ananel
Jesús
Simón
José
Joazar
Eleazar
Jesús
Anás 6-15
Caifás 18-36
Jonatan 36-37
Teófilo 37-41
Simeón 41-44
Matías
Elionayo
Ananías 48-58
Ismael
José
Anás II
Jesús
Josué
Matías
Pinhás
44 Muerte de Julio César
4 Revuelta
6 Censo
42 Martirio de Santiago
45 Teudas
46 Hambre
66 Rebelión judía
70 Conquista de Jerusalén

# ANEXOS

## Breve Historia de Israel

### Epoca de los Patriarcas

*Hacia el 1850*, llega a la tierra de Canaán Abrahán procedente de Harán y de Ur en Mesopotamia. Nace de él el pueblo hebreo (1)

*Hacia el 1680*, Jacob, nieto de Abrahán e hijo de Isaac, emigra con su familia a Egipto a causa del hambre.

*Hacia el 1300*, los israelitas son sometidos a trabajos forzados en Egipto.

### Liberación y conquista

*Hacia el 1250*, Moisés libera a los israelitas de la opresión de los faraones, pasa el mar Rojo y, después de vagar cuarenta años por el desierto, llega al monte Nebo donde muere a la vista de la tierra prometida.

*Entre 1220 y 1200*, Josué invade y conquista la tierra de Canaán.

*De 1200 a 1025*, los Jueces suscitados por Yavé defienden al pueblo de los ataques filisteos.

### Epoca de la Monarquía

*De 1030 a 1010 aprox.*, Saul reina sobre Israel, ungido por el profeta Samuel. Es el primer rey israelí.

---

(1) El nombre de «Hebreo» procede de *Héber*, un antepasado semita de Abrahán.

*De 1010 a 970 aprox.*, el rey David dirige los destinos de las doce tribus. Hacia el año 1000 conquista Jerusalén y la declara capital del reino.

*De 970 aprox. a 931*, reina Salomón, hijo de David. Es construido el primer Templo. Edad de Oro.

*931*. Se dividen las tribus, diez forman el reino de Israel, al norte, y dos, Judá y Benjamín, el sur, el reino de Judá.

*931 a 721*. Duración del reino de Israel con muchas dinastías y golpes de Estado.

*721*. Sargón II, rey de Asiria, conquista el reino de Israel, deporta a las diez tribus que son absorbidas y aparecen los samaritanos.

*931 a 587*. El reino de Judá es siempre gobernado por los descendientes de David.

*587*. Jerusalén es conquistada por Nabucodonosor, rey de Babilonia, que arrasa el Templo y conduce al pueblo cautivo a Babilonia.

*587 a 538*. Duración del cautiverio en tierras babilónicas.

## Epoca Persa

*539*. Ciro, rey de los persas y de los medos, conquista el imperio babilónico.

*538*. Edicto de Ciro autorizando a los judíos a volver a Jerusalén y a restaurar la ciudad, las murallas y el Templo.

*520-515*. Construcción del segundo Templo, más modesto, y de las murallas.

*445-443*. Misión de Nehemías.

*438*. Misión de Esdras.

*424*. Nueva misión de Nehemías.

## Epoca Helénica

*332*. Alejandro Magno, rey de Macedonia, conquista el Oriente Medio y todo Israel.

*323.* Muere Alejandro; el inmenso imperio se divide entre sus generales.

*323.* Los Tolomeos, reyes de Egipto, dominan Israel. Comienza la helenización del pueblo judío.

*197.* Los seléucidas, reyes de Siria, arrebatan a los Tolomeos Israel.

## Epoca Macabea

*167.* El sacerdote Matatías se subleva contra Antioco IV. Comienza la dinastía judía de los reyes Macabeos o Asmoneos.

*166 a 160.* Judas Macabeo conquista Jerusalén y restaura el Templo profanado y el culto.

*160 a 63.* Durante este período, en que Israel recobró la libertad, reinan ocho reyes asmoneos.

## Epoca Romana

*63.* Pompeyo al frente de las legiones romanas conquista Israel y Jerusalén para el Imperio Romano.

*40 a 4 a.J.C.* Herodes el Grande, de origen Idumeo, reina sobre Israel bajo el poder de Roma. Engrandece a Jerusalén y el Templo (a.20-19).

*7 a 6 a.J.C.* María sube a Belén, patria de su esposo José, para empadronarse y nace allí JESUS DE NAZARET. Comienza la era cristiana (2) en el año cero.

*4 a.J.C.* Muere Herodes en Jericó y es enterrado en el Herodium. Le suceden sus tres hijos.

*6 d.J.C.* Arquelao, hijo de Herodes y rey de Judá, es depuesto de su cargo por Roma. En adelante, Judá será gobernada por procuradores romanos.

---

(2) Véase en la página 121 la explicación del desfase entre la fecha real y la calculada del nacimiento de Jesús y del comienzo de la era cristiana.

*26 d.J.C.* Poncio Pilato Procurador.

*27.* Predicación de Juan Bautista en el Jordán.

*28.* Jesús de Nazaret inicia su vida pública.

*30 (7 de abril).* Jesús es crucificado en Jerusalén y resucitado.

*66.* Primera sublevación de los judíos.

*70.* Tito pone sitio a Jerusalén que cae el 24 de agosto. El Templo es incendiado y arrasado y los judíos dispersos. Judea es provincia imperial.

*71.* Vuelven los judeo-cristianos que dieron culto en los lugares santificados por Jesús y construyeron sus iglesias-sinagogas.

*132-135.* Segunda rebelión judía capitaneada por Bar Kojba, «el hijo de la estrella».

*134.* El Emperador Adriano conquista Jerusalén, la arrasa y construye una nueva ciudad, *Aelia Capitolina.* Israel muere políticamente, no religiosamente.

*324.* Constantino emperador (324-337) traslada la capital de Roma a Bizancio, que se llamará Constantinopla.

*313.* Constantino promulga el Edicto de Milán, que da libertad a los cristianos del Imperio.

*326.* Santa Elena, madre de Constantino, visita la Tierra Santa y nace la devoción universal a los Santos Lugares. Florece el monacato cristiano en Palestina.

*388.* El Emperador Teodosio proclama al cristianismo la religión oficial del Imperio y prohibe los cultos paganos.

## Epoca Bizantina

*395.* Fin de la unidad del Imperio que se divide en Oriental con Arcadio como emperador y Occidental con Honorio y la capital en Ravena.

Gran esplendor de los Santos Lugares bajo los bizantinos que construyen más de trescientos monasterios, basílicas y santuarios en los lugares en que los judeo-cristianos veneraban los recuerdos de Jesús. Lazo de unión con la tradición primitiva.

*614.* Fecha fatídica en que Cosroes II, rey de Persia, conquista la Tierra Santa y destruye la obra arquitectónica y artística de siglos. Se lleva el madero de la cruz de Jesús.

*628.* El emperador bizantino Heraclio derrota a los persas y devuelve a Jerusalén la cruz de Jesús.

## Epoca Musulmana

*Hacia el 570*, nace Mahoma en la Meca (Arabia).

*622.* Mahoma emigra el 15 de junio de La Meca a Medina, es la hégira, que señala el comienzo de la era musulmana (3).

*638.* El califa Omar, después de haber derrotado a los persas (634) y a los bizantinos en Yarmuk (636), conquista Palestina y Jerusalén, convirtiéndola en tercera ciudad santa, El-Quds, del Islam.

*1009.* El califa fatimita Al Hakim, fanático anticristiano, destruye el Santo Sepulcro.

## Epoca Cruzada

*1095.* El Papa Urbano II lanza la idea de la liberación de los Santos Lugares de manos de los infieles. Nacen las Cruzadas.

*1099.* Los cruzados conquistan Jerusalén el 15 de julio. Se crea el Reino Latino de Jerusalén y le sucede una nue-

---

(3) Para los musulmanes estamos actualmente en el año 1365. Para los judíos, en cambio, que cuentan los años según la cronología del Antiguo Testamento desde la creación del mundo, el 3764 a.J.C., el año presente es el 5751.

va época de esplendor de los Santos Lugares. Los cruzados construyeron, sobre las ruinas bizantinas, hermosas basílicas y santuarios.

*1187.* Saladino derrota a los cruzados en los Cuernos de Hattín (Galilea) el 5 de julio y conquista Jerusalén.

*1263.* Baibars, sultán de Egipto, arrasa la mayoría de los monumentos y santuarios cruzados. Otra fecha desastrosa, comparable a la del 614, para la conservación de los Santos Lugares.

*1291.* San Juan de Acre, último bastión de los cruzados cae en manos de los mamelucos. Fin del Reino Latino.

*1229 (aprox.).* Llegan a Tierra Santa los Franciscanos.

## Epoca Mameluca

*1260.* Los mamelucos, una dinastía de esclavos que reinó en Egipto, conquistan Palestina y Jerusalén. Reinaron durante casi tres siglos. Los recuerdos de Jesús fueron descuidados.

## Epoca Turca

*1517.*Solimán, el frente de las tropas turcas-otomanas, conquista Palestina. Se reconstruyen las actuales murallas de Jerusalén.

*1860.* Comienza el desarrollo de la ciudad judía de Jerusalén.

*1881.* Llega la primera ola moderna de judíos emigrantes, que trabajan en sus granjas agrícolas.

*1896.* Teodoro Herzl (1860-1904) publica «El Estado Judío» en que lanza la idea de una patria judía en Palestina. Funda el Movimiento Sionista Internacional en el primer Congreso sionista celebrado en Basilea (a. 1897).

*1902.* Eleazar Ben Yehuda hace revivir la lengua hebraica.

## Mandato Británico

*1914.* Primera Guerra Mundial. Los turcos se alían con Alemania y Hungría.

*1917.* El General Allenby, general británico, conquista, después de cuatro siglos justos, Jerusalén a los turcos el 9 de diciembre. Declaración de Balfour que promete un hogar nacional a los judíos.

*1920.* Comienza el Mandato Británico sobre Palestina.

*1939.* Segunda Guerra Mundial que contempla el holocausto judío a manos de los nazis.

*1947.* La ONU vota el reparto de Palestina entre los árabes y los judíos y la internacionalización de Jerusalén.

## Israel

*1948.* El 14 de mayo se retiran las tropas británicas e Israel se proclama Estado Independiente. Estalla la primera guerra árabe-israelí. Ben-Gurión «el hijo del león», Golda Meir.

*1949.* Se firma el armisticio; Jerusalén dividida: la parte antigua para los jordanos.

*1956.* Israel, Francia y el Reino Unido, atacan, a causa de la clausura del canal de Suez, a Egipto. Segunda Guerra. Retirada.

*1967.* Estalla la tercera guerra, la de los «seis días» (5-10 jun.). Vence Israel a Egipto, Jordania y Siria y conquista la península del Sinaí, la Cisjordania, toda Jerusalén, los altos del Golán y la franja de Gaza.

*1973.* Egipto ataca a Israel el 6 de octubre, el día del *Yom-Kippur*. Contraataque israelí.

*1977.* El presidente egipcio Anuar Sadat vivita Jerusalén y habla en la Knesset.

*1979.* Se firma en Washington el tratado de paz de Camp David entre Sadat (Egipto) y Beguín (Israel).

*1980.* Israel declara a Jerusalén capital del Estado, como lo había hecho hacía casi tres mil años el rey David.

*1987.* El 9 de diciembre, estalla la INTIFADA o revuelta de las piedras contra la ocupación de Israel.

*1988.* El 15 de noviembre, YASER ARAFAT, el líder de la OLP, proclama el nacimiento del nuevo Estado palestino y reconoce implícitamente la existencia de Israel.

*1989.* YASER ARAFAT es elegido, el 31 de marzo, primer presidente de Palestina.

*1991.* Se inaugura la CONFERENCIA de PAZ de MADRID, del 31 de octubre al 3 de noviembre, patrocinada por E.E.U.U. y la U.R.S.S., sobre la base de las resoluciones 242 (1967) y 338 (1973) de la ONU, que exigen la retirada israelí, el reconocimiento de Palestina y el derecho de Israel a unas fronteras reconocidas y seguras.

*1992.* El 23 de junio, ISAAC RABIN, tras la victoria electoral laborista, es nombrado primer ministro.

*1993.* El 29 de agosto, se anuncia oficialmente el establecimiento de una autonomía provisional de Gaza y Jericó.

*1993.* El 9 de setiembre, la OLP y el Gobierno de Israel se reconocen mutuamente.

*1993.* El 13 de setiembre, en la Casa Blanca, en presencia del presidente Bill Clinton y de 3.000 invitados, Simon Peres y Yaser Arafat firman la paz, en la misma mesa de nogal en que Beguín y Sadat la firmaron en Camp David ante Carter en 1979.

# Sefardíes y Askenazíes

Aunque exteriormente un peregrino o turista no lo distinga, los judíos en Israel, y en el mundo, se dividen en dos grandes ramas procedentes del tronco de la diáspora: los sefardíes y los askenazíes. Los primeros proceden de *Sefarad*: la Península Ibérica, y los askenazíes de la Europa Central y del Este, germánicos y eslovenos (1).

Los judíos arribaron a la Península Ibérica aun antes de la destrucción del segundo Templo (70 d.J.C.) y probablemente están aquí desde la conquista de Jerusalén por Pompeyo el año 63 antes de la era cristiana. Por ello, los sefardíes se han considerado exentos del estigma de deicidas. En Sefarad alcanzaron una gran prosperidad económica y una gran altura cultural. Los siglos de oro culturales de los judíos en España fueron el XI, XII y XIII, en que floreció una nueva cultura por el fecundo intercambio de las culturas hispánica, judea y árabe, que iluminó a la Europa, aún sumida en las tinieblas del medioevo. Destacaron los judíos como filósofos, matemáticos, médicos, gramáticos, poetas, traductores. Recordemos a Ibn Shaprut, Ben Erza, Ibn Gabirol (Avicebrón), Halevi, Benjamín de Tudela, Bar Hiyya, Najmanides, Maimónides, Caro...

Con razón ha escrito Américo Castro: «La Historia del resto de Europa puede entenderse sin necesidad de situar a los judíos en primer término. La de España, no. Duran-

---

(1) *Sefarad* (Abd. 20) designa un lugar geográfico incierto, tal vez Lydia, pero desde la Edad Media indica la Península Ibérica. *Askenaz* es el nombre de un hijo de Gomer, hijo de Noe, (Gen 10, 3), con el que desde el medioevo se denomina a Germania.

te largos siglos, la vida hispano-cristiana descansó sobre aquel extraño pueblo, yedra y a la vez tronco de su historia».

Además, los judíos en España gozaron del favor de los reyes cristianos, ya que los necesitaban para proseguir la guerra contra los árabes. Ellos eran los mejores *almojarifes*, recaudadores de los impuestos, que entonces no se realizaban por funcionarios a sueldo, sino por subasta. Con ello, los judíos lograron no sólo caudalosas riquezas personales, sino también influjo político al desempeñar cargos de confianza, como organizadores y administradores del dinero público, embajadores, etc. Sus riquezas les convirtieron en prestamistas del pueblo a altos tipos de interés, lo que atrajo los odios de la gente hacia aquellos recaudadores y prestamistas, que les esquilmaban sus bienes.

El 31 de marzo de 1492, los Reyes Católicos firmaron el edicto de expulsión de los judíos. Con el fin de conseguir la unidad política y religiosa, se vieron en la necesidad de combatir la poderosa nobleza y, para ello, buscaron el apoyo del pueblo, que odiaba a los judíos, y de la Iglesia. Así se consumó aquella gran tragedia, uno de los cuatro grandes desastres que jalonan la historia del pueblo judío (2). Los judíos poderosos, los causantes del rencor del pueblo, se convirtieron y se quedaron. El resto, fieles a su fe, partieron, una vez más, para el destierro. Serían de ciento cincuenta mil a doscientos mil: herreros, curtidores, carpinteros, etc. La mitad se refugió en Portugal y del resto la mayoría se dirigió hacia el norte de Africa, a los Balcanes, al cercano Oriente, a Francia y a Italia.

Los sefardíes, durante estos cinco siglos, han conservado una huella indeleble de Sefarad, su segunda patria. Han

---

(2) «Los judíos dividen su historia por tragedias —dice Gregorio Ruiz— y ésta es una de las cuatro: hasta el exilio (587 a.C.), hasta la destrucción del segundo templo (70 d.C.), hasta la expulsión de España (1492) y hasta el holocausto nazi». En Razón y Fe (abril 1986) «España y los judíos. Una larga historia de rencor y tolerancia».

mantenido hasta hoy su lengua, el ladino, el castellano arcaico del siglo XV con mezclas del hebreo, del portugués, del árabe y del turco, sus rezos y ritos sinagogales propios, sus apellidos castellanos y nombres familiares, su folklore y literatura popular, su música tradicional hispánica, sus platos culinarios y algunos aún guardan en cofres las llaves de los hogares de Toledo, Granada... Aún retienen nuestros refranes, cantan nuestras coplas y recitan nuestros romances (3).

Los askenazíes, a diferencia de los sefardíes, fueron perseguidos por la barbarie y el fanatismo medieval de los países del Centro de Europa. Consecuentemente, se replegaron en sí mismos y cultivaron el estudio de la Biblia y del Talmud (4). No alcanzaron, ni de lejos, la riqueza, el poder y el esplendor cultural de los sefardíes en la Península Ibérica.

Hoy podemos decir que se han cambiado las tornas. Los sefardíes se han aferrado a su rica cultura tradicional y se han dormido sobre los laureles de sus antepasados, a lo que ha contribuido el bajo nivel cultural, económico y social de los países por los que se han desparramado. Los askenazíes, por el contrario, que han vivido en los países del centro de Europa, los pioneros del progreso moderno, tienen una gran voluntad constructiva, un talento organizador e inquietudes científicas y técnicas. Son askenazíes Herzl, el creador del sionismo, los impulsores del movimiento sionista, los que configuraron el Estado de Israel: Ben Gurión, Golda Meir, así como Marx, Freud, Einstein...

---

(3) La conservación del ladino se explica tanto por un cierto espíritu soñador y romántico, mezcla de nostalgia y esperanza de la patria perdida, como por ser un lazo común que les diferenciaba y conservaba su identidad en ambientes tan heterogéneos, a la vez que les servía para comunicarse secretamente en los negocios.

(4) El Talmud contiene recopilados los comentarios bíblicos de los sabios de Israel.

Los askenazíes dominan en Israel los campos de la política, de la economía, de la Universidad y de los Institutos Tecnológicos, de la investigación y son los más numerosos. Los sefardíes ocupan, en general, niveles sociales, económicos y culturales inferiores. Con todo, conservan mucho de su nobleza heredada y de prestigio social, la amplitud humana de su cultura tradicional y una seria formación religiosa. Interpretan la Ley de Moisés de una manera más abierta y adaptada a la realidad humana y social. Su Gran Rabino, que hoy comparte sus poderes con el askenazí, mantiene el título de *Ha Rishon le Sion*, el «primero en Sión», ya que los sefardíes fueron los únicos judíos en Palestina hasta fines del siglo XIX, en que comenzaron a inmigrar los askenazíes. Tienen en el barrio judío la cuádruple sinagoga sefardí de Ben Zakkai con sus ritos propios. Los sefardíes pueden ser fermento de idealismo y espiritualidad en esta fase crítica a que las culturas sefardíes y askenazíes están siendo sometidas por el nuevo Estado de Israel (5).

---

(5) Hoy, los sefardíes en sentido amplio, los procedentes de Sefarad, son unos dos millones de los diez y seis millones de judíos del mundo. Hablan el sefardí entre quinientos mil y novecientos mil. En Israel, el castellano es la tercera lengua hablada, pues a los sefardíes se unen los judíos procedentes de países hispanoamericanos.

# BIBLIOGRAFIA


ARCE, Agustín: *«Itinerario de la Virgen Egeria»* BAC 416 Madrid 1980.

AWWAD, Sami: *«La Tierra Santa en color»*. Jerusalén.

BASEMAN, Bob: *«La nostra visita in Terra Santa»*. Jerusalén. *«Masada»*, Palphot, Israel.

BERLITZ: *«Jerusalén y Tierra Santa»*. Lausana (Guía turística).

BRIGHT, John: *«La Historia de Israel»*. Desclée. Bilbao, 1981.

CUSTODIA DE TIERRA SANTA: *«La custodia de Tierra Santa»* Jerusalén, 1918.

CHURRUCA, Santiago: *«Caminos de Tierra Santa»* Usúrbil, 1983.

FRIDMAN, David: *«Coral World Eilat»* Palphot, Israel.

GAFNI S. y HEYDEN A.: *«La gloria de Jerusalén»* Aurora. Tel Aviv.

GREGO, Igino: *«I giudeo-cristiani. Reazione-influssi»*. Editorial Franciscana. Jerusalén, 1982.

GROLLENBERG, Lucas: *«Panorama del mundo Bíblico»* Guadarrama. Madrid, 1966.

HERNANDEZ MARTIN, J.F.: *«La Tierra Prometida»* Casa de la Biblia. Madrid, 1962.

HOADE, Eugenio: *«Guía de Tierra Santa»* Jerusalén, 1980.

HUREAU, Jean: *«Jerusalén aujourd'hui»*. París, 1982.

KOLLEK T. y PEARLMAN, M.: *«Jerusalén ciudad sagrada de la humanidad»*. Jerusalén, 1984.

LOFFREDA, Stanislao: *«Cafarnaún. La ciudad de Jesús»* Jerusalén, 1980.

LOMBARDI, Luigi: *«La Tierra Santa»* Roma, 1980.
MANN, Sylvia: *«Así es Israel»*. Palphot, Israel, 1987.
MANZANO, Braulio: *«Por los caminos de Jesús»* Verbo Divino. Estella, 1984.
MARTINEZ, Teodoro: *«Palestina ayer y hoy»* Mensajero. Bilbao, 1984.
MUNDO DE LA BIBLIA, El: *«Jerusalén»* Valencia, 1983. *«Nazaret»* Valencia, 1983. *«El Sinaí, ruta de dioses y de hombres»* 1984.
MUÑOZ IGLESIAS, S.: *«Jesús está aquí»* Palabra. Madrid, 1979.
OBERLANDER, Beatriz: *«Jerusalén, la ciudad santa de las tres religiones»* Orbis. Madrid, 1985.
PAPAIOANNOU, Evangelos: *«Le Monastere de Ste. Catherine du Sinai»* Monastere, Sinaí.
PLAZA y JANES: *«Israel»*. Barcelona, 1981 (Guía turística).
PAX WOLFGANG, E.: *«Siguiendo los pasos de Jesús»* México, 1974.
REVISTA: *«Tierra Santa»* Madrid.
READER'S DIGEST: *«Atlas de la Biblia»* Madrid, 1984.
SALAS, A. y MANRIQUE, A.: *«Guía del País de Jesús»* Biblia y Fe. Madrid, 1979.
STORME, A.: *«Betania»* Lugares Santos de Palestina, Jerusalén, 1977.

# INDICE DE LUGARES

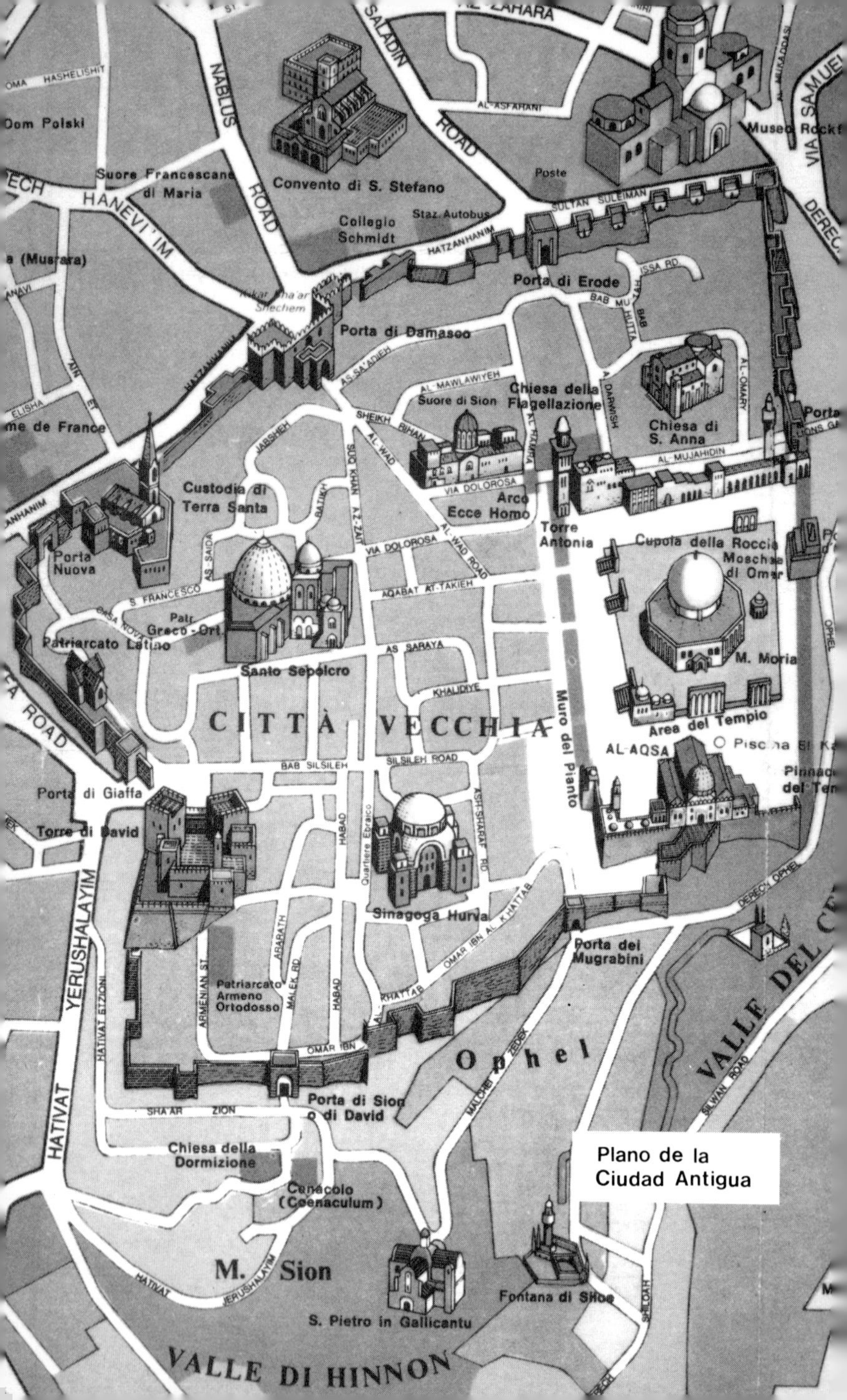


Plano de la Ciudad Antigua

# INDICE

## OBRAS RELIGIOSAS DEL AUTOR

**El cristianismo es amor y exigencia de justicia.** Ediciones Mensajero. Bilbao, 1977.

**Dios existe.** Cuaderno 39 de la BAC, Madrid, 1981.

**En el País de Jesús. Viaje a Tierra Santa.** 9.ª edición. Ediciones Mensajero. Bilbao, 1988.

**Jesucristo. ¿Cómo era? ¿Quién era?** Editorial Atenas. Madrid, 1992.